Dans l'enfer de l'orphelinat

Michael Clemenger

Dans l'enfer de l'orphelinat

Traduit de l'anglais par Maryline Beury

ÉDITIONS
FRANCE
LOISIRS

Titre original : *Holy Terrors*
Publié par The O'Brien Press Ltd, Irlande

Édition du Club France Loisirs,
avec l'autorisation des Éditions L'Archipel

Éditions France Loisirs,
123, boulevard de Grenelle, Paris
www.franceloisirs.com

ISBN : 978-2-298-07666-0

Je dédie ce livre à tous les enfants qui ont été détenus entre 1871 et 1970 à l'école technique Saint-Joseph de la commune de Tralee, dans le Kerry.

Note de l'auteur

Les noms de certaines personnes mentionnées dans ce livre, y compris ceux de quelques membres de ma famille, ont été modifiés dans le souci de préserver leur vie privée. Les noms des personnes citées dans des documents déjà publiés restent identiques, ainsi que ceux des personnalités ayant des responsabilités publiques en rapport avec le sujet évoqué. Plusieurs d'entre elles ont été prévenues du fait qu'elles étaient citées dans cet ouvrage – au stade de sa préparation –, et ont ainsi eu l'occasion de s'exprimer avant la publication.

Première partie

« Moniot »

Premiers souvenirs

Je suis né le 1er novembre 1950, le jour de la Toussaint. On pense souvent qu'être né à cette date porte chance, mais une exception a dû se produire dans mon cas. Peu après ma naissance, j'ai été baptisé dans une paroisse environnante afin d'éviter le regard des voisins. Après quoi, on m'a rapidement laissé entre les mains des Sœurs de la Charité du foyer de Sainte-Philomena à Stillorgan, dans le comté de Dublin.

Mon tout premier souvenir est celui d'une grande pièce où j'étais enfermé, et dont les murs étaient couverts d'images de Jésus et de la Vierge Marie. J'étais terrifié par leur regard constamment posé sur moi. Dès que la porte s'ouvrait, je me précipitais dans le couloir. Des nonnes surgissaient alors des autres pièces pour essayer de m'attraper. Elles finissaient par me coincer au bout du couloir, et j'étais raccompagné jusqu'à ma chambre où le verrou se refermait derrière moi.

Je me souviens vaguement de mon apprentissage de la propreté, assis sur un pot jaune, les yeux levés vers un ciel bleu et clair. Pour me distraire, je m'amusais à transformer en animaux imaginaires les quelques nuages blancs qui y passaient.

Mon meilleur ami s'appelait Jimmy. C'était un adorable garçon aux cheveux blonds, avec lequel je partageais tout. Nous ne nous quittions pas de la journée, que ce soit en classe, dans la cour de récréation, au réfectoire ou à la chapelle ; la nuit, il dormait dans le lit jouxtant le mien. Je me rappelle avoir appris l'alphabet puis les tables de multiplication à ses côtés. Il y eut aussi ces quelques jours où toutes les fenêtres furent occultées par des couvertures après que Jimmy et moi, ainsi que d'autres garçons, avions attrapé les oreillons.

Mon nom de famille agaçait les nonnes, qui avaient toutes les difficultés à le prononcer en classe. À ce jour, je ne me souviens du nom d'aucune de celles qui se sont occupées de moi à Sainte-Philomena. Dans l'ensemble, elles m'ont traité de manière totalement impersonnelle, ne témoignant que très peu de signes d'amour, de tendresse ou même de gentillesse. Je les trouvais très strictes et distantes. Les discours sur l'amour de Jésus et de sa mère Marie abondaient, mais cela n'allait pas plus loin. Leurs efforts se portaient davantage sur les affaires spirituelles, surtout à la chapelle. J'avais remarqué que leurs visages s'illuminaient seulement lorsqu'elles priaient. Ce n'est qu'alors que l'on pouvait espérer obtenir un demi-sourire de leur part, si l'on croisait leur regard au bon moment. La prière était l'essence même de leur être, et elles se faisaient un devoir de m'enseigner à prier avec un enthousiasme similaire. Dans cette optique, elles épinglaient des images de Jésus et de Marie au-dessus de mon lit et m'incitaient à les embrasser avant de me coucher. Pour ma part, un sourire de Jimmy suffisait à me faire passer une bonne nuit.

Je ne me souviens pas que les nonnes m'aient jamais lu d'histoire avant de dormir, qu'elles m'aient bordé dans mon lit ou donné le moindre baiser. Le contact physique était proscrit, à l'exception des punitions. Pendant toutes ces années, j'ai eu le sentiment qu'elles étaient trop préoccupées par leurs prières pour se soucier de mes émotions et de mon développement personnel. De toute façon, j'avais Jimmy, que j'aimais plus que Jésus et Marie ensemble, quoi que cela puisse signifier.

Un soir, alors que je quittais la chapelle après la bénédiction, je demandai à la révérende mère ce qu'était une mère. Ma question parut la mettre dans l'embarras, et elle m'envoya rapidement dans le couloir pour aller souper. Outré, je me promis de ne plus jamais lui poser la moindre question. Quelques jours plus tard, un prêtre entra dans la salle de classe, et nous nous levâmes tous comme un seul homme. Avec beaucoup de solennité, il nous annonça que nous ferions bientôt notre première communion. Cela ne m'évoqua pas grand-chose, à part que l'image de Jésus accrochée au mur serait bientôt vivante dans mon ventre.

Jésus, dit l'homme, allait en effet bientôt venir en nous, car Il nous aimait passionnément, et ce jusqu'à la mort. Je voulus demander ce qu'était la mort, mais la sœur enseignante me jeta un regard qui m'en dissuada. J'ai toujours eu envie de poser des questions, même à cet âge. De plus, nous dit le prêtre en pointant du doigt le crucifix cloué au mur, les enfants – oui, même nous – avaient une place privilégiée dans le cœur de Dieu et de son fils Jésus. L'association des mots Jésus et Dieu me jeta dans la confusion – et je n'avais pas encore entendu parler du Saint-Esprit. *Jésus,* me disais-je, *ne doit quand même pas pouvoir aimer Jimmy plus que moi je ne l'aime?* Cet amour était si fort que personne, pas même Jésus, ne pouvait s'y immiscer. Parfois, je sentais le regard de Jimmy posé sur moi sans même le regarder. J'aimais ce sentiment.

Le jour des visites, quand Jimmy recevait du monde, je l'accompagnais systématiquement. Il n'y avait jamais de visiteurs pour moi, et Jimmy refusait de voir les siens tout seul. Malgré tout, il était toujours bouleversé quand ceux-ci s'en allaient. Le plus souvent, c'était une grande et belle femme avec un chignon et un collier de perles qui venait le voir. Je ne compris jamais le lien qui l'unissait à Jimmy, lequel se montrait plutôt mal à l'aise avec elle. Elle apportait toujours des friandises. Je m'amusais par terre en en dégustant quelques-unes tandis que Jimmy, embarrassé, restait assis sur les genoux de cette femme, qui le serrait fort contre elle. Il gardait son calme tant qu'il pouvait me voir.

Un soir que nous jouions dehors, la révérende mère appela Jimmy dans son bureau. La sœur qui surveillait la cour me donna des bonbons, ce qui n'était jamais arrivé auparavant, et me demanda de rester avec elle. Jimmy partait pour une visite; je mis donc des bonbons de côté dans ma poche pour les lui donner plus tard. Il me sourit et agita la main en emboîtant le pas à la mère supérieure. En attendant, je m'installai pour déguster mes bonbons. L'heure du souper arrivée, j'attendis Jimmy pour lui donner sa part de friandises. Je fus surpris de constater que trois sœurs et la révérende mère assuraient le service ce soir-là. Toujours sans nouvelles de Jimmy, j'interrogeai du regard la mère supérieure. Elle s'approcha de moi ; avec un regard froid, elle m'annonça alors abruptement que Jimmy était parti et qu'il ne reviendrait jamais. Les autres sœurs se tinrent à proximité, prêtes à m'empoigner au cas où je réagirais trop vivement à la nouvelle. Mais ma première réaction fut le choc. Pendant plusieurs minutes, je ne parvins plus à respirer ni à bouger. Puis je me mis à pleurer.

La perte si soudaine de Jimmy et la froideur et l'indifférence affichées par la mère supérieure me plongèrent alors dans une rage dont l'intensité m'effraya moi-même. Je me jetai sur elle et lui lançai les bonbons de Jimmy à la figure avant de lui envoyer des coups de pied et de lui griffer le visage et les mains. Les nonnes tentèrent de m'attraper, mais je courus me réfugier sous une table. L'une des sœurs essaya de m'en déloger à coups de balai. Elle me frappa le haut du crâne, qui se mit à saigner. Je finis par être tiré de mon refuge sans ménagement, puis entraîné dans une pièce voisine dont on verrouilla la porte derrière moi. Ici encore, des images de Jésus et de Marie me dévisageaient. Je leur rendis leurs regards, avec un supplément de colère, de rage et de désespoir.

Je m'assis par terre, assailli par mille questions. D'abord, je voulais savoir pourquoi Jimmy avait été emmené alors que j'étais toujours là. N'aurions-nous pas pu partir ensemble ? Je songeai comme il devait avoir peur sans moi, et l'imaginai pleurant aussi de son côté. Jésus et Marie ne m'étaient d'aucun réconfort, et je n'accordais que peu de crédit aux propos des religieuses selon lesquels Jésus aimait particulièrement les petits enfants. Pour moi, ce n'était que de belles paroles pour nous endormir. (Peut-être est-ce à ce moment-là que je commençai à avoir des doutes concernant Jésus ; cela continue de me hanter, même maintenant.) Je finis par me dire que j'étais responsable du départ de Jimmy. Je ne me remis jamais de cette perte et pleurai pendant des semaines sa disparition.

La révérende mère déclara qu'à la longue, je finirais par oublier Jimmy ; elle avait tort. Si je me résignai amèrement à l'absence de mon ami, cette blessure me changea pour toujours. Je ne retrouvai jamais mon innocence d'alors et devins méfiant. Je rencontrai bien d'autres amis, mais ce ne fut jamais pareil. J'avais décidé de ne plus jamais laisser quelqu'un devenir aussi proche de moi que le fut Jimmy.

Cinquante ans plus tard, mes larmes coulent encore en écrivant ces mots. Je n'ai jamais oublié Jimmy, et j'espère sincèrement qu'il aura eu une belle vie.

La perte de mon ami rima donc avec celle de mon innocence et de mon sentiment de sécurité. Désorienté, effrayé, je me renfermai sur moi. Les religieuses étaient froides et insensibles, et ne faisaient que peu de cas de l'impact émotionnel de cette séparation. Je fus donc contraint de gérer seul ce traumatisme. Autour de moi, les prières se poursuivaient allègrement, ignorant ma souffrance.

Par chance, c'est à cette période que je découvris les livres, qui devinrent vite mes nouveaux amis. Je les serrais contre mon cœur et en observais attentivement les images pour m'aider à comprendre les mots. Les livres me fournirent ainsi la consolation que les nonnes me refusaient. Ils devinrent mon seul centre d'intérêt, et je me réfugiais dans leurs pages dès que l'occasion m'en était donnée.

Avec eux, des lendemains meilleurs étaient enfin possibles.

Le jour de ma première communion s'approchait à grands pas, mais le cœur n'y était pas. Pendant les semaines qui précédèrent l'événement, la révérende mère ne ménagea pas ses efforts pour s'assurer que je connaissais de A à Z mon petit livre vert de catéchisme. J'appris tout par cœur, sans rien y comprendre. Visiblement, elle s'en rendait compte, mais cela ne semblait pas l'émouvoir, du moment que je répondais correctement aux questions du prêtre : Qui est Dieu ? Qui a créé le monde ? Qui était la Vierge Marie ? Qu'est-ce que le péché ? Pourquoi est-il important de se confesser avant de faire sa communion ? Je lui alignai toutes les bonnes réponses. La révérende mère parut grandement soulagée quand le prêtre en eut fini avec moi.

Tous les autres garçons passèrent à leur tour, après quoi la mère supérieure nous informa que notre première communion aurait lieu au mois de mai 1958. Car mai, ajouta-t-elle avec un sourire mielleux, était un mois spécial, celui consacré à la Vierge Marie. Cela me faisait une belle jambe. Mon agacement dut être perceptible, car elle aboya soudain à travers la pièce :

— Clemenger, cesse de me regarder comme ça !

Nous reprîmes tous deux une contenance normale sur le moment, mais sur le fond, aucun des deux ne lâcha du lest. Il n'était plus question que je verse la moindre larme devant elle désormais ; j'arborais plutôt un masque de défiance et de haine. Je ne voulais pas qu'elle oublie ce que signifiait la perte de Jimmy pour moi. Je commençais déjà à me bâtir une armure d'acier, ce qui m'aiderait à affronter les épreuves bien pires qui m'attendaient.

Pour faire une bonne première communion, il fallait se trouver en état de grâce, ce qui impliquait une confession en bonne et due forme. Et jusqu'ici, tout ce qui touchait à la confession relevait plutôt du jeu pour moi. J'adorais rentrer et sortir du confessionnal à toute vitesse quand j'étais dans la chapelle. La boîte noire avait un côté à la fois dangereux et intriguant. Du reste, mon comportement effronté irritait la révérende mère, raison de plus pour que je maintienne cette habitude. La voir perdre son sang-froid valait bien quelques tapes sur les jambes. Je devais ensuite me confesser pour avoir péché par désobéissance délibérée. J'inventais parfois des péchés, ou je les exagérais pour choquer le prêtre. Mais cela ne semblait guère l'amuser, et il se contentait de me jeter un regard désapprobateur. Quant à moi, l'idée de me confesser à un prêtre enfermé dans une boîte noire, avec une toute petite lumière éclairant son visage, m'amusait beaucoup.

Lorsque le grand jour arriva, on me réveilla de bonne heure afin que les nonnes aient le temps de me laver et de me récurer. On me vêtit ensuite sommairement, puis la révérende mère vint inspecter ma propreté avant de me présenter l'habit que j'allais porter pour ce grand événement : un costume blanc avec des socquettes assorties et des souliers noirs un peu trop petits pour moi. Une fois mes cheveux peignés et une broche épinglée à ma veste, je fus prêt à me rendre à la chapelle. Je me plaignis de la faim, mais la révérende mère me répondit que je devais être à jeun depuis minuit et que j'aurais droit à un petit déjeuner après la messe.

— De toute façon, tu seras comblé quand tu auras reçu le Petit Jésus.

Cette remarque me laissa dubitatif, mais je m'abstins de tout commentaire. Nous étions une douzaine à effectuer notre première communion ce jour-là.

Juste avant la messe, on me remit un nouveau livre de prières – doté d'une couverture blanche et de belles illustrations en couleurs –, ainsi qu'un chapelet bleu. Le prêtre avança et nous adressa ses vœux en nous rappelant de témoigner tout notre respect à Jésus, qui vivrait bientôt en nous. La messe commença au son des hymnes montant du chœur des nonnes. Après la consécration, la révérende mère nous invita vers le banc de communion. Et là, pour je ne sais quelle raison, je me mis soudain à penser à Jimmy et me rembrunis. J'étais tellement perturbé que je ne me rendis pas compte que le prêtre avançait vers moi avec l'hostie en main, prête à être posée sur ma langue. Je tirai la langue au mauvais moment et vis avec horreur le pain sacré tomber à terre. La peur me saisit. Je n'osais imaginer ce que la révérende mère devait penser en cet instant – tout ce travail pour rien !

J'imaginai Jésus étendu dans une mare de sang sur le sol, et tous les yeux braqués sur moi, horrifiés. Le plus gêné de tous était peut-être le garçon de chœur qui tenait la patène sous mon menton : il n'avait pas rattrapé l'hostie dans sa chute. J'avais envie que la terre s'ouvre sous mes pieds et m'engloutisse. Le prêtre remonta lentement les marches vers l'autel et y prit un petit bol d'eau et une serviette. Revenu devant moi, il se pencha avec révérence pour ramasser le Jésus chu, avant d'embrasser et d'avaler l'hostie. Après quoi, il lava l'endroit où Jésus était tombé et l'embrassa aussi. Il prit davantage de précautions lors de sa deuxième tentative pour me donner la sainte communion. Après ce qui venait de se produire, je ne pensais pas qu'il m'offrirait une seconde chance. J'ouvris grand la bouche, et il plaça l'hostie au milieu de ma langue avant de me refermer rapidement la mâchoire d'une main. L'hostie se colla fermement au plafond de ma bouche desséchée. J'essayai de la mâcher, mais elle se rompit en plusieurs morceaux.

Ma première communion avait été un vrai désastre ; Jésus ne devait pas être très content de moi. La révérende mère ne me dit rien de spécial à ce sujet, mais elle m'évita scrupuleusement pour le reste de la journée. Le soir, on m'enleva mon costume blanc pour le ranger soigneusement dans une boîte. J'espérais que le prochain à le porter aurait plus de chance que moi.

École technique Saint-Joseph,
Tralee, comté du Kerry

18 août 1959

Après le petit déjeuner, nous étions encore dans le réfectoire lorsqu'on nous annonça que la révérende mère voulait parler à chacun de nous individuellement. Le temps que mon tour arrive, j'avais vu une ribambelle de garçons sortir en pleurant, l'air bouleversé. Avec son habituel regard froid, la révérende mère m'informa qu'étant orphelin et sans famille, je serais transféré à l'école technique Saint-Joseph de Tralee, dans le comté du Kerry.

Je ne répondis rien, déterminé à ne montrer ni larme ni signe de faiblesse, et quittai son bureau en me demandant ce que le mot « famille » pouvait bien signifier dans sa bouche, accolé à mon nouveau statut officiel d'orphelin. La mère supérieure nous avait montré où se trouvait le comté du Kerry par rapport à celui de Dublin ; la distance me semblait importante, et nous aurions à la parcourir en train, ce qui réjouissait déjà certains garçons.

Le jour du départ, nous formâmes une file bien rangée dans l'allée de Sainte-Philomena pour l'inspection par nos nouveaux gardiens. À ma grande stupéfaction, je vis deux grands hommes en noir avancer vers nous. Ils ressemblaient à des prêtres, mais la révérende mère nous dit qu'il s'agissait de Frères chrétiens. La seule différence notable était la taille de leur col romain, de moitié plus petit que celui d'un prêtre. Le plus affirmé des deux se posta près de la mère supérieure, l'air très sûr de lui. Avec son confrère, ils me donnaient l'impression d'être deux géants ; en un instant, ils jetèrent l'effroi dans nos cœurs de petits garçons. L'homme annonça que son nom était frère Price, et que nous devrions l'appeler « monsieur » en toutes circonstances.

Grand et costaud, il avait des yeux perçants et semblait être habitué à donner des ordres auxquels il valait mieux obéir instantanément. Il fit un aller-retour devant les deux rangées de garçons en nous toisant avec une expression menaçante. Si son intention était de nous effrayer et d'instiller la peur de Dieu en nous, il avait atteint son but. Je baissai les yeux lorsqu'il passa devant moi. Après quelques mots échangés avec la révérende mère, il revint à mon niveau et me demanda mon nom.

— Michael Clemenger, répondis-je nerveusement sans oser relever les yeux.

— Très bien, Michael, moi, c'est frère Price. Peux-tu le répéter, s'il te plaît ?

— Frère Price, monsieur.

Sur ce, il effleura mon visage du bout des doigts et esquissa un demi-sourire tandis que je m'écartais légèrement de lui. J'étais terrorisé et extrêmement mal à l'aise, surtout parce qu'il n'avait posé aucune question aux autres garçons.

Il fit un signe du bras, et un grand autocar remonta l'allée du foyer. Frère Price nous demanda alors de faire nos adieux. La plupart des enfants pleuraient ;

certains s'étaient réfugiés dans les bras des nonnes, qui faisaient de leur mieux pour les rassurer. Je m'efforçai quant à moi de ne trahir aucune émotion. Cependant, je remarquai que frère Price discutait vivement avec la révérende mère en me jetant des regards répétés. On lui tendit une grande enveloppe marron ainsi que des lettres, qu'il passa à l'autre frère. On nous appela ensuite un par un pour monter dans le car. Je fus le dernier à être appelé. La révérende mère passa une main dans mes cheveux alors que je m'apprêtais à monter les marches. Mais je l'ignorai et refusai de regarder derrière moi. Pendant le trajet vers la gare, frère Price nous intima d'une voix tonnante de ne pas nous amuser à monter et descendre du train, et de ne pas parler aux inconnus. Nous devions être calmes et nous tenir correctement. L'autre frère ne dit pas un mot.

Sur le quai, un chef de train nous fit monter dans un wagon, où nous étions seuls. Là, frère Price m'écarta du groupe et me dit d'attendre. Lorsque chacun eut pris place, il s'assit à son tour et me plaça fermement sur ses genoux en me tenant très près de lui, d'une manière totalement nouvelle pour moi. Nerveux, je plongeai mon regard par la fenêtre du wagon. Il ne me lâcha pas de tout le trajet. Absorbé qu'il était par mon cas – ce qui me mettait assez mal à l'aise –, il ignorait totalement les autres garçons, lesquels couraient dans le couloir en criant ou jetaient de petites pièces par les fenêtres ouvertes. Ils s'amusèrent comme des fous pendant tout le voyage, tandis que je restai assis sur les genoux de frère Price, malheureux comme les pierres. De temps en temps, l'autre frère réprimandait les garçons qui chahutaient, mais eux ne lui prêtaient guère d'attention.

Enfin, vers la fin de l'après-midi, le train arriva à Tralee. Les autres passagers se hâtèrent de sortir des voitures pour partir dans toutes les directions. Des taxis nous emmenèrent de la gare jusqu'à Saint-Joseph. Rien n'aurait pu me préparer au choc et à la panique que j'éprouvai en découvrant les lieux. La vision était absolument sinistre. Le bâtiment ressemblait à un château avec un million de fenêtres, entouré d'un mur et de nombreux arbres. J'avais probablement dû faire quelque chose de très mal pour me retrouver ici, songeai-je. Quand les taxis s'arrêtèrent devant la porte, la peur était presque palpable dans l'atmosphère. On n'entendait plus un rire. Nous descendîmes des voitures. Mes pieds à moi n'eurent pas l'occasion de toucher le sol, car je me retrouvai soudain assis sur les épaules de frère Price.

Un autre frère nous accueillit – le supérieur de l'école. Il était souriant et nous parla gentiment. En le voyant, frère Price me fit descendre de ses épaules et me laissa enfin marcher sur mes deux pieds. J'appréciai de retrouver un semblant de liberté, même brièvement. On nous emmena ensuite au réfectoire, une salle spacieuse remplie de tables et de chaises, où l'on nous servit un repas et du pain. Je mangeai ma part très rapidement, et, à ma grande surprise, frère Price m'octroya une seconde portion. Il n'avait jamais été question de rab à Sainte-Philomena, et Saint-Joseph ne donnait guère l'impression de fonctionner différemment.

Pendant le repas, quatre ou cinq autres frères passèrent en nous observant. L'un d'entre eux en particulier parut crisper frère Price. Je perçus immédiatement de l'hostilité entre eux. Ce frère vint se présenter à moi en me disant s'appeler frère Roberts. Il était plus vieux que frère Price, marchait lentement et légèrement courbé, mais il avait un sourire engageant. Je n'eus pas peur de lui à ce moment-là. Il me demanda mon nom.

— Michael Clemenger, monsieur.

— Quel joli nom.

Je ne me souviens plus de ce qu'il me dit d'autre, mais sa présence à mes côtés provoquait une gêne indubitable chez le frère Price, ce qui me plaisait. Ils ne s'adressèrent pas la parole, mais restèrent chacun assis à côté de moi. J'adressais alternativement des sourires au frère Roberts et des regards anxieux au frère Price.

Lorsque le repas fut fini, frère Roberts me caressa gentiment le visage et me dit que nous nous verrions plus tard. Nous reformâmes nos rangs et sortîmes jouer dans la cour, où je fus soudain submergé par un bruit tel qu'instinctivement, je m'agrippai à la jambe de frère Price. Ma réaction parut lui plaire, et il passa sa main sur ma nuque pour me rassurer. Il mit un terme au brouhaha d'un simple claquement de doigts et appela l'un des garçons les plus grands. Âgé d'une quinzaine d'années, celui-ci approcha, l'air effrayé. Apparemment, frère Price le chargeait de prendre bien soin de moi, sans quoi il se prendrait la raclée du siècle. Avant de quitter la cour, frère Price me souleva pour me faire tournoyer en l'air. Après quoi, il me guida vers le jeune garçon et tourna les talons.

Assis sur les marches de la cour, mon nouveau gardien me demanda comment je m'appelais.

— Michael Clemenger.

— C'est bien long. Les frères vont avoir du mal à prononcer ça en classe.

Il m'indiqua que frère Price s'occupait principalement de l'école et qu'il était responsable de la discipline. D'après lui, tous les garçons en avaient peur.

— Frère Price est capable de t'écorcher vif si tu te mets mal avec lui. Tu as de la chance qu'il t'aime bien. Personne n'osera te faire de mal tant qu'il sera dans les parages.

— Comment ça?

— T'inquiète, tu comprendras bien assez tôt.

Je lui demandai combien de garçons se trouvaient à Saint-Joseph.

— Des centaines ! On doit rester ici jusqu'à ce qu'on ait seize ans, après on a le droit de partir, les frères ne peuvent pas nous en empêcher. J'ai presque seize ans, alors je vais bientôt me barrer. Ici, on nous appelle des « moniots ». C'est une espèce de diminutif, rapport au monastère, quoi.

Je lui demandai ce qu'était un orphelin, et pourquoi il n'y avait que des orphelins à Saint-Joseph.

— Un orphelin, c'est un enfant qui n'a pas de parents. Mais j'en ai, moi, des parents, et plein de frères et sœurs, même. C'est juste que ma mère et mon père ne pouvaient pas s'occuper de tout ce monde-là. T'en as, toi, des frères et sœurs?

— Je ne sais pas.

— Dans ce cas, tu dois bien être un orphelin. T'as quel âge?

— Bientôt neuf ans, je crois, mais je ne suis pas sûr.

— De toute façon, tu vas rester ici jusqu'à tes seize ans. Tu vas donc avoir tout le temps de connaître vraiment frère Price. Et ça ne va pas te plaire, mais ne répète jamais que je t'ai dit ça.

Je lui demandai comment était frère Roberts.

— Merde, tu l'as déjà rencontré ?

— Oui, je l'ai vu au réfectoire pendant le repas.

— Est-ce qu'il t'a parlé ?

— Il m'a demandé mon nom et m'a touché le visage.

— Est-ce que frère Price l'a vu te faire ça ?

— Oui, même qu'il n'avait pas l'air très content.

— Dans ce cas, tu es dans de beaux draps. S'ils t'aiment bien tous les deux, tu es foutu, c'est tout ce que je peux te dire. Ne dis jamais, jamais, à l'un des deux lequel d'entre eux tu préfères.

Il chuchota ces derniers mots, craignant visiblement que les autres garçons l'entendent. Mais que diable voulait-il donc dire par là ? Je connaissais ces deux hommes depuis si peu de temps… comment pouvais-je déjà être si important à leurs yeux ? Rien de tel ne s'était jamais produit avec les nonnes, je n'étais le favori de personne là-bas. Mon angoisse dut se lire sur mon visage, car le garçon haussa les épaules et tenta de m'apaiser.

— Écoute, le seul truc qui est sûr pour l'instant, c'est que s'il t'arrive quoi que ce soit, je me ferai tuer par frère Price.

Je hochai la tête avec hésitation. Il fit une nouvelle tentative.

— Tu vois bien que frère Price t'a repéré, pas vrai ? Te porter comme ça, le soir de ton arrivée… ça veut dire que tu es spécial pour lui. Tu t'en rendras compte le moment venu. Surtout, souviens-toi : ne lui répète jamais un seul mot de tout ce que je viens de te dire. Promis, Michael ? S'il te plaît, je ne plaisante pas.

Je perçus l'angoisse dans sa voix et lui promis de ne jamais rien répéter, même si je ne comprenais pas vraiment de quoi il parlait.

L'installation

Il ne fut pas aisé de s'adapter au régime de Saint-Joseph, les premiers temps. Les frères dirigeaient l'établissement à la baguette – ou, plus exactement, à la lanière de cuir. Dès les premiers jours, celle-ci était brandie sans complexe à la moindre entorse au règlement. Les garçons étaient battus comme plâtre, parfois jusqu'à menacer leur vie. La peur planait partout telle une nappe de brouillard, et l'on n'entendait guère de rires entre les murs.

Nous étions répartis dans les dortoirs en fonction de notre âge. Étant âgé de huit ans, je fus placé dans le dortoir du bas, au rez-de-chaussée, près de l'entrée par laquelle les frères accédaient au monastère. La nuit, j'entendais parfois une voiture rouler sur la route qui bordait le grand mur extérieur. Le dortoir du rez-de-chaussée devait compter une centaine de lits, alignés sur trois rangées d'un bout à l'autre. D'autres lits étaient également placés à chaque bout, de chaque côté des issues qui menaient aux sanitaires en haut de l'escalier.

Mon lit portait le numéro cinquante-deux. (Bien plus tard, je découvris qu'on me l'avait attribué sur demande spéciale du frère Price.) Il était situé juste à côté de la porte qui menait directement aux quartiers privés des frères. À la droite de cette porte se trouvait le réfectoire où nous prenions nos repas.

Le frère Murphy était le responsable du dortoir du bas. Notre aversion fut aussi immédiate que réciproque. C'était un homme du Kerry, dénué de tout sens de l'humour. Il était toujours d'humeur acerbe et se montrait rapidement irrité. J'étais fasciné par son oreille gauche, toute fripée. À la moindre contrariété, il s'emparait de la lanière de cuir qu'il arborait sur sa hanche gauche, tel un pistolet. Il arpentait alors les allées en faisant de son mieux pour nous terroriser, tout en décochant un bref regard dans le miroir de la pièce, comme pour s'assurer de sa toute-puissance. Si je reconnaissais en lui un danger potentiel, je l'ai malgré tout toujours considéré comme un bouffon. Ce n'était qu'un poids plume se prenant pour un poids lourd, qui n'avait rien de l'autorité naturelle d'un frère Price. Lors du changement de linge hebdomadaire, il me donnait toujours les vêtements les plus laids et les plus étriqués. Régulièrement, frère Price me ramenait à la lingerie pour me fournir des habits plus décents. C'est avec humiliation que frère Murphy devait alors tendre les clés de la pièce à son confrère.

Tout le monde savait que j'étais le « chouchou » du frère Price, et m'évitait scrupuleusement. Il passait me voir au dortoir du bas presque tous les soirs, et passait devant mon lit en émettant un commentaire. Je n'y vis rien de mal, tout d'abord, mais au bout d'un moment, j'aurais préféré qu'il s'abstînt, car cela crispait encore un peu plus mes relations avec le frère Murphy. Un soir, un garçon me demanda pourquoi frère Price passait toujours devant mon lit. Je n'avais pas de réponse à lui fournir.

Les ennuis commencèrent inopinément un dimanche matin, à la messe, quand frère Price me surprit en train de sourire à frère Roberts après avoir reçu la communion. Il me dévisagea, fou de rage. Avec l'ignorance de mon âge, je n'y prêtai pas plus d'attention. Mais cet après-midi-là, il était de surveillance dans la cour, et tout le monde remarqua qu'il était fermement remonté contre moi.

— Ça y est, Michael, il t'a dans le collimateur. Fais gaffe, il va t'en faire baver, m'avertit un des grands.

Je ne voyais pas en quoi le fait de sourire à frère Roberts constituait un problème. L'idée que frère Price puisse être malade de jalousie ne m'effleura même pas l'esprit. Le soir venu, j'attendais en rang avec les autres garçons ; nous nous apprêtions à rentrer pour voir un film. Frère Price surgit soudain et me poussa brusquement sur le côté, devant tout le monde. Il me hurla dessus, m'enjoignant d'aller l'attendre dans le dortoir.

J'étais assez contrarié par son attitude, mais lorsqu'il apparut dans le dortoir, quelques minutes plus tard, ma contrariété céda le champ à la peur. Son visage était blême de rage, et je crus qu'il allait me passer à tabac. Au lieu de quoi, il me demanda de me déshabiller et de me mettre au lit. Je trouvai la chose étrange, étant donné qu'il faisait encore jour. Lorsque je fus sous les couvertures, il me donna une violente claque sur le visage du plat de la main.

— Ah ! Où est frère Roberts, maintenant, hein ? Je vais t'apprendre à lui sourire comme ça !

Je ne comprenais absolument pas de quoi il parlait. Seulement, sa colère était telle que je m'abstins de demander ce que j'avais fait de mal, et renonçai à comprendre ce qui se passait. Dans l'espoir d'être autorisé à me rhabiller et à aller voir le film, je lui présentai mes excuses, mais il ne voulut rien entendre. Je sentis vaguement que ce qui se passait entre lui et frère Roberts – dont il cracha littéralement le nom – avait quelque chose à voir avec moi. Soudain, je repensai à ma conversation avec l'adolescent, lors de mon arrivée. J'avais enfreint la règle de ne jamais laisser transparaître lequel des deux je préférais. De toute évidence, sourire à frère Roberts pendant la messe manifestait clairement ma préférence pour lui. Pour tout dire, je préférais *vraiment* le frère Roberts, plus gentil, au frère Price, qui m'effrayait la plupart du temps.

— Tu n'as absolument rien à faire avec le frère Roberts. Et tu n'as pas à lui sourire. Est-ce que tu comprends ça, Michael ?

Non. Mais je lui répondis par l'affirmative, espérant qu'il me laisse tranquille après ça. Mes larmes débordaient et mon cerveau bouillonnait. Au lieu de partir, il se pencha vers moi et s'assit sur mon lit en approchant ses mains de mon visage. J'étais terrorisé à l'idée de recevoir une nouvelle claque, ou, pis, quelques coups de la lanière de cuir accrochée à sa ceinture. Il semblait prendre plaisir au spectacle de ma peur. Je résolus intérieurement de ne plus jamais sourire au frère Roberts, afin de ne plus manquer de films à l'avenir. J'ignore combien de temps il demeura assis ainsi en silence, mais je dus finir par m'endormir. Lorsque je m'éveillai, frère Price avait disparu, et c'est le frère Murphy que je découvris à sa place ; il me toisait avec un sourire mauvais.

— Alors, Clemenger, que penses-tu du frère Price, maintenant ?

Ce soir-là, plusieurs garçons me demandèrent ce qui s'était passé avec le frère Price. Je leur dis qu'il m'avait frappé parce que j'avais souri au frère Roberts. La nouvelle fit le tour du dortoir en une minute. Puis tous se turent et gagnèrent rapidement leurs lits.

L'offensive de frère Roberts

La relation entre le frère Price et le frère Roberts, quelle qu'elle ait pu être avant mon arrivée, dégénéra lentement mais sûrement en une véritable guerre intestine. Ils se disputaient désormais ouvertement mon affection et mon attention. Je détestais cette situation, ne sachant vers qui me tourner.

Que me trouvaient-ils donc ? J'étais plutôt petit pour mon âge, avec des cheveux clairs et des yeux gris-bleu. J'avais le sourire facile, et un esprit curieux assorti, peut-être, de la juste dose de timidité. La plupart du temps, je gardais les yeux baissés jusqu'à ce qu'on m'adresse la parole, mais lorsqu'on me sollicitait, je m'exprimais aisément et ne craignais pas de poser des questions.

J'avais environ neuf ans quand, un soir, alors que je quittais la chapelle, le vieux frère Roberts m'interpella :

— Michael Clemenger, je veux te parler.

Les autres garçons me dépassèrent pour courir au réfectoire.

— Ne t'en fais pas pour le souper, j'ai arrangé ça avec frère Lane. Viens, j'ai quelque chose à te montrer.

Il m'emmena jusqu'au placard où étaient entreposées les soutanes et y prit une longue robe noire ainsi que le gilet blanc qui allait avec.

— Maintenant, allons dans ma chambre.

Un peu inquiet, je le suivis dans le quartier privé des frères ; nous empruntâmes un long couloir où une fenêtre donnait directement sur le dortoir des grands. Les lumières y étaient allumées, et je vis un garçon esseulé allongé dans l'un des lits. Frère Roberts me montra les cellules individuelles des frères, plus faiblement éclairées. Comme nous passions devant les sanitaires, il me demanda si j'avais envie d'aller aux toilettes.

— Non, monsieur.

En vérité, j'étais à la fois dérouté et terrifié par une telle proximité avec l'intimité des frères.

Lorsque nous arrivâmes devant sa chambre, qui était presque la plus éloignée de la chapelle, il sortit un trousseau de clés et ouvrit la porte.

— Entre, Michael.

J'entendis distinctement frère Murphy prier à haute voix dans la chambre voisine.

— Oh, ne fais pas attention à lui. Il fait constamment ça. Tu t'y habitueras, à la longue.

Il verrouilla alors la porte derrière lui et me demanda de me déshabiller. Décontenancé, je retirai mes vêtements et me retrouvai bientôt nu comme un ver, tremblant, ne sachant absolument pas ce qu'il attendait de moi. Il s'assit sur l'unique chaise de la pièce, qui était juste à côté du lit.

— Mets-toi dans le lit si tu as froid, Michael.

Heureux de couvrir ma nudité, je sautai dans le lit. Il était bien plus confortable que le mien, avec de doux draps blancs, deux oreillers et des couvertures bien épaisses. Sur le mur d'en face se trouvaient un crucifix et une image du Sacré-Cœur. Des livres étaient éparpillés sur une table à proximité, des chapeaux noirs accrochés au portemanteau, et un parapluie posé près de la porte. La pièce était très chaleureuse. Malgré tout, je me sentais mal à l'aise. La façon dont frère Roberts avait contemplé mon corps nu me semblait bien étrange.

— Aimerais-tu être enfant de chœur, Michael ?

J'opinai timidement du chef.

— Eh bien, tu le seras.

Il écarta alors les couvertures et commença à caresser mes bras et ma poitrine. Ses mains étaient tremblantes mais chaudes. Il se pencha au-dessus de moi et embrassa mes épaules, mon cou, et même mes oreilles. Paralysé, je gardais les yeux rivés sur le crucifix en face de moi. Je fus soudain frappé par le fait que Jésus était presque nu sur la croix. Je n'avais jamais remarqué cela, auparavant. Un souffle rauque et des râles me ramenèrent rapidement à l'épouvantable réalité. Les lèvres de frère Roberts se collèrent brusquement aux miennes pour les aspirer comme s'il mangeait une orange bien mûre. Je parvenais à peine à respirer. Paniqué, je tentai alors de le repousser, mais il était bien trop fort. J'étais terrifié, et je crus vraiment que j'allais mourir sous la véhémence de son assaut.

Tout fut fini au bout d'une dizaine de minutes. Il se calma et sa respiration redevint normale. Je me redressai pour m'asseoir dans le lit.

— Lève-toi, Michael, et essaie donc cette soutane noire.

Je m'exécutai docilement et enfilai la robe avec son aide. Il peigna mes cheveux avec une brosse marron et me caressa la nuque affectueusement.

— Regarde dans le miroir, comme tu es beau. Tu feras un magnifique enfant de chœur.

Il ouvrit alors un tiroir, en sortit un paquet de bonbons et me dit que je pouvais les manger. Il m'offrit également une boisson sucrée de couleur jaune et me demanda de me rasseoir sur le lit.

— Tu vas être mon premier enfant de chœur. Tu es content ?

Que pouvais-je faire ? J'approuvai d'un signe de tête dépité.

— Michael, promets-moi que tu ne diras rien de tout ça aux autres garçons. Certains pourraient être jaloux et chercher à te faire du mal. Tu vas être mon préféré, ce qui veut dire que je prendrai toujours soin de toi. Tu verras. Maintenant, habille-toi, laisse la soutane sur la chaise et allons à la cuisine. Un repas spécial t'y attend, préparé rien que pour toi.

Dans la cuisine des frères, un plateau à mon nom était posé sur une table, recouvert d'un tissu.

— Vas-y, Michael, regarde ce qu'il y a sous la serviette. C'est ta récompense pour avoir été aussi gentil.

À ce moment-là, j'étais tellement déstabilisé par les événements que j'avais du mal à comprendre ce qui se passait. Quelqu'un frappa à la porte. Frère Roberts répondit quelque chose, et la personne s'en alla.

— Est-ce que tu aimes la brioche, Michael ?

— Oui, monsieur.

Je ne comprenais pas pourquoi il me récompensait, n'ayant rien fait de particulier.

— N'oublie pas, Michael : il ne faut dire à personne que tu es venu dans ma chambre. Ce sera notre petit secret à nous.

Redoutant que mes camarades ne devinent quand même où j'étais allé, je lui demandai ce que je devais dire si l'on me posait des questions.

— Ne te tracasse pas pour ça. Je m'occupe de tout.

Lorsque j'eus terminé le repas, la brioche et la boisson jaune, il m'essuya la bouche avec son mouchoir, m'embrassa et me guida vers la sortie.

— Allez, file jouer dans la cour, maintenant.

Je constatai avec horreur que le surveillant n'était autre que frère Price. Il me jeta un regard suspicieux et me demanda *illico* d'où je venais.

— Frère Roberts m'a fait essayer une soutane pour que je sois garçon de chœur, monsieur.

— Ah oui ? Et ça t'a pris tout ce temps ?

— Non, monsieur.

— Et donc, quoi d'autre ?

— Il m'a emmené dans la cuisine des frères pour me donner un repas et de la brioche, monsieur.

— T'aurait-il aussi donné des bonbons, par hasard ?

— Oui, monsieur.

— Combien ?

— Tout un paquet, monsieur.

— Où sont-ils, maintenant ?

— Je les ai mangés, monsieur.

— Tous ?

— Oui, monsieur.

Je me rendis soudain compte que j'avais laissé au moins la moitié du paquet de bonbons sur le lit de frère Roberts.

— Dis-moi, Michael, où frère Roberts t'a-t-il fait essayer la soutane ? Dans la chapelle, ou ailleurs ?

— Dans la chapelle, monsieur.

Ses yeux se plantèrent profondément dans les miens. *Mon Dieu, il sait que je mens,* pensai-je.

— Dans la chapelle ? Tu en es bien sûr, Michael ?

— Non, pas dans la chapelle, monsieur. Dans sa chambre.

Il baissa la voix et me demanda pourquoi je ne l'avais pas avoué tout de suite.

— Parce qu'il m'a demandé de ne pas le dire, monsieur.

— Et s'est-il passé autre chose dans la chambre, Michael ?

— Non, monsieur.

— Tu es sûr ? Dis-moi la vérité. Je le saurai, si tu mens.

— Rien ne s'est passé, monsieur.

— C'est ça, c'est ça.

Il se rapprocha encore pour me regarder droit dans les yeux. Toute l'école nous observait maintenant. Je soutins son regard sans broncher. Si je craquais, tous mes camarades sauraient que frère Roberts m'avait fait quelque chose. Sinon, comment justifier le repas et la brioche ? Cette situation était un véritable cauchemar. Soudain, à mon grand soulagement, il s'éloigna de moi.

— Très bien, Michael. Tu peux y aller.

Je fonçai vers le terrain de handball sans demander mon reste. Plusieurs garçons m'emboîtaient déjà le pas quand frère Price se mit à rugir :

— Laissez-le tranquille, vous autres, ou vous allez tâter de mon fouet !

Je devais avoir l'air aussi fatigué que je l'étais, car il me demanda alors si je ne préférais pas plutôt aller me coucher. Je répondis affirmativement sans hésiter et courus jusqu'au dortoir, heureux d'être enfin seul. Je m'écroulai de sommeil avant même que ma tête ne touche l'oreiller et ne me réveillai que le lendemain matin.

Frère Lane

L'horrible expérience avec frère Roberts n'était pas le seul problème. La violence menaçait constamment. Un frère, en particulier, était connu pour ses accès de cruauté.

Dès ma première rencontre avec frère Lane, et avant même d'être informé de son infâme réputation, je sentis combien il était mauvais. C'était le plus petit de tous les frères, mais il compensait sa petite taille par sa férocité. En le regardant arpenter les allées du monastère, un rictus mauvais sur les lèvres, j'avais l'impression qu'il détestait personnellement chacun d'entre nous. Personne ne l'aimait, pas même ses espions. Quand il apparaissait dans la cour, tout le monde se débinait dans tous les sens. Les plus grands disaient même entre leurs dents que c'était un « meurtrier ». Sur le mur extérieur de l'infirmerie était épinglée la photo d'un certain Joseph Pyke, un beau garçon roux, costaud et souriant, au menton bien prononcé ; de nombreux moniots pensaient qu'il avait péri sous les coups de frère Lane. Apparemment, ce garçon avait été un des favoris du frère Roberts, qui avait pris cette photo. C'était également frère Roberts qui l'avait épinglée au mur, probablement pour rappeler son souvenir au « meurtrier ».

Frère Lane était responsable du réfectoire, et donc de notre alimentation. Les frères avaient leur propre cuisine, et, à en juger par les odeurs délicieuses qui émanaient de leur quartier, ils devaient très bien manger. De notre côté, chaque table accueillait jusqu'à douze garçons et était surveillée par un grand dont la mission était de vérifier que rien de mangeable ne se perdît. Dès la fin du repas, les chefs de table devaient présenter les restes pour une inspection. Pendant ce temps, frère Lane restait assis sur une chaise haute afin de superviser la globalité des opérations. Ses yeux de fouine scrutaient la masse à ses pieds d'un air menaçant. La moindre infraction le mettait dans une colère épouvantable. C'était là qu'il pouvait être le plus dangereux. Il n'agissait jamais sur le coup ; au lieu de quoi, il sortait une allumette de sa poche et la mâchait violemment pendant un certain temps. Je ne le vis jamais recracher la moindre allumette, et pensais donc qu'il les avalait, petit bout par petit bout. Son attaque était toujours soudaine ; il sautait brusquement de sa chaise, se ruait vers sa proie, la traînait à ses pieds et l'accusait de tous les torts. Ce faisant, il hurlait comme un possédé, puis il emmenait sa victime hors du réfectoire, dans une petite pièce des cuisines que nous appelions le donjon. Quelques minutes plus tard, il revenait et reprenait la lecture de son journal comme si de rien n'était.

Il existait plusieurs versions de ce qui était arrivé à Joseph Pyke, mais voici celle que j'ai entendue le plus souvent.

Le jour en question, Joseph Pyke était responsable d'une table. Pour quelque raison que ce soit, il avait oublié de vérifier le contenu du plat qui contenait les restes, lesquels n'étaient que des peaux de pommes de terre. Ce jour-là, les patates étaient si mauvaises et détrempées que certaines étaient totalement immangeables. Et malheureusement pour le pauvre Joseph, le frère Lane était d'une humeur massacrante. Il inspecta le plat du bout de son crayon, et, voyant des morceaux de patates pourries avec les peaux, entra dans une rage folle. Du haut de sa chaise, il décocha un violent coup de pied à Joseph, le frappant en pleine poitrine.

D'après les témoins, Joseph tomba à la renverse, inconscient avant même de toucher le sol. Il mourut trois semaines plus tard à l'hôpital le plus proche, en février 1958. À mon arrivée, en août 1959, la réputation de frère Lane était donc des plus terrifiantes.

Avant que je le rencontre, plusieurs garçons m'avaient mis en garde : il ne fallait jamais croiser le regard du frère Lane, à moins qu'il ne me demande expressément de le regarder. Le face à face finit par avoir lieu au réfectoire, au moment du dîner. Visiblement, il était au courant de mes accointances avec les frères Price et Roberts.

— Alors c'est toi, Clemenger, le petit chouchou de frère Price et de frère Roberts. Eh bien, j'espère que tu n'attends pas de traitement de faveur de ma part. Tu n'es qu'un petit pisseux de plus, pas vrai, Clemenger ?

Il m'impressionnait tellement que je ne parvins pas à répondre.

— Le chat aurait-il mangé ta langue, mon garçon ?

— Non, monsieur, j'ai juste peur, monsieur.

— Et tu as bien raison. File à la table numéro quatre et assieds-toi.

Lorsque j'atteignis ma place, j'eus le sentiment d'avoir survécu à une véritable épreuve du feu.

Je sentais qu'un jour ou l'autre, il me causerait des ennuis. N'ayant aucune envie de finir comme le malheureux Joseph Pyke, je résolus à partir de ce jour de faire ce qu'il faudrait pour éviter ce genre de scénario. Je saisis l'occasion dès le lendemain, dans la cour, lorsque le frère Lane arriva pour prendre la relève du frère Price. Je courus alors vers le frère Price en poussant un cri de terreur hystérique, juste devant frère Lane. Mon «protecteur» me prit immédiatement dans ses bras, très inquiet. Frère Lane quitta la cour avec une moue dégoûtée. Frère Price appela ensuite deux grands et leur dit de surveiller la récréation jusqu'à son retour. Il me prit par la main et m'emmena alors dans une salle de classe vide; là, il s'assit sur la chaise du professeur et me prit sur ses genoux.

— Eh bien, Michael, que se passe-t-il?

Je lui fis part de ce que frère Lane m'avait dit à son sujet et à celui de frère Roberts. La colère monta en lui, et il marmonna quelques mots que je ne compris pas. Je fus quelque peu réconforté quand il ajouta que, si frère Lane avait le malheur de me frapper, je serais le dernier à qui il ferait subir ce type de traitement à Saint-Joseph.

— Ne t'inquiète plus pour ça, Michael.

Il caressa alors mon visage et mes cheveux sans se soucier des garçons qui pouvaient nous voir par la fenêtre. Cela m'était égal, du moment que les espions du frère Lane lui rapportent que le frère Price me garantissait ne plus rien avoir à craindre de lui.

Ces espions étaient de simples mouchards sur lesquels le frère Lane comptait pour rapporter des informations sur les garçons de l'établissement. Ils avaient généralement entre treize et quatorze ans, et s'appuyaient sur leurs camarades pour chercher à s'attirer les bonnes grâces du frère de leur choix. Je ne sus jamais de quelle manière ils étaient récompensés, mais leur vie n'était pas facile. Tout le monde était au courant de leurs agissements ; ils se retrouvaient donc souvent isolés du reste de leur classe, tandis que les rivalités entre frères rendaient la vie compliquée aux espions de chacun. Malgré tout, je les comprenais. C'était leur façon à eux de survivre au sein de ce système brutal, tout comme accepter mon statut de « préféré » était la mienne.

Frère Lane m'ignora totalement pendant quelque temps après cet épisode. Me sentant protégé, je m'enhardis et lui rendis sans vergogne les rictus qu'il m'adressait parfois. Certains de mes camarades me trouvaient fou de jouer à un jeu aussi dangereux, mais l'image du défunt Joseph Pyke était gravée dans ma tête. J'étais déterminé à ce qu'il ne me fasse pas subir le même sort.

Pour être doublement rassuré, je parlai également à frère Roberts de l'attitude de frère Lane à mon égard pendant les repas. Plusieurs garçons m'avaient dit qu'il aimait beaucoup Joseph Pyke, dont il pensait qu'il avait un grand potentiel de danseur irlandais. Mais frère Roberts m'expliqua que frère Lane étant pleinement responsable du réfectoire, il ne pourrait pas facilement intervenir sur son terrain. Voyant ma déception, il m'adressa un clin d'œil.

— Ne t'en fais pas, Michael, il existe toujours plus d'une manière de régler les situations délicates.

Au quotidien, toutefois, les garçons de ma table avaient davantage de raisons que moi de redouter la colère de frère Lane. Le chef de table me dit que la meilleure façon d'éviter des démêlés avec le « meurtrier » était de ne lui fournir aucune occasion de frapper.

— Tu vois cette patate ?

— Oui.

— Eh bien, il te suffit de la couper en deux et de manger chaque moitié jusqu'à ce qu'il ne reste plus que la peau. Fais ça tous les jours, tant que ce maudit meurtrier sera dans les parages. Pigé, Michael ?

J'approuvai d'un signe de tête.

— Parfait. Un jour, tu seras chef de table à ton tour, et il faudra absolument passer le mot aux autres.

Un matin, le frère Price me demanda de venir dans sa chambre. Quelques mois s'étaient écoulés depuis mon arrivée à Saint-Joseph.

— Sais-tu quel âge tu as aujourd'hui, Michael ?

Je ne comprenais pas ce qu'il voulait dire. Il m'attira sur ses genoux.

— Aujourd'hui, c'est le premier novembre, jour de ton anniversaire. Tu es né il y a neuf ans de cela.

Toujours perplexe, j'attendis qu'il s'explique davantage.

— Tu vois, Michael, tout le monde est né d'un père et d'une mère, un certain jour de l'année qui est ensuite un jour de fête.

Il me serra très fort et commença à chantonner « Joyeux anniversaire » au creux de mon oreille. Plus tard, dans la cour, il dit aux autres garçons que c'était aujourd'hui mon anniversaire, et que tout le monde devait être très gentil avec moi.

La nouvelle ne tarda pas à arriver aux oreilles de frère Roberts, lequel me convia l'après-midi même à le rejoindre à la confiserie, près du terrain de handball. En entrant, je fus frappé par l'odeur des différents bonbons et caramels.

— Alors, Michael, il paraît que c'est ton anniversaire aujourd'hui.

— Oui, monsieur.

— Eh bien, il va falloir marquer le coup, pas vrai ?

Les mots de frère Price dansaient encore dans mon esprit ; je demandai alors à frère Roberts à quoi servaient un père et une mère, et, si j'en avais, où ils étaient. Il fut quelque peu décontenancé par ce déferlement soudain de questions.

— Allez, Michael, pioche dans ce pot de bonbons et remplis ce petit sac à côté de la table.

Je remplis le sac au maximum tout en le regardant, attendant sa réponse.

— Tu sais, il ne faut pas te préoccuper de ton père et de ta mère. C'est moi qui vais prendre leur place, je vais m'occuper de toi.

Sur ce, il me serra chaleureusement dans ses bras et me dit de retourner jouer avec mes camarades. Je partageai mes bonbons avec quelques-uns d'entre eux et, dans l'excitation du moment, j'oubliai temporairement de penser à mon père et à ma mère.

Quelques semaines plus tard, le frère Price me demanda ce que je voulais pour Noël.

— Il faudra l'écrire, afin que je puisse envoyer ta lettre au père Noël, avec toutes les autres.

Une fois de plus, je le regardai avec incompréhension.

— Allons, Michael, tu sais quand même qui est le père Noël, non ?

— Non, monsieur.

— Tu veux dire qu'on ne t'a jamais souhaité ton anniversaire ni parlé du père Noël à Sainte-Philomena ?

— C'est exact, monsieur.

L'espace d'un instant, je crus qu'il allait pleurer. Au lieu de quoi, il me serra contre lui et me promit que j'aurais un très beau cadeau du père Noël cette année.

Certains garçons m'avaient dit que frère Price était chargé de distribuer les cadeaux de Noël, lesquels étaient rassemblés sur le sol de la classe de cinquième. Les plus grands d'entre nous pouvaient voir par la fenêtre tous les paquets disposés avec nos noms écrits dessus. Étant bien trop petit pour pouvoir y jeter un œil, je me contentai d'imaginer cette vision de rêve.

Le soir du réveillon, nous nous rendîmes tous à la messe de Noël et prîmes notre repas plus tard qu'à l'accoutumée. L'arrivée imminente du père Noël m'empêcha de trouver le sommeil. Et dès neuf heures le lendemain matin, après le petit déjeuner, il fit son apparition dans la cour, conduisant un tracteur suivi d'une remorque. Le bruit du moteur était assourdissant. Tour à tour, à l'appel de nos noms, nous avançâmes pour lui serrer la main et recevoir notre cadeau de Noël. Mais le cadeau en soi m'intéressait moins que le père Noël lui-même, qui me sembla assez familier. Lorsque je lui serrai la main, je compris immédiatement qu'il s'agissait de frère Price. Pour une raison obscure, je me sentis fâché contre lui. Je jouai néanmoins le jeu pendant le temps de la remise des cadeaux. Le père Noël repartit ensuite sur son tracteur, et le frère Price réapparut quelques minutes plus tard dans la cour pour discuter avec les autres garçons. L'excitation était grande au milieu des pistolets en plastique, arcs et flèches, tanks, bateaux et autres cadeaux. Le frère Price évita de me parler, peut-être parce qu'il savait que je l'avais reconnu. En vérité, j'étais assez déçu de découvrir que le père Noël n'existait pas si peu de temps après avoir appris son existence.

Le réconfort vint à table, où la nourriture était un peu meilleure en ce jour particulier. Notre repas se composait d'une bonne portion de viande, d'un pudding de tapioca, de limonade, d'un fruit et de tranches de pain supplémentaires. À part ça, la journée n'eut rien d'exceptionnel. Nous la passâmes en grande partie dehors, sans surveillance. Les plus grands devaient veiller sur nous jusqu'à ce que les frères terminent leur dîner, à six heures. Ce qui ne manqua pas d'entraîner nombre de bagarres dans la cour, dont résultèrent ensuite nombre de corrections lorsque les frères découvrirent qui les avait provoquées.

Malgré la fatigue des festivités, je ne dormis pas bien ce soir-là. Dans ma tête, j'entendais encore et encore frère Price me dire que nous étions tous nés d'un père et d'une mère. Le Petit Jésus avait son père et sa mère à ses côtés dans la crèche... Et moi, où étaient les miens ?

L'aumônier

Le père O'Neill était un homme étrange. Il vivait à Saint-Joseph depuis des années, et l'on disait qu'avant cela, il avait été missionnaire en Afrique. Froid et maussade, il ne nous adressait la parole que s'il y était contraint. Son rôle principal, me semblait-il, était de dire la messe chaque matin à sept heures trente, après quoi il disparaissait pour le reste de la journée. La plupart d'entre nous n'aimions guère nous confesser à lui, en raison de la manière peu discrète dont il formulait ses réponses. Quiconque attendait son tour près du confessionnal pouvait clairement l'entendre. De plus, le bruit courait que si l'on abordait avec lui la question des abus sexuels, il allait le répéter au frère concerné, et l'on ne tarderait pas à se faire sévèrement corriger.

Un matin, après la messe, frère Roberts me demanda de venir dans sa chambre. J'obtempérai à contrecœur, et fus agréablement surpris de constater qu'il n'y était pas seul. Assis sur la chaise de frère Roberts se trouvait en effet le père O'Neill.

Deux plateaux de petit déjeuner avec des restes d'œufs et de pain reposaient sur le lit. Un pot de confiture était posé à côté d'une grande théière. Frère Roberts me versa une tasse de thé et me donna les restes de nourriture. Je le remerciai et les mangeai en restant debout. Cependant, le père O'Neill m'observait avec sévérité.

— C'est donc toi, Michael Clemenger.

— Oui, monsieur.

— Ne m'appelle pas monsieur. Appelle-moi mon père.

— Oui, mon père.

— Frère Roberts m'a dit que tu étais un garçon sérieux, et que tu pourrais venir faire le ménage dans ma chambre le matin. Es-tu d'accord avec ça ?

— Oui, monsieur - pardon, mon père.

J'avais du mal à dissimuler ma surprise devant une telle offre ; cette mission était valorisante, et rare pour quelqu'un de mon âge.

— Es-tu un garçon honnête ?

— Oui, mon père.

— Récites-tu bien tes prières ?

— Oui, mon père.

— As-tu déjà volé quoi que ce soit ?

— Jamais, mon père.

Frère Roberts me regardait avec approbation mais ne dit mot. Après quelques questions supplémentaires, le père O'Neill se tourna vers frère Roberts et demanda si je n'étais pas un peu trop jeune pour ce genre de responsabilités.

— C'est vrai, mon père, mais c'est le meilleur garçon que je puisse trouver pour cette mission. En outre, je m'engage à garder personnellement un œil sur lui.

— Très bien. Dans ce cas, si ce choix vous convient, faisons comme ça.

Sur ces mots, le père O'Neill quitta la chambre en nous indiquant qu'il s'absentait pour le reste de la journée, mais que sa porte resterait ouverte. Après son départ, frère Roberts me dit de partir en cours et de revenir après le dîner. La nouvelle selon laquelle j'avais décroché le travail en or de m'occuper de la chambre du père O'Neill fit vite le tour de la cour. Je reçus quelques regards envieux, mais personne ne me dit rien.

Après le dîner, je retournai à la chambre de frère Roberts et frappai à sa porte. Il était allongé sur son lit, comme s'il dormait. Il se leva, s'aspergea le visage d'eau puis l'essuya avec une serviette.

— Tu sais, Michael, faire le ménage dans la chambre du père O'Neill est une mission importante. Et je t'ai choisi, toi, pour le faire, alors j'espère que tu ne me décevras pas. De toute façon, sa chambre est tout près de la mienne, je pourrai donc vérifier ce que tu fais la plupart du temps. Demande-moi toujours de vérifier les lieux avant de t'en aller, d'accord ? Allez, on y va.

Avant d'ouvrir sa porte, il m'embrassa sur la bouche. Je n'avais aucune idée de ce qu'il allait faire après ça. Lorsqu'il ouvrit la porte de la chambre du père O'Neill, un nuage de fumée de cigarette s'en échappa. Frère Roberts ouvrit la fenêtre pour aérer la pièce. Lorsque la fumée finit par disparaître, je contemplai les lieux. À gauche de la porte se trouvait un lit double assez haut, garni de nombreux oreillers. Juste à côté se dressait une radio d'un autre âge, mesurant plus d'un mètre de hauteur et arborant une rangée de boutons en façade. Frère Roberts suivit mon regard.

— Surtout, n'allume jamais la radio. Ça contrarie le père O'Neill, car il l'a réglée sur ses stations préférées et n'aime pas qu'on y touche.

J'acquiesçai et poursuivis mon inspection. Contre le mur, près de la fenêtre, se trouvait un grand fauteuil noir avec des coussins, installé près d'un coffre noir muni d'un cadenas. À droite de la porte, une grande penderie avec miroir. Il y avait des cendres partout : sur le sol, sur le lit, même sur la radio. *Quelle porcherie !* pensai-je. La chambre de frère Roberts était très propre, par rapport à celle-ci.

Mes tâches matinales étaient simples. Tout d'abord, il fallait ouvrir la fenêtre pour évacuer la fumée ; puis, je devais faire le lit, balayer le sol et ranger les vêtements que je trouvais épars. Enfin, je n'avais plus qu'à rapporter son plateau de petit déjeuner dans la cuisine et à laver les couverts. Frère Roberts m'indiqua que le tout devrait me prendre environ une demi-heure, pour que ce soit bien fait.

— Prends ton temps et fais les choses bien, afin que le père O'Neill n'ait aucune raison de se plaindre.

Il me laissa alors me consacrer à ma mission. C'était étrange de me retrouver soudain seul dans la chambre du prêtre. Un sentiment d'honneur et de responsabilité m'envahit. Je m'habituai rapidement à cette nouvelle routine, dont je modifiai quelque peu l'ordre des tâches. Je commençais généralement par ouvrir la fenêtre pour faire sortir la fumée, puis j'emportais le plateau à la cuisine, délesté des restes de nourriture ou de thé qui pouvaient y rester. Le temps que je revienne à la chambre, la pièce était aérée. Je faisais alors le lit, tapotais les oreillers et ramassais les vêtements que le père O'Neill laissait par terre. Ensuite, je balayais le sol avec le balai rangé dans un placard près de la chambre de frère Murphy. Après quoi je vidais les trois cendriers dans une poubelle, les lavais et les répartissais stratégiquement dans la chambre.

Je prenais mon temps, ce qui m'amenait souvent à passer quarante-cinq minutes pour boucler le ménage. Les premiers temps, frère Roberts inspecta mon travail dès que j'avais terminé, mais au bout de quelques semaines, cela se révéla inutile : le père O'Neill avait déclaré être plus que satisfait de mon ouvrage. De temps à autre, le prêtre laissait une tranche de pain ou une moitié d'œuf sur son assiette, pour me récompenser. Cela faisait mon plaisir et m'aidait à calmer ma faim. La culpabilité m'assaillait souvent en les mangeant, car je savais que mes camarades n'avaient pas la même chance. Mais que pouvais-je y faire ?

Dans l'ensemble, la nourriture était plutôt médiocre à Saint-Joseph, que ce soit en quantité ou en qualité. Nous étions à la merci des huit garçons qui travaillaient à plein temps en cuisine. Quatre repas nous étaient servis par jour, même si « repas » est un bien grand mot pour ce que cela désignait. À huit heures, le petit déjeuner consistait en un bol de porridge si épais qu'il collait rapidement à la cuillère, suivi de deux fines tranches de pain avec une lamelle de margarine et d'une tasse de thé ou de cacao tiède. Le déjeuner avait lieu cinq heures plus tard, à treize heures : pommes de terre bouillies dans une sorte de soupe où émergeait parfois un morceau de carotte. On nous servait occasionnellement du chou ou du chou-fleur. Je ne me souviens pas d'avoir mangé de la viande. Le repas dépendait surtout de la qualité des pommes de terre ; elles étaient bonnes pendant l'été, et en général pourries durant les longs mois d'hiver. Ensuite, nous avions un dessert à base de semoule ou de la rhubarbe avec de la crème. Le bol du dessert était de petite taille, et souvent seulement à moitié rempli. Si l'un des serveurs dépassait la ligne invisible de la moitié, il se faisait battre par frère Lane. À seize heures, on nous donnait une tranche de pain avec de la margarine, ainsi qu'une autre tasse de thé ou de chocolat tiède et exactement la même chose à dix-huit heures quarante-cinq, pour le souper. En de rares occasions, nous avions un petit morceau de jambon. Le dimanche soir, à dix-neuf heures, nous recevions un petit extra avec le souper : une tranche de pain frite dans de la graisse. Dans l'ensemble, tout cela était insuffisant pour de jeunes garçons en pleine croissance, surtout lorsque le temps était froid et pluvieux. La plupart d'entre nous se couchaient la faim au ventre. Le pain était strictement rationné, et il n'était pas question d'en avoir une tranche supplémentaire, à l'exception du jour de Noël.

Je ne parvins pas à apprécier le père O'Neill, malgré les six années que je passai à nettoyer sa chambre. Il n'avait rien d'agréable, peut-être à cause du fait qu'il se plaignait constamment. Son estomac lui donnait du fil à retordre, et il avait des problèmes aux pieds. Il arrivait souvent qu'il ne puisse dire la messe parce que ceux-ci étaient trop gonflés. Au fil du temps, sa collection de médicaments s'agrandit dans sa chambre. Les boîtes aux couleurs variées attiraient toujours mon attention. L'un des aspects positifs de ma mission était que frère Roberts se tenait alors à distance de moi, car il détestait l'odeur de la fumée. Le père O'Neill ne prit jamais la peine de s'asseoir pour me demander comment j'allais, ou de m'adresser le moindre compliment sur mon travail. Toutefois, il me dit un jour que je faisais un bon garçon de chœur, parce que je répondais parfaitement aux exigences de la messe en latin. C'était là le compliment suprême, surtout venant de quelqu'un qui avait l'habitude d'ignorer totalement les garçons de chœur. Il se débarrassa d'ailleurs de la plupart d'entre eux parce qu'ils n'étaient pas assez doués en latin.

Avec le temps, les frères s'habituèrent à me voir arpenter leurs quartiers privés, même si cela ne plaisait guère à certains d'entre eux, comme frère Murphy et frère Lane. Je jubilais dans les couloirs au spectacle évident de leur mécontentement. La chambre de frère Lane se trouvait sur le palier, juste à côté de celle du père O'Neill. Sa porte n'était jamais verrouillée, et j'avais la ferme intention d'y jeter un œil. Un matin où tout était silencieux après son départ pour le réfectoire, je me glissai à l'intérieur. Quel choc ! Je m'attendais à ce qu'elle soit aussi confortable que celles de frère Roberts ou du père O'Neill, mais c'était tout l'opposé. Premièrement, les murs étaient complètements nus, dépourvus d'images ou de crucifix. Ensuite, le lit simple ne comportait qu'une couverture et aucun oreiller. Un rasoir et une brosse étaient posés sur l'unique chaise de la pièce. La penderie n'hébergeait qu'une seule chemise bleue sur un cintre, et une pile de chaussettes sales. Bizarrement, il y avait deux lanières de cuir marron en bas du meuble. Je pris l'une d'elles et fus surpris par son poids. Je découvris alors que de petites pièces de monnaie avaient été piquées sur le cuir des deux lanières. Cela ressemblait assez à Lane de prendre le temps de coudre des pièces sur ses lanières, songeai-je. Je ne me souvenais pourtant pas l'avoir vu les porter à sa ceinture. Et comment se faisait-il qu'il possédât une lanière supplémentaire? Même en la portant pendant des années, ce n'était pas le genre d'objet qui s'usait facilement. Je refermai la penderie et jetai un dernier regard autour de moi. Des stylos à bille et un bloc de papier constituaient les seuls éléments de normalité de cette pièce. Je trouvai les lieux lugubres et me dis aussi qu'ils reflétaient parfaitement l'absence de personnalité de frère Lane.

La chambre de frère Murphy, par contre, était totalement différente. On y dénombrait suffisamment d'images de saints, de Jésus ou de la Vierge Marie pour décorer toute une église. Entre les portraits étaient accrochés trois grands crucifix portant des chapelets. Il y avait des livres partout, dans un désordre complet. Je me demandai même comment le frère parvenait à se mettre au lit, le soir. Sûrement piétinait-il quelques livres au passage.

Souvent, quand le père O'Neill et moi marchions dans le couloir, frère Murphy passait en faisant semblant de ne pas nous voir, tout en fredonnant quelque prière. Puis, au moment où il décidait qu'il nous «voyait» enfin, il faisait délibérément tomber sa grosse Bible noire aux pieds du prêtre. Au début, je l'aidais à ramasser les images et autres papiers qui s'échappaient des pages. Mais au bout d'un moment, le père O'Neill me dit de ne pas m'embêter de la sorte, car le frère agissait ainsi uniquement pour attirer son attention. Effectivement, je remarquai bientôt que son livre ne tombait qu'en présence du père O'Neill, lequel levait alors les yeux au ciel et s'éloignait en marmonnant quelque chose comme «Quel idiot».

J'entendais souvent frère Murphy chanter ses prières quand je me trouvais dans la pièce voisine, sous les baisers et les assauts de frère Roberts. Il semblait toujours être dans les parages au moment où j'entrais et sortais de chez son confrère. Il s'asseyait même parfois sur les marches de l'escalier voisin, comme s'il mesurait la durée de mes visites. Quand j'ouvrais la porte pour sortir, il faisait alors suffisamment de bruit, je présume, pour que frère Roberts se rende compte de sa présence. Une fois, il me demanda ce qui se passait quand j'étais dans la chambre.

— J'apprends la messe en latin, monsieur.

— Pfff ! Tiens, elle est bonne, celle-là !

Une autre fois, il me coinça dans l'escalier et me demanda si j'étais allé dans sa chambre.

— Non, monsieur. Je ne vais que dans celle du père O'Neill et du frère Roberts.

— Que je ne t'attrape pas dans la mienne, ou ce sera ta fête pour de bon, petit morveux.

Je répétai ces mots à frère Roberts, et c'est ensemble que nous frappâmes à la porte de Murphy. Ils eurent des mots, et frère Murphy fut remis en place. Je n'entendis plus jamais parler de lui à ce sujet.

Le favori de frère Price

La chambre du frère Price jouxtait celle du frère Lane. L'envie me démangeait d'y jeter un coup d'œil, mais la prudence s'imposait, car on ne savait jamais trop où se trouvait le frère Price. Un beau matin, mon vœu fut exaucé lorsqu'il me dit qu'il voulait me voir avant le rosaire du soir. Je frappai donc à sa porte, et il m'invita à entrer. Je fus ébahi de le voir en chemise blanche ouverte, pantalon, et les pieds nus.

— Viens Michael, entre.

J'étais assez nerveux, et certain qu'il le sentait.

— Je vois que frère Roberts t'a chargé du ménage chez le père O'Neill. Comment cela se passe-t-il?

— Très bien, monsieur.

— Frère Roberts est gentil avec toi, n'est-ce pas?

— Je ne vois pas ce que vous voulez dire, monsieur.

— Allons, Michael. Pourquoi crois-tu qu'il t'a confié cette responsabilité?

— Je ne sais pas du tout, monsieur.

— Tu n'as que dix ans. Normalement, on confie plutôt cette tâche à des garçons plus âgés.

Si je ne voyais pas du tout où il voulait en venir, je pressentais toutefois qu'il me fallait être prudent.

— Je veux que tu viennes me voir, samedi matin, à onze heures. Un des grands viendra te chercher.

Tu mettras ton habit du dimanche, car nous irons ensemble en ville.

Les deux jours suivants, je ne cessai de m'interroger sur la façon dont frère Price comptait surpasser frère Roberts. Le samedi matin venu, il me prit par la main et me fit passer par la porte des frères pour aller en ville.

— Souviens-toi de ce chemin, Michael, parce qu'à partir de maintenant, tu iras en ville tous les matins pour chercher l'*Irish Press*.

Il se contenta de cette déclaration pendant quelques instants.

— Est-ce que je devrai toujours porter mon habit du dimanche, monsieur ?

— Non, mais il faudra tout de même t'habiller correctement chaque fois que tu iras en ville.

C'était une matinée venteuse, où les arbres s'inclinaient sous les bourrasques comme pour me saluer. Tout en marchant sur la large route, je me mis à imaginer que je sentais le parfum de la liberté. Des voitures donnaient un petit coup de klaxon en nous dépassant, et le frère Price adressait un signe de la main cordial à leurs propriétaires. Je me sentais plus grand que jamais. Les habitants de la ville que nous croisâmes en chemin saluèrent le frère comme s'il était un personnage important. De temps à autre, il s'arrêtait pour parler à quelqu'un, généralement du temps qu'il faisait. Une fois ou deux, il me présenta même à ces inconnus. À moins d'un kilomètre de Saint-Joseph, il me montra une plaque portant le nom de Rock Street.

— Tu vois cette boucherie, là, au croisement ? Deux fois par semaine, on te donnera une commande pour les bouchers. Tout ce que tu as à faire, c'est leur donner le papier. Ils livreront la viande eux-mêmes.

Il me fit entrer dans le petit commerce et me présenta brièvement aux deux hommes qui travaillaient là. Ensuite, il m'emmena chez le marchand de journaux, où je fus présenté à deux sœurs et à un homme. Frère Price m'expliqua que je devrais me rendre au magasin tous les matins à neuf heures pour prendre l'*Irish Press*, et y retourner à seize heures pour l'*Evening Press*. La commande était permanente, je n'avais donc pas besoin d'emporter de l'argent avec moi. J'appréciai immédiatement les deux femmes, mais l'homme se montra plutôt réservé.

— Je fais faire un essai de quelques semaines à Michael, pour voir comment il s'en sort. Si vous trouvez qu'il se débrouille bien, alors ce sera lui qui viendra tous les jours chercher les journaux pour moi.

Tout en discutant avec les deux dames, frère Price fouilla dans sa poche et en sortit une pièce de trois pennies. Il me la tendit et me dit d'aller m'acheter des bonbons en l'attendant.

Je n'avais jamais vu une telle pièce de toute ma vie, et fus fasciné par sa taille et sa couleur. Bien sûr, j'avais déjà vu de la petite monnaie auparavant, notamment sur la commode du père O'Neill, mais je n'en avais jamais eu en main. L'une des femmes emplit un sac de bonbons et me rendit un penny, que frère Price me dit de garder.

En reprenant le chemin de Saint-Joseph, j'avais la tête qui tournait. Je ne savais plus que faire de ce qui m'arrivait. En très peu de temps, j'avais obtenu deux des meilleures missions du monastère : m'occuper de la chambre du père O'Neill, et sortir de l'établissement deux fois par jour pour aller chercher les journaux du frère Price. Qu'allaient penser de moi mes camarades ? Pour tout dire, cela m'importait finalement peu. Les frères Price et Roberts faisaient la pluie et le beau temps à Saint-Joseph. Je commençais à comprendre les règles du jeu, et qu'il y aurait certainement un prix à payer pour tout cela, plus tard. Mais pour l'heure, je préférais ne pas y penser.

Ces trajets en ville constituèrent un tournant pour moi. Je ne m'en rendis pas compte au début, mais peu à peu, il me sembla que les gens avaient légèrement peur de moi. Lorsque j'approchais, les mères abritaient leurs enfants comme si j'étais un chien méchant susceptible de les mordre. Les bambins les plus curieux m'épiaient depuis les jupes de leur mère, d'où ils pouvaient m'observer en toute sécurité. Des hommes bifurquaient sous une porte, l'air soudainement très affairé. Une fois que j'étais passé, ils sortaient de nouveau dans la rue pour vaquer à leurs occupations. Peu de gens me saluaient ou me souriaient. Ils parlaient même de moi comme si j'étais sourd.

— Oh, lui ? C'est le moniot. C'est sûr, il est bien mignon, mais il doit avoir un problème pour avoir été placé dans un endroit aussi horrible.

Bien entendu, je ne comprenais pas du tout ce qu'ils sous-entendaient. Avaient-ils raison ? Avais-je un problème ? Au fil des ans, je finis à mon tour par développer une attitude négative envers eux. Ne voulant pas perdre le privilège de mes deux sorties quotidiennes de Saint-Joseph, je dus apprendre à dissimuler mon aversion à leur égard. Quand je croisais quelqu'un sur la route, je le fixais droit dans les yeux sans ciller ; et c'était toujours l'autre qui finissait par baisser le regard. Ce genre de petite victoire devint un moment important de mes journées. J'entrais et sortais allègrement des magasins, comme si je n'avais pas le moindre souci en tête. Je ne comptais pas leur donner la satisfaction de me témoigner une once de pitié. L'*Irish Press* en main, je trottais fièrement sur la route en feuilletant avec intérêt les pages du journal, ignorant superbement tous les yeux rivés sur moi. De temps en temps, les dames du magasin de journaux me glissaient quelques bonbons, ce dont je les remerciais. Mais je n'eus jamais de plaisir à les manger, car je croyais que ce geste de gentillesse n'était dû qu'à la pitié. Mes camarades, par contre, ne leur trouvaient pas un goût différent et les engloutissaient avec avidité.

En grandissant, la vue des enfants agrippés à leur mère, en ville, me troubla de plus en plus. Une jalousie rageuse commença à s'éveiller dans les tréfonds de mon être. Force était d'admettre que je devais être différent de ces enfants-là, puisque je n'avais pas connu ce genre d'amour et d'affection. Où étaient mon père et ma mère ? Pourquoi ne venaient-ils pas me voir ? Et surtout, pourquoi m'avaient-ils abandonné ? Avais-je fait quelque chose de mal pour qu'ils veuillent ainsi se débarrasser de moi ? Mes larmes débordaient parfois sur le chemin du retour au monastère. Dans ces moments-là, j'allais souvent voir frère Roberts. Mais il ne m'apportait jamais de réponse satisfaisante, et je finissais toujours par regretter de l'avoir sollicité, car il en profitait alors pour coller sa langue dans ma bouche.

Le rituel du mercredi de frère Roberts

Depuis le jour où frère Roberts m'avait embrassé lors de l'essayage de la soutane, il saisissait la moindre occasion pour mettre sa langue dans ma bouche. Je sentais cependant qu'il devait être frustré de ne pas disposer de suffisamment de temps avec moi pour aller plus loin. Il trouva donc un moyen de se retrouver seul en ma compagnie, le mercredi soir, afin de pouvoir « m'explorer » de fond en comble.

Je détestais le mercredi plus que tout autre jour. Je redoutais le moment où frère Roberts faisait son entrée dans la cour, complètement focalisé sur moi. Les démonstrations publiques de son affection, quand il me demandait de venir le voir, étaient ce que je craignais le plus. Je l'accompagnais ensuite docilement jusqu'à l'infirmerie. Un silence inhabituel se faisait entendre au moment où nous quittions la cour, avant que les garçons reprennent leurs jeux. Quand frère Price était de surveillance, il ne pouvait pas faire grand-chose pour m'arracher aux griffes de son confrère.

Le temps d'arriver à l'infirmerie, frère Roberts était de plus en plus excité. Il faisait couler un bain et me demandait de me déshabiller. J'étais certain que, dans la cour, mes camarades savaient très bien ce qui m'arrivait, ce qui ajoutait encore à ma honte et à ma gêne. Les bains n'étaient pas habituels pour nous. Nous prenions généralement une douche le samedi après-midi, sous la supervision de frère Roberts ou de frère Price. Après s'être déshabillé à son tour, il se glissait à mes côtés dans l'eau du bain, en me murmurant des mots doux pour m'apaiser. Dans une telle promiscuité, je n'avais guère de moyen d'échapper au feu de sa passion. La seule façon pour moi d'y survivre était d'imaginer que les faits arrivaient à une tierce personne, et que je n'étais qu'un simple observateur. Ce qui était fort difficile à faire avec la langue de frère Roberts à moitié enfoncée dans ma gorge.

Ces moments étaient les seuls où il pouvait me rudoyer physiquement – quand, sous la terreur, tout mon corps se raidissait soudain. Il semblait alors incapable de reconnaître ma peur, et ma nudité paraissait l'exciter au plus haut point. Me manipulant comme une vulgaire éponge, il m'embrassait le dos, les jambes, en respirant de plus en plus fort. J'avais toujours peur de me noyer quand il montait sur moi. Je parvenais parfois à éviter cela en lui suggérant de lui laver le dos. Mais il aimait diriger les opérations et n'appréciait guère mes suggestions. J'avais l'impression qu'il aimait voir la peur dans mes yeux.

La plupart du temps, ces bains duraient environ une heure. Une fois satisfait, – ce que me signalait généralement un gémissement plus fort que les autres – il s'allongeait dans la baignoire et refaisait couler un peu d'eau chaude. Il cherchait alors à me rassurer en chuchotant au creux de mon oreille. Pour ma part, j'aurais préféré sortir immédiatement pour aller jouer dehors, mais cela n'arrivait que rarement. Le temps qu'il termine son rituel, il était plutôt l'heure du coucher. Après m'avoir sorti du bain, il m'enveloppait dans une grande serviette et me faisait asseoir sur une chaise pendant qu'il se séchait. Une fois habillé, il redevenait lui-même; la brutalité provoquée par son excitation était mise en veilleuse pour une nouvelle semaine. Ses gestes redevenaient doux et attentionnés. Il séchait mon corps avec la délicatesse qu'il aurait apportée à de la porcelaine de Chine, puis me saupoudrait de talc, qu'il étalait avec tendresse.

Une tenue de rechange était souvent prévue pour moi. Après m'avoir coiffé et embrassé une dernière fois, il nettoyait la salle de bains et m'emmenait dans sa chambre pour me donner ma soi-disant récompense. Celle-ci ne m'intéressait guère, mais je lui demandais toujours de ne pas me renvoyer dans la cour quand il en avait fini avec moi. D'abord surpris par cette requête, il finit par accepter, et cela devint même un jeu supplémentaire pour lui. Nous nous faufilions tous deux par la porte arrière et traversions les dortoirs pour rejoindre sa chambre. Il aimait la cachotterie de cette manœuvre, qui devait certainement pimenter un peu plus encore la situation. Il faisait toujours en sorte que je sois couché avant que les autres garçons arrivent dans le dortoir. Je faisais semblant de dormir, mais frère Price ne crut jamais à la supercherie.

Une fois que mes camarades étaient couchés, frère Price s'asseyait au bord de mon lit.

— Je sais que tu ne dors pas, Michael.

Doucement, à contrecœur, je sortais la tête de mes couvertures et découvrais le regard inquisiteur de frère Price, brûlant d'envie de m'assaillir de questions. Pourtant, au début, il ne le fit jamais, à mon grand soulagement. Perturbé par les événements, je ne dormais jamais beaucoup le mercredi soir.

L'aveu au frère Price

Frère Roberts fut le premier à me traiter ainsi, mais je n'eus pas à attendre longtemps pour comprendre ce que signifiait être le favori du frère Price. À vrai dire, c'était pareil, quoiqu'un peu différent.

L'intimité sexuelle entre frère Price et moi avait un tout autre aspect. Il était moins envahissant, plus prudent et moins porté sur le contact physique. Bien que plus jeune que le frère Roberts, il paraissait moins sûr de lui lors de ses rapports sexuels avec moi.

C'était habituellement de nuit qu'il opérait. Une fois les lumières éteintes, le signal m'était donné par le bruit redouté de la porte coulissante au bout du dortoir, côté chapelle. Je suis sûr que de nombreux garçons avaient le cœur battant en l'entendant marcher doucement entre les lits. Nous étions plus d'un à faire alors semblant de dormir, dans l'espoir qu'il passe son chemin sans s'arrêter. Cela dit, peu importait que vous soyez endormi ou non lorsqu'il jetait son dévolu sur vous. Il était très difficile de se détendre, sans parler de dormir, quand il était dans cette phase. Je savais toujours quand ce serait mon tour, même avant que la porte s'ouvre. Je le surprenais en train de me regarder fixement, un peu de salive perlant au coin des lèvres. C'est autour de vingt-deux heures trente qu'il arrivait habituellement. Je le savais, car je jetais toujours un œil au réveil posé sur la table à côté de son lit. En traversant le dortoir, je sentais sur moi le regard de mes camarades, soulagés que ce soit mon tour.

Sa chambre était souvent très faiblement éclairée. Cela lui plaisait, car il savait que j'avais peur du noir et qu'il avait ainsi encore un peu plus de contrôle sur moi. Il transpirait abondamment, et portait toujours une grande robe de chambre et des savates noires. Dans un murmure, je recevais l'ordre de me déshabiller et de me tourner vers le mur, bras tendus devant moi. À chacune de nos rencontres, le déroulement était identique. Frère Price insistait lourdement pour que je ne regarde jamais derrière moi, quels que soient les bruits que je puisse entendre. Dans le cas contraire, il me promettait une sérieuse correction. Pour cette raison, je ne le vis jamais nu. Tout comme avec frère Roberts, je m'efforçais alors d'imaginer que les faits arrivaient à quelqu'un d'autre, et non à moi. J'entendais des sons étranges et des grognements dans mon dos, accompagnés du grincement du lit. Un râle étouffé me signifiait la fin de l'acte. En tout, cela durait une dizaine de minutes.

Après quoi, sa voix redevenait normale et son agitation disparaissait. Il allongeait alors mon corps nu sur ses genoux et appliquait de larges doses de vaseline sur mes fesses et sur mes cuisses en marmonnant quelque plainte indistincte. Je n'ai jamais compris ce qu'il disait à ce moment-là. Quand il était pleinement satisfait, il m'ordonnait de remettre ma chemise de nuit et de m'asseoir un peu sur le lit. Alors, l'air exalté, il me questionnait sur ce que je faisais avec frère Roberts. J'essayais toujours de nier qu'il se passât quoi que ce soit; mais un mercredi soir, après une séance où frère Roberts avait été particulièrement brutal avec moi et s'était cruellement moqué des quelques poils qui commençaient à pousser sur mes parties intimes, je décidai de tout révéler au frère Price au sujet des bains hebdomadaires. Peut-être avais-je juste besoin de le dire à un adulte; ou peut-être espérais-je secrètement que frère Price fît quelque chose pour m'aider.

— Frère Roberts commence toujours par enlever ses vêtements et par remplir la baignoire, monsieur. Il est très gros et très poilu en bas, et il aime que je le touche pour qu'il devienne encore plus gros. Quand j'ai ôté tous mes habits, il me prend et se colle très fort contre moi en me serrant. Il attrape mes fesses et essaie de mettre son doigt en moi, ce qui me fait très mal. Il ne l'enlève que quand je commence à avoir vraiment peur et que je me mets à crier:

« — Je vous en prie, arrêtez ! J'ai mal, monsieur.

— D'accord, Michael, d'accord. Calme-toi, maintenant. Va dans la baignoire. »

« En général, j'y vais le premier et il me mouille les fesses. Puis frère Roberts se met debout à côté de la baignoire et me demande d'embrasser et de lécher ses parties. Ça a un drôle de goût.

« — C'est bien, Michael, tu es vraiment mon préféré. »

« Au bout de quelques minutes, il rentre dans le bain et me demande de le laver très soigneusement autour des parties et des fesses. Il a une grosse cicatrice sur le ventre, c'est affreux.

Pendant mon récit, le frère Price avait allumé une pipe et tirait dessus furieusement. Il avait les yeux écarquillés, et je craignis qu'il aimât ce que je lui racontais et voulût faire la même chose.

— Quand j'ai fini de lui frotter les parties intimes et les fesses, frère Roberts m'attrape et essaie de m'embrasser sur la bouche.

Frère Price me demanda si j'aimais cela ; je lui répondis que non.

— Pourquoi ?

— Parce que frère Roberts enfonce sa langue si loin dans ma bouche que je peux à peine respirer.

— Est-ce qu'il t'embrasse à d'autres endroits ?

— Oui, monsieur : sur mes parties, mes fesses et mes pieds.

— Il embrasse tes pieds ?

— Oui, monsieur. Frère Roberts aime les pieds.

— Hmm, je vois. Continue, Michael. Que se passe-t-il ensuite ?

— Eh bien, après, il essaie de monter sur moi, monsieur, ce qui me fait très peur. Il est très lourd, et j'ai toujours peur de ne pas réussir à maintenir ma tête hors de l'eau. C'est comme s'il devenait à moitié fou. Il se frotte les parties avec les mains et quand le liquide sort, il l'étale partout sur mon corps. Ensuite, il redevient normal et gentil comme d'habitude.

— Et qu'est-ce qu'il fait alors ?

— Il me dit que je suis son garçon préféré, monsieur. Que je suis le plus adorable de tous.

— Je vois, je vois.

— Après, il retire la bonde, sort du bain et s'essuie avec une grande serviette. Le temps qu'il finisse, j'ai très froid, parce qu'il n'y a plus d'eau. Quand c'est à mon tour, il me frotte avec la serviette et me dit à l'oreille :

« — Surtout, ne le dis à personne, Michael. C'est notre petit secret à nous deux. »

« Puis il me met du talc partout.

« — N'oublions pas ces adorables doigts de pied, hein, Michael ?

« Et en faisant ça, il me serre tout le temps contre lui pour m'embrasser encore sur la bouche.

— Aimes-tu qu'il t'embrasse ?

— Non, monsieur. Comme je vous l'ai dit, je déteste ça. En plus, quand il met sa langue dans ma bouche, il recommence toujours à me toucher les parties.

— Dis-moi, Michael, prenez-vous ces bains dans le quartier des frères ?

— C'est arrivé une ou deux fois, monsieur. Mais il préfère le faire à l'infirmerie, le mercredi soir en général.

— Avez-vous été dérangés les fois où vous l'avez fait dans le quartier des frères ?

— Oui, monsieur. Frère Murphy a frappé à la porte et a demandé qui était là. Frère Roberts lui a seulement dit de partir, et qu'il arrivait bientôt.

— Combien de temps ont duré les bains dans le quartier des frères ?

— Je ne sais pas, monsieur, mais aussi longtemps que ceux de l'infirmerie.

— Certains frères savent-ils que tu étais dans la salle de bains avec frère Roberts ?

— Je ne sais pas, monsieur ; je ne crois pas.

— Michael, crois-tu que c'est pour cette raison que frère Roberts t'a chargé du ménage de la chambre du père O'Neill et qu'il t'a nommé garçon de chœur principal ?

— Peut-être, monsieur, je ne sais pas. Il m'a dit qu'il aimait me voir le plus possible, et qu'il appréciait que je sois souvent dans le quartier des frères pour que nous puissions passer du temps dans sa chambre.

— Te fait-il le même genre de choses dans sa chambre aussi ?

— Oui, monsieur, sauf qu'il n'y a pas de baignoire.

— Reste sur le lit, Michael, j'ai d'autres questions à te poser. Repose-toi juste un moment.

Je m'allongeai sur le lit et commençai à m'inquiéter de ce que le frère Price allait faire des informations que je venais de lui livrer.

— Monsieur, vous ne direz rien à frère Roberts, n'est-ce pas ?

— En aucun cas, Michael, sois-en certain. Il n'a pas besoin de savoir que je sais. Pourquoi poses-tu cette question ?

— Parce qu'il me retirerait sûrement mes missions.

— Ne t'en fais pas pour ça. J'ai entendu dire que le père O'Neill était plus que satisfait du ménage que tu fais dans sa chambre, et frère Burke dit que tu fais un parfait garçon de chœur.

Je me sentis quelque peu rassuré par les mots de frère Price.

— Très bien, Michael, lève-toi maintenant. On va aller prendre un thé à la cantine des frères.

Je n'avais jamais vu un tel air de réjouissance sur son visage. Il semblait très content de lui – peut-être parce qu'il avait le sentiment d'avoir désormais un point d'avance sur le frère Roberts.

Avant que nous sortions, il me demandait toujours si les plus grands des garçons m'avaient fait des propositions déplacées.

— Ils n'ont pas intérêt à faire ça, s'ils veulent éviter les ennuis. Tu me le dirais, s'il arrivait quoi que ce soit de ce genre, n'est-ce pas Michael ?

— Oui, monsieur.

Je crois que frère Price ne révéla jamais le secret de frère Roberts pendant toutes les années qui suivirent. En fait, à partir de ce moment, lorsque frère Roberts faisait son apparition le mercredi soir, frère Price parut beaucoup moins inquiet qu'auparavant, comme si cela lui était un peu égal, maintenant qu'il savait exactement ce qui se passait dans la salle de bains tous les mercredis.

Je savais que certains des grands essayaient de s'en prendre aux plus jeunes garçons dans les douches et dans les toilettes, mais je ne fus jamais inquiété par eux. Beaucoup étaient au courant de l'intérêt que me portaient les frères Price et Roberts, et ils m'évitaient donc prudemment. C'était le maigre réconfort que je pouvais trouver à l'horreur de ma situation, mais il n'était pas absolu pour autant. Par exemple, je redoutais toujours de subir les assauts sexuels des grands lorsque les deux frères prenaient des vacances hors du monastère.

Un été, pendant les vacances justement, l'un de ces adolescents fit une tentative, alors que nous revenions de la chapelle après le rosaire du soir. Je l'appellerai Jim, mais ce n'est pas son vrai nom. C'était une brute épaisse avec de grosses mains, âgé de quinze ou seize ans. Je n'avais jamais entendu parler de lui ; il ne faisait pas partie des suspects connus.

— Je t'aurai, Clemenger. On se voit bientôt.

Terrorisé, je lui rétorquai que s'il me touchait, j'en ferais part à frère Price lorsqu'il rentrerait de vacances.

— Je t'emmerde et j'emmerde frère Price, espèce de mauviette.

C'est dans le dortoir qu'il finit par frapper. Il m'attrapa par-derrière et me jeta sur un lit.

— Pas la peine de gueuler, Clemenger. Il n'y a personne pour te sauver, aujourd'hui.

Il tira violemment sur mon pantalon pour le baisser jusqu'à mes chevilles et sauta sur moi. Il était costaud et très fort.

— Arrête de bouger, je veux t'embrasser.

Il me maintint la tête et fourra sa langue dans ma bouche tout en essayant d'empoigner mes parties intimes de sa main gauche. Il me faisait terriblement mal. Craignant qu'il ne me tue, je tentai de garder mon calme. Ce que je ressentais était le cadet de ses soucis.

— Tourne-toi, connard, je veux te rentrer dans le cul.

Il tenta à plusieurs reprises de me pénétrer, mais n'y parvint pas.

— T'es trop serré, mais je vais y arriver, arrête de gigoter.

En dépit de ses efforts répétés, il ne réussit pas à atteindre son but. Frustré, il commença alors à me donner de violents coups de poing sur les fesses. J'en reçus presque une dizaine, sous une avalanche d'injures, avant qu'il cesse. Il me saisit ensuite par la gorge en me menaçant de me tuer de ses mains si j'avais le malheur d'en parler à frère Price ou à frère Roberts. Les semaines suivantes, j'arborai une kyrielle de douloureux hématomes bleu et noir sur les fesses. Mon agresseur présuma qu'il m'avait fichu une telle frousse que je n'oserais jamais le dénoncer. Il avait tort.

Frère Price rentra deux semaines plus tard. Comme à l'accoutumée, il me fit venir dans sa chambre pour reprendre son petit rituel sexuel. À la vue des bleus qui marquaient encore mes fesses et mes jambes, il explosa. Je lui expliquai précipitamment ce qui s'était passé, mais ne m'attendais pas du tout à cette réaction.

— Le nom de ce garçon, Michael. IMMÉDIATEMENT !

Un frisson me parcourut. Je ne l'avais jamais vu dans une telle colère.

— Je ne peux pas, monsieur. Il m'a dit qu'il me tuerait.

— Son nom, Michael.

Lorsque j'eus révélé l'identité de mon agresseur, frère Price s'assit sur le lit et s'essuya le front.

— Le petit fumier ! Ce n'est pas la première fois que j'entends parler de lui. Ne t'inquiète pas, quand j'en aurai fini avec lui, il sera tellement mal en point qu'il ne risquera pas de toucher quelqu'un d'autre de sitôt. Viens avec moi à la cuisine, on va manger quelque chose.

Après un bon repas, il me demanda de ne pas parler de l'affaire pendant quelques jours. Puis il passa à l'action. Mon agresseur fut appelé dans la cour, ignorant encore que je l'avais dénoncé, et me jeta un sourire mauvais au passage. Rirait bien qui rirait le dernier, songeai-je. Moins d'une heure plus tard, je fus à mon tour appelé dans la chambre du frère Price. Là, étendu sur le lit, gisait «Jim», complètement nu, le corps zébré de coups de ceinture au niveau du fessier et des cuisses.

— Assieds-toi sur cette chaise, Michael, je n'en ai pas encore terminé avec ce garçon. Regarde un peu ce que je fais à ceux qui osent s'en prendre à toi.

J'étais extrêmement mal à l'aise. Frère Price décocha quelques nouveaux coups de ceinture à mon agresseur, en frappant de toutes ses forces. L'adolescent implora sa pitié dans un concert de hurlements et de pleurs. J'avais la nette impression que le frère ne comptait pas s'arrêter, et craignis soudain qu'il ne tue sa victime. Je sautai alors de ma chaise et m'interposai entre lui et Jim.

— S'il vous plaît, monsieur, arrêtez. Arrêtez de le frapper, il en a eu assez comme ça. Je vous en prie, monsieur.

Le bras levé pour frapper de nouveau, le frère Price interrompit son geste, médusé par mon intervention.

— Pourquoi, Michael ? S'est-il arrêté, lui, quand tu le lui as demandé ? Je ne pense pas.

— Arrêtez quand même, s'il vous plaît. Il a eu ce qu'il méritait. Je vous en prie.

Ma voix était tremblante.

— D'accord, Michael.

Il jeta la lanière de cuir sur le lit.

— Habille-toi et sors d'ici. Et si tu as le malheur de simplement poser les yeux sur Michael, tu auras droit au même traitement. Sauf que cette fois, je finirai le boulot.

Les jours qui suivirent, Jim resta alité en raison de la sévérité de ses blessures. Malgré moi, je ne pus m'empêcher d'avoir pitié de lui et je lui rendis visite chaque jour, en cachette, pour lui apporter des bandes dessinées, des livres et des bonbons. Sa grande peur était que le frère Price me voie avec lui, ce qui entraînerait un nouveau passage à tabac. Je lui assurai que rien de la sorte ne se produirait. J'en profitai toutefois pour lui demander de promettre qu'à l'avenir, il ne s'en prendrait plus jamais à aucun garçon. Il me présenta ses excuses pour ce qui s'était passé.

— Au fait, Michael, pourquoi as-tu dit à frère Price d'arrêter ? À ta place, je ne pense pas que je l'aurais fait. Tu es quelqu'un de bien, Michael. J'ai entendu dire que tu voulais devenir prêtre. J'espère que ça pourra se faire.

Jim quitta le monastère quelques mois plus tard. Je n'oubliai jamais son agression, mais plus encore, je n'oubliai jamais la réaction de frère Price. Il devint extrêmement protecteur envers moi dans les années qui suivirent, et fit clairement savoir qu'il était hors de question qu'un des grands osât jamais me toucher.

Frère Breen et frère Murphy

Par chance, je savais déjà lire et écrire en arrivant à Saint-Joseph. Le monastère ne comptait pas moins de trois cents garçons en août 1959, et peu d'entre eux allaient à l'école ou avaient reçu de l'instruction. Certains travaillaient dans des domaines tels que la boulangerie, l'agriculture, la menuiserie, la confection de vêtements ou de chaussures. Ceux que l'on considérait être les moins intelligents étaient orientés vers ces filières, selon leur niveau. Les mots niais, lent, arriéré, idiot ou abruti constituaient des étiquettes que les frères collaient facilement aux uns ou aux autres. Ces étiquettes durent avoir un effet dévastateur sur l'opinion que les garçons avaient d'eux-mêmes, longtemps après avoir quitté l'orphelinat.

J'avais été placé dans la classe de CE2, dont frère Breen, l'un des enseignants les plus âgés, était le responsable. Ce frère aimait bien le contact physique. Pendant l'instruction religieuse, il m'asseyait souvent sur ses genoux, où il me frottait les cuisses de ses énormes mains. Je n'avais pas peur de lui, car il me disait constamment que j'étais un élève très intelligent. Il fut la première personne à me faire découvrir la langue irlandaise. Je n'avais cependant que peu de connaissances de la grammaire, ce qui nous frustrait tous deux, et je fus incapable de l'apprendre par cœur comme je l'avais fait pour mon catéchisme. Lorsque frère Breen était satisfait de mes efforts, il me glissait quelques bonbons pendant le cours.

Mes livres de gaélique, d'anglais et de maths étaient en piteux état. Leurs pages usées portaient les noms des précédents propriétaires, barrés à chaque fois qu'un nouvel élève en prenait possession. Je me demandais souvent ce que ces anciens élèves étaient devenus, et surtout ce qu'il adviendrait de moi lorsque je transmettrais ces livres et qu'à son tour, mon nom serait barré par un nouveau propriétaire. Frère Breen ne portait pas de lanière de cuir à sa ceinture. La seule fois où je le vis se mettre en colère et donner une tape sur les jambes à un élève fut lors d'une leçon de gaélique. Il nous traita « d'imbéciles » en voyant qu'aucune main ne se levait pour répondre au *cùpla focail*[1].

Deux ans plus tard, je passai dans la classe de frère Murphy. Sa langue natale étant le gaélique, sa classe avait des airs de maison de la presse locale. Nous étions en effet une trentaine à être assis au milieu d'innombrables caisses à thés remplies de journaux écrits en langue gaélique. Des calendriers périmés étaient accrochés au plafond et s'agitaient lorsque le vent s'engouffrait par la vieille porte grinçante. Un long tableau noir s'étirait d'un côté à l'autre de la pièce. Le matin de mon arrivée, je me rendis compte avec horreur que presque tout ce qui y était inscrit était en gaélique. *Mon Dieu*, me dis-je, *je vais devoir*

1. *N.d.T.* : expression gaélique signifiant « quelques mots », traditionnellement des mots gaéliques intégrés à l'anglais courant en Irlande.

me farcir ce bouffon, maintenant. Pour être honnête, je dois pourtant admettre que ses cours n'étaient jamais ennuyeux. Toute la journée, il arpentait la salle de classe comme pour accomplir la mission sacrée que Dieu avait placée entre ses mains : éduquer tous ces malheureux. Il travaillait comme un forcené, convaincu que si telle était la volonté de Dieu, et avec la force de persuasion de la lanière qu'il faisait allègrement claquer sur nos arrière-trains, un jour, nous sortirions de sa classe en parlant couramment le gaélique. Hélas, trois fois hélas, ses efforts demeurèrent vains.

— Des abrutis, voilà tout ce que Dieu m'a envoyé. Quoi que je fasse, je ne trouve pas le moyen de faire entrer le gaélique dans ces cervelles de moineaux. Et pourtant, Dieu sait le mal que je me donne !

Sur ce, il continuait de se lamenter dans sa langue maternelle en faisant les cent pas et en bougonnant. Pour moi, ses cours étaient les plus distrayants qui soient, et je ne voulus jamais en manquer un seul. Tout le monde ne partageait pas mon avis, surtout les malchanceux qu'il rossait parfois avec une hargne féroce. S'il enseignait aussi d'autres matières, comme l'anglais ou les mathématiques, son grand amour était le gaélique, et il glissait fréquemment vers le *cùpla focail* en plein milieu d'un cours d'algèbre. Les regards hébétés qui le considéraient alors, y compris le mien, déclenchaient toujours une bordée de « Abrutis, abrutis ! » en réponse ; roulant des yeux, il reprenait ensuite sa leçon normalement.

Son deuxième sujet favori devait être l'instruction religieuse. Je pense qu'il se prenait pour un prêtre. Il n'allait jamais nulle part sans sa Bible noire, qu'il caressait et feuilletait constamment, en quête d'inspiration divine. De mon point de vue, il atteignait des sommets dans le divertissement lorsqu'il entamait l'un de ses chants religieux. De sa voix émanait alors une telle piété qu'il était difficile d'associer ses accès de vice avec une attitude aussi fervente. En réalité, il se servait de la Bible pour nous manipuler psychologiquement. Les yeux fermés, il commençait à chanter, semblant presque perdre conscience. Puis, soudain, il ouvrait un œil dans l'espoir de surprendre un pauvre garçon en train de se moquer de lui. Il fondait alors sur sa proie pour la corriger et l'envoyer droit à l'infirmerie.

En fonction de la férocité de son attaque, la victime pouvait réapparaître en classe quelques minutes ou quelques jours plus tard, pour présenter ses excuses. Avec un geste vague, frère Murphy disait alors au garçon de reprendre sa place. Bien souvent, l'élève ne parvenait à s'asseoir que sur l'une de ses deux fesses, souffrant encore des séquelles de l'assaut.

À chaque heure pile retentissait la pendule marron. Frère Murphy nous faisait alors lever et réciter une prière pour la Vierge Marie. Dès mon plus jeune âge, je fus captivé par le concept du temps. Frère Murphy répétait toujours « Chaque chose en son temps ». Je me demandais où allait le temps. Retournait-il au ciel parce qu'il appartenait à Dieu ? Je n'avais pas encore appris à lire l'heure affichée sur la pendule marron. Mes camarades prétendaient que je devais attendre d'être en CM2, mais que frère Price était le seul à l'enseigner. Par conséquent, lorsque frère Roberts m'apprit à lire l'heure, je dus faire croire à frère Price que c'était une découverte pour moi. Je pense qu'il s'était aperçu que je savais déjà lire l'heure à sa montre, mais il n'en dit rien.

Tous les frères portaient une montre à leur poignet. Un jour, remarquant ma fascination pour sa montre, le frère Breen me laissa la prendre dans la main. La sienne était la seule à posséder un cadran noir. En l'approchant de mon oreille, je constatai aussi qu'elle faisait du bruit. Je lui demandai d'où provenait ce bruit, mais ne compris pas sa réponse du « tic-tac ». En outre, je ne parvenais pas à concevoir que les montres puissent continuer à fonctionner dans le noir quand personne ne les voyait.

Frère Burke

Frère Burke était un très vieux Frère chrétien qui vivait à Saint-Joseph depuis de nombreuses années. Il ne participait à aucune des activités de l'école, et on ne le voyait qu'à la messe du matin. Plutôt petit, courbé sous le poids des ans, il marchait avec difficulté à l'aide d'une grosse canne en bois.

Un vendredi soir, alors que j'avais une douzaine d'années, le frère Roberts m'appela dans sa chambre. Le cœur lourd, je m'y rendis en m'attendant à ce qu'il m'embrasse, comme à l'accoutumée. Mais lorsque j'arrivai, il peigna mes cheveux et me dit que nous allions rendre visite à l'un des frères qui n'allait pas bien. Alors que nous marchions dans le corridor sombre et silencieux, je me demandai de qui il pouvait s'agir. À la moitié du couloir, frère Roberts me dit d'utiliser les toilettes du frère en question, car il était possible que nous passions un certain temps chez le malade. Il frappa à une porte qui m'était inconnue. Une voix s'écria : « Entrez, entrez. » Quand la porte s'ouvrit, un nuage de fumée s'engouffra dans le corridor. Frère Roberts serra ma main au creux de la sienne et me fit entrer dans la pièce.

— Bonsoir, frère Burke, comment allez-vous aujourd'hui ?

La chambre était jolie et confortable, avec un feu crépitant dans l'âtre. Pendant une ou deux secondes, je ne vis pas frère Burke. Puis, du coin de l'œil, je repérai une silhouette chétive allongée dans le lit, soutenue par des oreillers. Pâle, en sueur et secoué par la toux, l'homme avait l'air d'un fantôme.

— Voici Michael Clemenger. Il nettoiera votre chambre tous les samedis matin à onze heures trente.

— Approche, mon garçon, que je te voie.

J'avançai près du lit pour qu'il puisse me voir distinctement.

— Ah, c'est donc toi, Michael. Assieds-toi près de moi, je crois que je te connais. Frère Roberts, n'est-ce pas Michael qui sert à la messe avec le père O'Neill, presque tous les matins ?

— En effet. C'est le meilleur garçon que j'aie jamais eu, mon frère, vraiment le meilleur.

À mon avis, frère Burke ne saisit pas le véritable sens de ce qui venait de lui être dit.

— Si Michael fait déjà le ménage chez le père O'Neill, il me conviendra très bien. Il peut commencer demain matin. Écoute, Michael : je ne serai pas là, alors entre directement dans la chambre et fais-y un bon coup de ménage. Brave garçon.

J'arrivai comme prévu à la chambre de frère Burke à onze heures trente, le lendemain matin. Dans l'escalier, je tombai sur frère Murphy, qui fut surpris de me voir dans le quartier des frères un samedi matin.

— Qu'est-ce que tu fabriques ici à cette heure-là ?

Inutile de dire avec quelle délectation je l'informai de ma nouvelle tâche hebdomadaire. Il continua alors son chemin en grognant.

La chambre du vieux frère était assez sombre, et décorée de nombreuses images pieuses sur les murs. Sur le rebord de la cheminée se dressait une grande statue de la Vierge. Au-dessus, il avait accroché plusieurs photos de lui plus jeune ; certaines avaient été prises avec des personnes que je présumais être de sa famille, d'autres sous un ciel bleu, entouré d'individus d'apparence exotique, probablement durant ses années de missionnaire à l'étranger.

Les tâches étaient similaires à celles de la chambre du père O'Neill. Frère Burke était un gros fumeur. Sur sa table de chevet, je dénombrais souvent cinq ou six pipes qu'il utilisait tour à tour. Je vidais les cendres, en remplissant tout un seau, que j'emportais ensuite jusqu'au hangar à charbon en essayant de ne rien renverser sur mon chemin. Il adorait aussi les bougies et en possédait toute une collection dans un coin de sa chambre. De nombreux livres et chapelets étaient éparpillés un peu partout. J'imaginais qu'il devait réciter son chapelet au lit, car en arrangeant les couvertures, je trouvais souvent les colliers de perles près de l'oreiller ou sur le sol, à proximité de la tête de lit. Il me fallait habituellement une vingtaine de minutes pour tout faire, et je passais le temps qu'il me restait à consulter ses livres.

Assis dans son fauteuil, entre ses livres, ses images et ses chapelets, je parvenais facilement à oublier que j'étais un orphelin à Saint-Joseph, ne serait-ce que pour quelques minutes. L'atmosphère de cette petite pièce excitait mon imagination ; je pensais qu'un jour, je serais comme frère Burke ou père O'Neill. J'aimais être entouré de piles de livres sacrés, de chapelets, de prières, de statues et de crucifix. Si je prononçais mes vœux à Jésus à temps, peut-être serais-je digne de recevoir l'honneur de devenir prêtre. En tout cas, dans toutes mes prières à Dieu, je lui affirmais clairement que je ne voudrais jamais être un Frère chrétien. Après avoir quitté la chambre de frère Burke, je me faufilais souvent dans la chapelle pour faire une prière où je demandais avec ferveur à devenir prêtre. L'ironie du sort voulut que ce soit ma fréquentation de la chambre du frère Burke et non celle du père O'Neill qui me donnât l'envie d'embrasser cette carrière.

Frère Burke ne se plaignit jamais de mon travail. De temps à autre, il laissait une pièce ou deux sur la table de chevet, avec mon prénom à côté. Je prenais bien soin de rapporter l'argent dans la chambre de frère Roberts.

— Je ne me suis pas trompé à ton sujet, Michael. D'habitude, les garçons empochent l'argent sans se poser plus de questions.

Grâce à la générosité du frère Burke, je reçus bien plus de friandises les années suivantes.

Les sermons du père O'Neill

Chaque dimanche, en milieu de journée, nous nous rassemblions à la chapelle pour assister aux sermons du père O'Neill. Il les prononçait avec peu d'enthousiasme et devait plutôt les considérer comme une tâche nécessaire. D'un pas traînant, il avançait dans l'allée centrale lorsque frère Murphy avait ramené le silence dans nos rangs, ce pour quoi on pouvait toujours compter sur lui. La plupart des sermons n'étaient guère marquants, mais je me montrais toujours attentif, puisque j'imaginais qu'un jour, peut-être, j'en prononcerais à mon tour quelque part au fin fond de l'Afrique. L'idée d'intégrer le clergé commençait vraiment à s'enraciner dans mon esprit, même si je n'en parlais à personne. Quelques thèmes étaient incontournables pendant cette demi-heure. Le père O'Neill avait une aversion particulière pour le mensonge, le vol, les pensées impures et la masturbation. Concernant le mensonge et le vol, il les mettait souvent dans le contexte de notre future vie professionnelle.

— Il est important de maintenir la bonne réputation de notre école, en toutes circonstances. Le monde extérieur est rude, et vous devrez toujours rester vigilant.

Un exemple souvent cité était celui du directeur d'un hôtel faisant passer des entretiens d'embauche. Après chaque entretien, l'homme faisait exprès de faire tomber un crayon par terre. La plupart des postulants sortaient sans avoir entendu le crayon tomber. Mais lors du dernier entretien, le candidat l'entendit. Il se pencha immédiatement pour le ramasser et le tendit à son propriétaire, qui lui donna le poste sur-le-champ. La morale de l'histoire était que les bonnes manières avaient de l'avenir.

La contenance du père O'Neill se faisait plus sévère lorsqu'il abordait les sujets de l'impureté et de la masturbation, qui constituaient à ses yeux de graves péchés contre le Seigneur. Frère Murphy ne manquait alors jamais de tousser ostensiblement pour nous rappeler de bien écouter. Avec des gestes graves, le prêtre enlevait lentement ses lunettes pour les remplacer par une autre paire, et commençait à lire la Bible sur un ton extrêmement solennel. Il nous effrayait alors avec la férocité de sa ferveur. L'enfer attendait quiconque oserait se livrer à de telles pratiques. Nous devions prier la Vierge et prononcer trois *Je vous salue Marie* pour nous purifier, matin et soir. Dans la cour de récréation, j'avais entendu dire que certains des grands, pendant la confession, lui avaient fait part des abus sexuels qu'ils subissaient de la part des frères. Outré par de telles accusations, il les avait rapportées au frère supérieur, lequel les avait aussitôt taxées de mensonges et de pures fictions. Les plaignants recevaient alors une bonne raclée pour avoir ainsi semé le trouble.

Mais le moment où le père O'Neill donnait le plus de voix était celui où il évoquait la plus grave et la plus répugnante des habitudes : la masturbation. Sa voix tremblait littéralement de dégoût à cette simple idée. Apparemment, la chose était particulièrement odieuse parce qu'il s'agissait d'un péché que l'on pouvait commettre sans que personne ne le sache. Le mot lui-même suffisait à ébranler le pauvre frère Murphy, qui redoutait que le simple fait de l'entendre n'engendre de mauvaises pensées dans nos esprits simplets. J'ai toujours été fasciné par la façon dont la masturbation terrifiait à la fois le prêtre et les frères.

— Non ! Non ! Non à la masturbation !

Le père O'Neill scandait régulièrement ce refrain, accroché à sa Bible et serrant les poings pour marquer son effet. Je riais intérieurement en l'entendant déclarer que de toute façon, il saurait toujours qui se masturbait. Des poils se mettraient en effet à leur pousser dans la paume des mains, et ils finiraient par devenir aveugles. C'était ainsi que Dieu punissait ceux qui se livraient à cet acte infâme pendant la nuit. L'enfer attendait forcément ces pécheurs, dans un concert de gémissements et de grincements de dents. La prière était la seule chose qui pouvait nous sauver d'un sort pire que la mort. Après nous avoir ainsi terrorisés, il descendait lentement de l'autel avec ses deux paires de lunettes. Je me demandais toujours pourquoi il en avait besoin de deux. Sa vue devait vraiment être très mauvaise !

L'un de ces sermons, toutefois, toucha une corde sensible en moi. Il s'agissait de Jésus prêchant à une large foule, où les adultes repoussaient brutalement les enfants pour pouvoir s'approcher de lui. À ce spectacle, Jésus leur cria d'arrêter cela et de laisser les enfants venir vers lui. Le père O'Neill poursuivit :

— Laissez venir à moi les petits enfants. Mieux vaudrait pour un homme se voir passer une meule de moulin autour du cou et être précipité à la mer, plutôt qu'il ne fasse de mal à un seul de ces petits.

J'en restai totalement stupéfait, comme nombre de mes camarades, je présume. Étant donné ce qu'il savait des abus sexuels commis par certains des frères, et son déni envers nous, je lui trouvai un culot incroyable. Quel hypocrite ! Au fil des ans, je l'entendis plusieurs fois nous refaire le coup du « laissez venir à moi les petits enfants ». Apparemment, il était capable de dissocier les mots des Évangiles de la triste réalité qui l'entourait, et dont il n'ignorait sûrement rien. De plus, les frères eux-mêmes étaient incapables de relier ces paroles avec leurs propres actes. Dès lors, je perdis tout respect pour le père O'Neill, et en conclus que les mots n'avaient aucune valeur. Seule l'action comptait.

Le soir, dans mon lit, je me demandais souvent où était Jésus dans tout cela. Le père O'Neill aimait à dire qu'on ne pouvait duper Dieu, qui voyait tout. Ce genre de menace était toujours associé avec les péchés cachés de la masturbation et des pensées impures. Mais alors, Dieu ou Jésus ne voyaient-ils pas ce que les frères nous faisaient ? Et si tel était le cas, que faisait-Il pour nous protéger ? Je commençais à avoir de sérieux doutes sur ce Jésus.

Une journée typique à Saint-Joseph

À sept heures, tous les matins, les frères responsables de chaque dortoir y faisaient irruption en criant et en frappant dans leurs mains. Les mauvais jours, ils arrachaient les draps des lits en nous hurlant des insultes. Je détestais faire ma toilette à l'eau froide, surtout en hiver. Ensuite, il fallait assister à la messe de sept heures et demie, avec un père O'Neill généralement de mauvaise humeur. Après la messe, je rejoignais les autres garçons au réfectoire pour le petit déjeuner. Lorsque le repas était fini, je faisais le ménage des chambres et allais chercher les journaux en m'assurant d'être revenu pour le rassemblement de neuf heures et demie. Nous devions nous tenir en rangs pour l'inspection du supérieur, accompagné du cordonnier et du tailleur. On nous examinait pour déterminer si nous avions besoin de nouvelles chaussures ou d'un nouveau vêtement. Malgré notre piètre alimentation, nos habits devenaient rapidement trop petits pour nous. Puis, les garçons suivant une formation d'agriculteur, de menuisier, de tailleur ou de cordonnier sortaient des rangs et disparaissaient. Les autres se rendaient alors en cours, avec un enthousiasme modéré. Nous nous retrouvions tous en début d'après-midi pour prendre un déjeuner digne d'une soue à cochons, mais qu'il nous fallait avaler si nous ne voulions pas mourir de faim. Les odeurs de cuisine alléchantes qui s'échappaient du quartier des frères redoublaient la faim qui nous torturait.

Survivre à la demi-heure de repas avec frère Lane était notre principale préoccupation. Nombre d'entre nous auraient volontiers manqué le déjeuner plutôt que de devoir subir ses regards terrifiants. Une fois le repas terminé, nous jouions dans la cour jusqu'à l'arrivée de l'infirmière. Nous redoutions l'instant où cette pauvre vieille femme nous fourrait une cuillerée d'huile de foie de morue dans le gosier. « C'est bon pour vous, mes garçons », disait-elle inlassablement quand certains essayaient de résister ou de recracher. À quatorze heures, nous retournions en cours ou au travail jusqu'à seize heures ; on nous servait alors un thé et une tranche de pain au réfectoire. Après quoi, les plus jeunes jouaient habituellement dans la cour jusqu'à dix-huit heures.

Un garçon, à qui l'on avait assigné cette tâche, sonnait la cloche de l'angélus, située près des toilettes, et nous nous rendions tous à la chapelle pour le rosaire. Nous possédions tous notre propre chapelet, que nous étions censés avoir sur nous en permanence. Les premières années, les différents mystères étaient dits par le frère Roberts, mais sa surdité devenant de plus en plus prononcée, il fut ensuite remplacé par le frère Murphy. Le souper avait lieu à dix-huit heures quarante-cinq, et consistait habituellement en deux tranches de pain, un peu de margarine et de thé. Après la vaisselle, nous pouvions sortir jouer dans les champs les soirs d'été, ou, lorsque Saint-Joseph eut un poste de télévision, regarder les programmes jusqu'à vingt et une heures. Nous devions ensuite aller nous coucher. Ainsi s'écoulèrent de nombreuses années.

Un samedi matin, en septembre 1961, frère Price rassembla tous les garçons dans la cour et annonça que nous allions prochainement avoir un téléviseur. Je ne savais pas du tout de quoi il parlait. Le lundi après-midi suivant, une camionnette arriva à l'école, avec une grande boîte. L'un des hommes monta sur le toit et posa une antenne sur la cheminée. Avec un geste théâtral, frère Price alluma bientôt la télé… dont ne sortirent ni image ni son. Dans toute cette excitation, il avait oublié de brancher la prise murale. Quelques garçons le huèrent gentiment et ricanèrent, mais frère Price ne trouva pas cela drôle du tout et leur fit tâter de sa ceinture en cuir.

Mon premier souvenir télévisuel est celui d'une publicité pour le thé Lyons. Je trouvais les publicités plus intéressantes que les programmes ordinaires. En peu de temps, tous les garçons devinrent accros à la télé, ce qui aidait à la bonne marche et à la tranquillité du monastère. Le poste était généralement allumé vers dix-neuf heures trente, après les prières et le souper, et éteint à vingt et une heures, quand nous devions rejoindre nos lits. Les personnalités du petit écran eurent vite leurs adeptes, mais au bout d'environ un an, l'effet de nouveauté s'atténua et la plupart d'entre nous préférions les films qu'on nous projetait tous les week-ends. La voiture du cinéma arrivait habituellement vers cinq heures moins le quart, le vendredi soir ; l'installation se faisait à un emplacement stratégique, sur une fenêtre du quartier des frères. Nous nous réjouissions toujours en l'apercevant. Nous adorions presque tous les westerns, ainsi que les films de guerre et de gangsters.

Certains frères n'appréciaient guère que nous nous retrouvions tous ensemble dans l'obscurité pour regarder ces films. Frère Murphy, en particulier, pensait que c'était là l'occasion des pires péchés, et que nous pouvions en profiter pour nous tripoter. Je trouvais très amusant de le voir arpenter nos rangs avec sa petite lampe de poche.

— Où sont tes mains, toi ? Laisse-les devant toi, que je puisse les voir.

Nombre de mes camarades profitaient de l'occasion pour lui lancer des insultes.

— Je vous aurai, ne vous inquiétez pas. Je sais très bien qui a dit ça ! Vous allez le regretter, bande de chiens galeux.

Un concert de voix mécontentes s'élevait alors contre lui.

— S'il vous plaît, asseyez-vous, monsieur, on voudrait voir le film !

Il reprenait alors sa place au fond de l'allée. Je crois qu'il n'aimait pas beaucoup les films, et il prétendait toujours que la télé était mauvaise pour nos yeux. Pendant le changement de bobine, il rallumait sa lampe pour nous signaler qu'il nous tenait toujours à l'œil. La majorité des garçons le détestaient, mais je dois dire que j'ai toujours apprécié ses incessantes « espiègleries ».

Un soir, après la projection du film, le frère Price me demanda de l'attendre, car il voulait me parler.

— Alors, Michael, tu as aimé le film ?

— Oui, monsieur.

— Sais-tu d'où viennent ces films ?

J'avoue que je ne m'étais jamais posé cette question.

— De Dublin, Michael, comme toi. Et ils y retournent tous les lundis matin, par le train. J'ai besoin d'une personne de confiance pour les emporter à la gare le lundi matin. Crois-tu que tu pourrais faire ça pour moi ?

— Il me semble que oui, monsieur, mais je ne sais pas où se trouve la gare.

— Ce n'est pas un souci, Michael. Nous emporterons le film ensemble, lundi prochain, et je te montrerai le chemin.

Cela signifiait que j'avais décroché toutes les meilleures missions de l'école – et à un âge précoce. Les privilèges accordés par les frères Price et Roberts me rendirent certainement l'existence moins pénible, mais peu de mes camarades savaient qu'il y avait un prix à payer pour une telle générosité. Certes, des rumeurs circulaient, surtout au sujet du frère Roberts, lequel faisait en outre une « toilette spéciale » à un ou deux garçons le samedi soir, jour du bain pour nous tous. Ces garçons se renfermaient toujours sur eux-mêmes pendant les quelques jours qui suivaient. Je ne révélai jamais rien sur les deux frères, bien que je fusse tenté de le faire. En fait, personne ne disait jamais rien. Je voyais des garçons être enlevés de leur lit la nuit, mais, comme tout le monde, je faisais semblant de ne rien voir. C'était un énorme secret de Polichinelle dont personne, frères ou enfants, ne parlait jamais.

1962. Allez, le Kerry !

Le comté du Kerry était très réputé en football, et à chaque mois de septembre, on s'attendait à ce que son équipe remporte la coupe Sam Maguire. Si elle ne gagnait pas, les gens du Kerry disaient qu'ils avaient juste décidé de prêter la coupe à quelqu'un d'autre pour un an. Pour les garçons de Saint-Joseph, il était capital que le Kerry l'emporte, car cela signifiait que non seulement nous aurions un jour de congé supplémentaire, mais aussi que certains joueurs viendraient nous voir avec la coupe Sam Maguire.

L'équipe du Kerry remporta la coupe d'Irlande en 1959, l'année de mon arrivée à Saint-Joseph, mais je ne m'intéressais pas encore au sport à cette époque. Cependant, lorsque nous eûmes la télévision, je découvris des légendes du Kerry comme Mick O'Connell, Mick O'Dwyer, Johnny Culloty et les frères Sheehy. Naturellement, nous fûmes affreusement déçus quand le Kerry perdit en 1960 et 1961, mais nous les vîmes gagner en 1962. Frère Ryan, le supérieur, nous fit alors savoir que certains membres de l'équipe du Kerry viendraient à l'école le mercredi suivant, à quatorze heures trente. Entre-temps, on nous récura de la tête aux pieds, on nous coupa les cheveux et nos habits du dimanche furent préparés pour la visite.

Les frères eux-mêmes étaient fébriles à l'idée de rencontrer Mick O'Connell ; je n'exagérerai donc pas en disant que la déception fut grande lorsque seuls quelques joueurs arrivèrent avec Sam le mercredi suivant, dont Johnny Culloty, le goal, et Niall Sheehy. Mais pas de Mick en vue. Niall Sheehy était immense. Il me porta dans les airs lorsque je lui fus présenté. Son sourire était celui d'un vainqueur, et toute sa personne me faisait penser à un gentil géant. Il me mit la coupe Sam Maguire entre les mains et cria à l'ensemble des garçons : « Allez, les gars ! Vive le Kerry ! »

Ce sur quoi tout le monde hurla à l'unisson : « Vive le Kerry ! Vive le Kerry ! Vive le Kerry ! »

Les frères avaient préparé un grand banquet, et nous eûmes tous droit à des bonbons, de la limonade et des oranges. Les joueurs du Kerry parurent très impressionnés par l'ambiance joviale qui régnait entre les frères et nous, inconscients, bien sûr, qu'il ne s'agissait là que d'un simulacre. Nous avions reçu des ordres stricts sur l'attitude à adopter. Si nous ne les suivions pas, nous étions à peu près sûrs de finir à l'infirmerie. La visite dura environ quarante minutes. Frère Ryan remercia les joueurs de s'être déplacés et nous gratifia d'une journée sans école. Il termina son discours en nous demandant de lancer trois hourras à nos visiteurs. Juste avant de retourner dans la voiture, Niall Sheehy vint me serrer la main et me dire au revoir. J'étais totalement subjugué.

Lorsqu'ils furent partis, nous enlevâmes nos habits du dimanche et courûmes sur le terrain de jeu pour rejouer encore et encore la grande finale de la coupe.

Confirmation, juin 1963

Un samedi matin de 1963, juste après la Saint-Patrick, frère Roberts m'informa que je ferais bientôt ma confirmation. L'instruction idoine me serait donnée par le père O'Neill et frère Price. L'idée de devenir un soldat du Christ grâce au sacrement de la confirmation ne représentait rien pour moi, et celle de renouveler mes « vœux de baptême », quels qu'ils fussent, ne me fit pas plus forte impression. Malgré tout, mon excitation grandit à mesure que le grand jour approchait, en partie parce que, pour la première fois de ma vie, je rencontrerais alors un évêque.

Quelques semaines plus tard, frère Price m'appela dans sa chambre. Apparemment, il y avait un grave problème, susceptible d'empêcher ma confirmation : aucune trace écrite ne prouvait que j'avais été baptisé. La nouvelle fut un choc. Comment pourrais-je devenir prêtre, songeai-je, si je n'étais même pas membre de l'Église catholique ? Mon trouble dut se lire sur mon visage.

— Ne t'inquiète pas, Michael, je suis sûr que tout va s'arranger.

Ces mots me rassurèrent, car il savait toujours résoudre les problèmes.

J'attendis avec anxiété durant les semaines suivantes. Je passai ce temps à prier pour le pape

Jean XXIII, et à espérer que Dieu envoyât un nouveau pape qui poursuivrait l'œuvre exemplaire du deuxième concile du Vatican. Lors des sermons dominicaux, j'écoutais avec exaltation le père O'Neill nous vanter les nombreuses vertus de ce concile. Cependant, on collectait maintenant les tenues de confirmation – généralement, des habits déjà portés par les garçons les années précédentes, ce qui expliquait l'odeur caractéristique de naphtaline qui s'en dégageait. Ces costumes n'étaient sortis qu'une fois par an. Frère Price ne me donna pas de nouvelles avant le vendredi précédant l'événement, quand il me demanda de venir dans sa chambre, assez tard le soir.

— Écoute bien ce que je vais te dire.

Mon esprit bouillonnait. *Je vous en prie, Seigneur, faites que les nouvelles soient bonnes. Je veux tellement devenir prêtre quand je serai grand.*

— Michael, mon garçon, tu pourras finalement faire ta confirmation. Nous avons trouvé la pièce qui nous manquait. Souhaites-tu connaître les détails ?

— Oui, monsieur, s'il vous plaît.

— Eh bien, c'est assez étrange. Apparemment, tu es né à Dublin, mais tu n'as pas été baptisé dans ta paroisse de naissance.

Il toussota.

— Le problème s'est posé parce que tu as été baptisé dans une paroisse voisine. Dans une église appelée Saint-Nicolas-de-Myre, sur Francis Street, au centre de Dublin.

— Qu'est-ce que cela signifie, monsieur ?

Nous étions assis côte à côte sur son lit. Il plaça son bras sur mon épaule.

— Oh, n'encombre pas ta jolie tête avec ce genre de préoccupations pour le moment, Michael.

J'insistai.

— Ai-je des parents, monsieur ?

— Mais bien sûr que tu en as. Nous en avons tous. Comment crois-tu que tu serais venu au monde, sans cela ? C'est juste que les circonstances ne permettent pas toujours aux enfants de rester auprès de leurs parents.

— Est-ce ce qui s'est passé pour moi, monsieur ?

— Je crains bien de ne pouvoir répondre à cette question, Michael. Peut-être découvriras-tu la réponse par toi-même, un jour. Mais tu es un bon garçon ; tout se passera bien pour toi.

Le fait de parler de mes parents semblait beaucoup l'embarrasser.

— Changeons de sujet, tu veux bien ? Tu sais qu'il te faut un nom de confirmation. Pourquoi ne pas prendre celui de notre nouveau pape, Paul VI ? Michael Paul Clemenger, cela sonne plutôt bien, tu ne trouves pas ?

Après quelques cajoleries supplémentaires, il me dit de retourner dans la cour annoncer la bonne nouvelle à mes camarades. Ce soir-là, avant de m'endormir, je m'interrogeai sur ce baptême dans une étrange église.

Le grand jour arriva enfin, le quatrième dimanche de juin. Le soleil brillait lorsque nous embarquâmes dans le minibus qui devait nous emmener à l'église Saint-John pour la cérémonie. Tous les garçons étaient ravis – moi un peu moins, parce que frère Lane était chargé de nous accompagner. Je le regardais du coin de l'œil. Quelle guigne qu'il soit là, à nous gâcher notre plaisir ! Lorsque nous arrivâmes à l'église, il nous délivra une dernière menace : en gros, si nous nous tenions mal, il nous écorcherait vifs.

À ma grande surprise, l'église était déjà pleine. Les enfants de la ville, qui effectuaient leur confirmation en même temps que nous, avaient déjà rejoint leurs bancs. Ils jubilaient de toute l'attention que leur famille leur portait. Je ne sais pas ce qu'il en était pour mes camarades, mais la vue de tous ces enfants si gâtés par le sort fit alors monter en moi un profond sentiment d'amertume. Pour tout dire, j'en eus les larmes aux yeux. Pourtant, malgré ma souffrance, je ne pouvais détacher mon regard de leurs rangs – la fébrilité de leurs parents, les grands-parents affectueux, les oncles, tantes, les frères et sœurs. L'atmosphère était intense dans l'église. La musique résonnait, la foule produisait un brouhaha continu et les garçons de chœur, nerveux, allaient et venaient pour prendre leur place. Pourquoi ne me laissais-je pas porter par cette vague de joie ? Au lieu de quoi, je me sentais plus seul que jamais. *Michael, tu es à part parce que tu n'as pas de parents*. Mes démons intérieurs se déchaînaient dans ma tête. *Où sont les baisers, les câlins, la famille heureuse qui auraient dû me revenir ? Bien loin, à Dublin,* songeai-je amèrement. *Je suis tellement à part que même mes propres parents n'ont pas voulu de moi.* J'assistais à une sorte de parade de l'amour, sauf que j'en étais exclu. L'amour, je pouvais le voir, mais pas le vivre. Une colère muette naquit en moi ce jour-là, une colère qui engendre encore de l'amertume et un écrasant sentiment d'isolement bien des années plus tard.

La musique se fit plus forte et l'évêque fit son entrée en grande pompe. Mes yeux ne quittaient plus les familles devant moi. Depuis ma place, un peu en retrait, je voyais très bien le déroulement de la cérémonie. L'évêque évoqua avec emphase l'amour et la fierté que les familles devaient éprouver en ce jour heureux. De toute évidence, ses commentaires leur étaient tous adressés, et non aux pauvres garçons de Saint-Joseph. *Qu'il aille se faire foutre, lui et tous les autres. Je suis tout seul ? Très bien ! Je peux me débrouiller par moi-même.*

On amena les enfants vers l'évêque, qui leur sourit tour à tour et leur tapota gentiment la joue. On prit des photos pour les albums de famille ; et enfin, ce fut le tour des garçons de Saint-Joseph. Étant presque le dernier de la file, j'eus le temps d'observer les familles heureuses rassemblées sur les bancs. Leurs regards compatissants me remplirent de fureur. Je n'avais certainement pas besoin de leur pitié. Je valais aussi bien que le moindre d'entre eux. Invité à avancer par frère Lane, je redressai fièrement mon mètre cinquante et marchai comme pour affronter l'ennemi sur le champ de bataille. Une centaine de paires d'yeux devaient être braquées sur moi, et j'étais déterminé à ne pas flancher.

Je plantai mes yeux dans ceux de l'évêque et constatai avec une grande fierté qu'il fut le premier à ciller. Il se tourna alors de côté et murmura quelque prière en effleurant ma joue. En quelques secondes, c'était fini. Je l'entendis dire « Amen » et fis ma grande sortie, convaincu que je venais de remporter une grande bataille. En rejoignant mon banc, je m'arrêtai brièvement pour porter un dernier regard sur l'ensemble de la congrégation et considérer l'architecture de l'église, du sol au plafond. Quelques-uns de mes camarades se délectaient de mes singeries. Ils savaient ce que je faisais, tout comme frère Lane. Celui-ci me jeta un regard menaçant, mais je me moquais éperdument de lui. Tout ce que je savais, c'était que je venais de grandir. Mon échine d'acier était maintenant pleinement formée. Désormais, j'irais de l'avant ; pas en tant que soldat du Christ, mais en individu libre, et sans crainte de ces salopards. J'étais une armée à moi tout seul. Mon sentiment de différence avait dorénavant une définition : j'étais un outsider pétri de haine et de solitude. Mon rêve de devenir prêtre renforçait à mes yeux ma propre valeur, et je ne me laisserais pas définir par les autres. Je refusais de considérer leur opinion de moi, qu'elle soit bonne, mauvaise ou indifférente. Je survivrais à l'expérience du manque d'amour, même si cette douleur ne s'effacerait peut-être jamais.

Les jours suivant ma confirmation, la perception de ma situation se fit de plus en plus claire. Jusqu'ici, je m'étais contenté d'accepter les faits sans beaucoup y réfléchir. Mais mes sentiments avaient gagné une urgence nouvelle. Une étrange colère m'avait envahi. J'enrageais à la vue des familles heureuses. Un ressentiment durable envers le monde remplaça mes larmes. Quelle piètre consolation que de s'entendre dire continuellement que Dieu avait un projet pour chacun de nous, et qu'il nous aimait suffisamment pour être mort sur la croix, expiant nos péchés ! Quels péchés avais-je donc commis pour atterrir dans cet endroit de malheur ?

Lorsque j'accomplissais mes tâches en ville, mon esprit bouillonnait de questionnements sur les gens que j'y croisais. Leurs enfants devaient-ils subir les attouchements et les baisers gluants de vieux hommes ? Se faisaient-ils tabasser au péril de leur vie ? Avaient-ils un brillant avenir devant eux ? J'avais la nette impression que tout était déjà décidé : ils étaient destinés au succès autant que nous autres, orphelins, l'étions à l'échec. Je commençai à haïr les enfants de la ville, surtout quand je les voyais en compagnie de leurs parents. Je mourais d'envie de prendre leur place. Je rentrais au monastère dévoré par la jalousie, en prenant soin de ne pas mouiller le journal de mes larmes. Instinctivement, je sentis que je devais trouver un palliatif, sans quoi je ne pourrais pas continuer à me rendre en ville.

Dès lors, je décidai de faire comme si je ne les voyais pas. Je regardais derrière eux comme s'ils n'existaient pas, et récitais de nombreuses prières en arpentant mon Calvaire personnel. Affichant un air de supériorité tranquille, je m'apprêtais avec soin et m'habillais toujours le mieux possible. Mes chaussures étaient étincelantes et mes cheveux soigneusement coiffés avec le peigne que m'avait offert frère Roberts. Je cultivais les bonnes manières et me présentais toujours avec une confiance en moi que je n'éprouvais pas du tout intérieurement. Je devins un excellent acteur, souriant à tous les citadins dans un rôle bien supérieur, à leurs yeux, à ce que ma condition impliquait. Je détestais leurs manières condescendantes, leurs petits sourires gênés et leurs gestes furtifs inspirés par la crainte que je ne m'en prenne à leurs enfants.

C'est au cours de cette période que je me mis à mouiller mon lit et à sucer mon pouce le soir. Ébahi, le frère Price me transféra alors du dortoir des moyens à celui des grands pour pouvoir garder un œil sur moi. Je développai aussi une terreur du noir et ne pouvais plus m'endormir sans la lumière d'une veilleuse à proximité. Les frères Roberts et Price commencèrent à sérieusement s'inquiéter pour moi. Ce dernier m'avait fait installer dans le lit situé juste sous la veilleuse de nuit. Sous cette lampe était accroché un immense portrait d'un garçon qui devait être du même âge que moi, saint Dominique Savio. Frère Roberts me donna un petit livret sur sa vie, que je lus de A à Z. Parfois, lorsque j'étais dans la cour, frère Price me laissait me rendre à la chapelle afin d'aller voir la Vierge, pour laquelle il savait que je nourrissais un sentiment particulier. Plein de ferveur, je récitais le rosaire devant sa statue, lui offrant mes larmes. Entre ces visites à la chapelle et les prières que j'adressais constamment à saint Dominique, je commençai lentement à me dissocier de la réalité infernale de Saint-Joseph.

Seule une carapace de piété put alors assurer ma survie ; je considérais mes souffrances comme une préparation à mon entrée au Paradis. C'est dans cet état d'esprit que j'appris à supporter mes conditions de vie. Me rendre en ville devint peu à peu moins problématique, et je cessai soudain de mouiller mon lit ; je continuai, en revanche, de sucer mon pouce pendant des années. Je finis par adorer mon lit et fis souvent semblant d'être malade pour que frère Roberts m'octroie quelques jours de repos, le plus souvent pendant les week-ends. Dans mon lit, la plupart de mes rêves se réalisaient, et rien de mauvais n'arrivait jamais.

Le personnel laïque

M. Cantanell était notre professeur de musique. Je n'ai que de bons souvenirs de cet homme. Dans ce lieu de tristesse, de malheur, de larmes et de flagellation, il faisait tout ce qu'il pouvait pour illuminer nos vies grâce à la musique. Calme, timide, doté de mains délicates, il parvenait difficilement à bouger la tête en raison d'une grosseur sur sa nuque. Certains élèves le surnommaient « Cou de banane », sans oser jamais le dire devant lui. Ses mouvements étaient lents et choisis, et il se déplaçait dans la salle de musique avec la raideur d'un électrocuté. Frère Roberts me le présenta avec une certaine réticence, car il aurait préféré me garder dans son cours de danse, où il pouvait me tripoter à son aise. Il dut toutefois se rendre à l'évidence : je ne possédais vraiment aucun talent pour la danse.

Dès notre première rencontre, M. Cantanell parut sentir que frère Roberts me portait un intérêt particulier, et qu'il devrait donc en tenir compte. Frère Roberts avait beau se faire vieux, il détenait toujours un important pouvoir au sein de l'école quand il le voulait, surtout quand il s'agissait de moi.

— Tu es très chanceux, Michael, que frère Roberts prenne soin de toi au point de te présenter lui-même à ton professeur. Ce n'est jamais arrivé avec personne d'autre.

Je me contentai de le regarder droit dans les yeux sans rien dire, craignant qu'il ne sache déjà quelque chose.

— Alors, quel instrument aimerais-tu essayer ?

Il me guida jusqu'à l'armoire et l'ouvrit.

— Vas-y, prends-en un.

Je choisis une trompette. Elle était brillante, mais un peu lourde entre mes mains. M. Cantanell me reprit l'instrument.

— Tu es plutôt petit et chétif pour ton âge, n'est-ce pas, Michael ? Peut-être un instrument moins gros serait-il plus approprié pour toi.

Il sortit alors un instrument qui ressemblait à un sifflet métallique ; j'en avais déjà vu à la télévision. Il m'expliqua qu'il s'agissait d'un piccolo, le plaça sur le côté de sa bouche et commença à en jouer quelques notes. Puis, il me le tendit.

— Tiens, vas-y, essaie.

Je soufflai dedans, mais aucun son n'en sortit. Il n'y eut hélas guère de progrès dans les mois qui suivirent, malgré tous les efforts de mon professeur. Il finit par me conseiller d'oublier la musique, qui n'était pas plus faite pour moi que la danse. J'en fus à la fois surpris et soulagé, car pendant tout ce temps, il ne se fâcha jamais contre moi.

Un soir, frère Roberts appela M. Cantanell pour parler de mon cas.

— Alors, comment se débrouille Michael ?

Je vis que M. Cantanell – qui détestait être désagréable – se creusait nerveusement les méninges pour fournir une réponse acceptable. À son grand étonnement, c'est moi qui répondis à sa place :

— C'est inutile, monsieur. Je n'arrive pas à m'habituer à cet instrument, et apparemment, je n'ai pas l'oreille musicale comme d'autres garçons.

Un peu décontenancé, frère Roberts regarda M. Cantanell.

— Dans ce cas, ne vous occupez plus de Michael. Il n'était déjà pas très doué avec ses pieds, pas étonnant que ce ne soit guère mieux avec ses mains. Il n'y a qu'en classe qu'il se débrouille bien.

Il prononça cette dernière remarque comme pour lui-même. Il demanda cependant à M. Cantanell de me garder dans son cours de musique jusqu'à ce qu'une autre activité se présente. J'ignore lequel de nous trois fut le plus soulagé, même si M. Cantanell était certainement ravi que frère Roberts lui ait demandé une faveur. Je ne fis pas grand-chose dans l'orchestre durant les mois qui suivirent, à part risquer d'abîmer mes oreilles pendant les tentatives héroïques de notre professeur, lequel s'évertuait à essayer de faire jouer juste mes autres camarades. S'il repérait un garçon doué d'un potentiel de musicien, je dois dire qu'il faisait tout ce qui était en son pouvoir pour l'encourager.

Il m'appelait souvent dans sa chambre après le déjeuner. Cela ne m'inquiéta jamais ; il n'était pas du style à abuser des garçons, et aucune rumeur de ce genre ne circulait à son sujet. Lorsque je frappais à sa porte, il m'invitait à entrer d'une voix joyeuse. Il fermait la porte derrière moi et sortait de la commode une boîte renfermant sa joie et sa fierté – un violon en assez piteux état, qu'il caressait amoureusement.

Pendant tout le temps où je le fréquentai, il ne me laissa jamais toucher cet instrument sacré. Il plaçait alors des partitions sur un pupitre, s'asseyait royalement sur une vieille chaise et commençait à jouer. Il continuait sans relâche, enchaînant un morceau après l'autre, faisant monter sa transe. Des gouttes de sueur tombaient de son front, parfois sur le violon lui-même, ce qu'il ne remarquait que lorsqu'il avait terminé. Il me demandait souvent de le regarder d'un peu plus loin et s'écriait alors, tout excité :

— Michael, Michael, est-ce que mon archet saute ?

— Je ne sais pas, monsieur.

— Eh bien, tu dois mieux écouter, parce que si je joue bien, l'archet doit glisser sur les cordes, et non sauter. La musique se joue avec le cœur, Michael, mais on l'apprécie avec l'oreille.

Je crois que M. Cantanell vivait pour ce moment, chaque début d'après-midi, lorsqu'il pouvait s'adonner à sa véritable passion, le violon. Cela semblait lui donner la force de poursuivre le reste de sa journée, et j'étais heureux d'y avoir contribué. Un jour, alors qu'il remettait son violon dans son étui, il me prit au dépourvu en me demandant ce que je voudrais faire quand je serais grand. Je lui répondis que je voulais être prêtre et partir en mission en Afrique. Ma réponse parut le surprendre.

— Ah, tu aimerais être prêtre ? Comment te débrouilles-tu à l'école ?

— Très bien, je crois, monsieur.

— Dans ce cas, ce n'est pas impossible.

Il me traita avec encore plus de gentillesse après cela. Bien qu'il évitât habituellement les contacts physiques avec les élèves, il me serra chaleureusement dans ses bras et me souhaita bonne chance lors de mon dernier jour avec lui. Je crois que nous ne nous parlâmes plus jamais par la suite, mais il me souriait toujours quand il me croisait dans la cour.

Archibald était le gardien, une ombre qui arpentait les dortoirs à toutes les heures de la nuit. Quel étrange personnage… Je ne me souviens pas l'avoir jamais entendu parler, de toutes les années que j'ai passées à Saint-Joseph. On repérait toujours sa présence à l'affreuse odeur du tabac qu'il fumait continuellement et au son caractéristique de sa canne. Une partie de son travail consistait à réveiller les habitués du pipi au lit pour les faire aller aux toilettes. Je questionnai un jour frère Roberts à son sujet. Il m'indiqua que le vieil Archibald était un policier en retraite, et rien de plus.

Aucun de mes camarades n'avait d'anecdote à raconter à son sujet. Toutes les deux heures, pendant la nuit, il apparaissait dans l'encadrement de la porte du dortoir. Un soir, il me vit sortir de la chambre du frère Price sur les coups de onze heures et demie. L'homme parut surpris mais ne dit rien, et je me hâtai de rejoindre mon lit. Il ne vivait pas à Saint-Joseph ; c'est sur un grand vélo grinçant qu'il arrivait et repartait du monastère.

M. Quinlan était notre tailleur. Calme et réservé, il devait faire face aux exigences impliquées par le nombre croissant de garçons dans l'établissement. Il nous inspectait tous les jours lors de l'assemblée matinale, mais n'engageait aucune relation avec nous, en dehors des questions d'habillement. Frère Roberts m'assigna à son atelier alors que j'avais une douzaine d'années, et me présenta personnellement à M. Quinlan. Un certain accord existait entre eux. Frère Roberts indiqua au tailleur que je ne serais pas toujours présent à l'atelier, mais qu'il ne devait pas s'en inquiéter, car il était alors probable que je serais auprès de lui.

Dans son atelier, M. Quinlan affichait de l'indifférence pour les garçons qui n'étaient pas doués de leurs mains. Ceux qui possédaient des qualités prometteuses étaient formés et pouvaient un jour espérer monter leur propre affaire. Assurément, je ne faisais pas partie de ce lot. Le simple geste de passer un fil par le chas d'une aiguille me prenait un temps fou. Après avoir tenté à quelques reprises de m'initier à la machine à coudre, M. Quinlan me conseilla de renoncer à cette voie. Un soir, il éclata de rire en constatant que j'avais accidentellement cousu une pièce de tissu sur mon propre pantalon en essayant de rapiécer un vieux vêtement. Il se plaignait régulièrement de mon incompétence totale à frère Roberts. Celui-ci insista néanmoins pour que je reste dans son atelier, ce que je fis pendant les quatre années suivantes. Je ne me voyais pourtant certainement pas devenir tailleur dans le futur. Mon projet à moi, c'était de devenir prêtre.

Imaginez ma surprise lorsqu'un jour, M. Quinlan me présenta ses deux fils, me disant qu'ils faisaient tous deux leur séminaire. J'étais vert de jalousie. Le plus jeune d'entre eux se prit d'amitié pour moi. Il m'apportait des livrets sur les missions à l'étranger, qui enflammaient mon imagination et renforçaient mon désir de le suivre au séminaire. Un soir où nous étions tranquilles, je lui fis part de mon souhait de devenir prêtre. Cela parut énormément le surprendre.

— Pourquoi ? Comment pourrais-tu y arriver, Michael ?

— Je ne sais pas…

— Il faut avoir reçu une bonne éducation pour être prêtre. Sais-tu au moins lire et écrire ?

Je lui rétorquai avec indignation :

— Je te signale que j'officie à l'autel pour les messes en latin, à l'école et au couvent !

— Mais pourquoi veux-tu devenir prêtre ?

Nerveux, je répondis que je ne savais pas pourquoi, que je le voulais, point final.

— Tu sais, Michael, il ne s'agit pas juste de le décider. Il faut que ce soit une vocation. C'est un appel de Dieu avant tout.

J'eus le sentiment qu'il essayait de me décourager en mettant des obstacles sur mon chemin. Pendant tout le temps où nous nous fréquentâmes, et même après son ordination, il ne m'encouragea jamais à poursuivre mon rêve. Cela me déçut énormément de sa part, et je mis davantage de réserve dans notre relation. Lors de mes visites à la chapelle, je priais Jésus et Marie de toutes mes forces pour qu'ils m'envoient cet appel – ou cette vocation, comme aimait à l'appeler le jeune Quinlan. L'idée de vocation devint une véritable obsession pour moi pendant les années qui suivirent. J'abordai souvent cette question avec les différents missionnaires que je rencontrai ; honnêtement, aucun d'entre eux ne se pencha jamais sérieusement sur le sujet.

Dans l'atelier du tailleur, j'étais chargé de faire le ménage après la journée de travail, et du repassage.

Je savais pertinemment que j'étais incompétent et que je ne serais jamais tailleur. Je n'intéressais pas M. Quinlan, mais il me tolérait sur l'insistance de frère Roberts. De temps à autre, frère Price faisait une apparition dans l'atelier, au grand dépit de M. Quinlan, qui devait alors écouter de longs discours sur Dieu sait quoi. Frère Price dégoisait sans s'interrompre tandis que M. Quinlan hochait très occasionnellement la tête. Le religieux s'asseyait près du radiateur et me fixait souvent d'une façon très gênante. Un soir, je lui demandai quand j'aurais droit à des pantalons longs, comme les garçons les plus âgés.

— Ne t'en fais pas pour ça, Michael ; tu n'auras jamais de pantalon tant que je serai dans cette école. Tu as de belles jambes, et je veux pouvoir les regarder.

Effectivement, je ne portai mon premier véritable pantalon qu'une fois que j'eus quitté l'école. Je suis sûr que M. Quinlan ne comprit jamais pourquoi le frère Price se rendait si souvent à son atelier, quand il n'avait rien à y faire.

M. Quinlan travaillait également pour les gens de la ville. On lui demandait de raccourcir des pantalons, des manches, ou de les rapiécer. Une fois le travail effectué, il m'envoyait chez le drapier avec les articles, où l'on me remettait le paiement dans une enveloppe scellée que je lui rapportais immédiatement. Tous les vendredis, aux environs de dix-sept heures, frère Roberts faisait le tour des différents corps de métier pour collecter les recettes engendrées par les travaux extérieurs. Il portait une petite boîte rouge et plate dans sa poche, ainsi qu'un carnet. Il me débauchait souvent de chez le tailleur pour m'accompagner dans sa tournée. Bien sûr, il n'avait aucunement besoin de moi pour cela. Peut-être voulait-il juste se pavaner devant frère Price et les plus grands des garçons, car il pouvait vraiment être très possessif à mon endroit. Une fois l'argent collecté, il le rapportait dans sa chambre, le comptait et inscrivait les comptes dans un petit carnet. Son écriture était d'une beauté et d'une netteté exemplaires. Après le traditionnel baiser sur mes lèvres, il me donnait quelques bonbons et me laissait repartir. À mon retour, M. Quinlan ne me demandait jamais où j'étais allé. S'il m'arrivait d'être retardé, ce qui se produisait souvent, les autres garçons faisaient le ménage à ma place. Beaucoup d'entre eux étaient au courant mais ne dirent jamais rien. Tout comme moi.

Les promenades du dimanche

En m'éveillant, le dimanche matin, la première chose que je faisais était de regarder par la fenêtre en espérant y voir de la pluie. Je me réjouissais toujours de voir tomber des cordes. En effet, plus le ciel était sombre, plus grandes étaient les chances que notre marche dominicale dans le Kerry soit annulée. Ma joie était redoublée par la déception de frère Lane, qui était l'organisateur habituel de ces promenades. Cependant, il arrivait souvent que le temps me déçoive. Si la pluie s'arrêtait, j'étais obligé de mettre mes plus beaux habits et de me mettre en rang avec les autres, l'humeur maussade. Ce n'était pas la randonnée en elle-même que je détestais, mais la traversée de la ville que nous devions faire à son commencement, sous les yeux compatissants des citadins. J'essayais toujours de me cacher derrière les plus grands pour qu'on ne me reconnaisse pas. En outre, marcher avec frère Lane n'avait rien d'une promenade agréable ; il fallait avancer vite et sans dire un mot. Frère Lane était toujours dans son rôle de sergent-major, plein de menaces et de fureur. Il aimait particulièrement me rappeler à l'ordre.

— Allez, Clemenger, avance, sale chien, ou tu vas te prendre un bon coup de pied dans le cul !

Je le regardais alors avec défiance, sachant qu'il n'oserait pas me toucher tant que les frères Price et

Roberts étaient dans les parages. Il était donc toujours très irritable avec moi, en partie parce qu'il ne m'effrayait pas, mais surtout parce que les autres garçons le savaient, et qu'il perdait aussi la face vis-à-vis d'eux.

J'aimais le moment où nous sortions de la ville, affranchis des regards inquisiteurs des habitants. Nous pouvions alors nous détendre. La beauté du paysage avait beau être époustouflante, je n'y fus jamais très sensible. Je ne vivais pas dans la beauté. Je vivais dans le gris, l'obscurité. Aucun oiseau ne chantait dans mon jardin, aucune fleur n'embaumait l'air de son parfum. Aucune image paisible ne venait caresser mon esprit, même pendant ces randonnées. Certains garçons profitaient de l'occasion pour essayer de s'enfuir. Nous étions si nombreux qu'il était difficile pour frère Lane de maîtriser notre présence à tous. Quels que soient ses efforts, il manquait presque toujours un ou deux garçons quand nous rentrions au monastère. Naturellement, cela le rendait fou furieux, mais il avait toujours le dernier mot quand la police finissait par ramener les fugueurs. Frère Lane savourait alors sa revanche et les tabassait à deux doigts de la mort avant de les envoyer à l'infirmerie.

Je ne compris jamais pourquoi certains s'obstinaient à fuguer du monastère. On les rattrapait toujours, et ils étaient alors durement châtiés. Mais la fugue était considérée comme un acte de bravoure par beaucoup de garçons ; le respect gagné par ses pairs était proportionnel au nombre de tentatives. Quant à moi, je n'eus jamais la tentation de m'enfuir. D'abord, pour aller où ? Pourrais-je vraiment survivre dans la grange d'une ferme, en ne mangeant que des carottes crues ? N'étais-je pas mieux là où je me trouvais ?

Saint Joseph de Cupertino

Un vendredi soir, frère Roberts m'annonça qu'un film retraçant la vie de saint Joseph de Cupertino allait être projeté le week-end. Ma première pensée fut que mes camarades allaient être déçus. Nous avions toujours hâte de voir des westerns avec John Wayne ou des films de gangsters avec Humphrey Bogart, que nous rejouions ensuite dans la cour de récréation. Je supposai que frère Roberts voulait nous faire découvrir la vie du saint dont notre école portait le nom.

— Non, Michael. Notre patron était le père de Jésus et époux de Marie. Ce saint Joseph est né beaucoup plus tard, en Italie, et est mort en saint homme. Assieds-toi sur le lit, je vais te raconter son histoire.

Il me parla de la pauvreté de saint Joseph et de son manque d'instruction, qui n'entrava pas son désir de devenir prêtre. Frère Roberts m'expliqua que seul Dieu pouvait donner aux gens la vocation de devenir prêtre. Je le questionnai sur ce mot de « vocation », que j'avais déjà entendu sans en saisir pleinement la signification.

— Eh bien, la vocation est un appel de Dieu, lors duquel il choisit de très bonnes personnes pour le servir à l'autel et prononcer la messe. Même moi, je ne peux pas prononcer la messe, parce que je suis un frère et non un prêtre. Tout le monde n'est pas appelé vers cette vocation, Michael.

À ce moment-là, frère Roberts ignorait mon désir de devenir prêtre, même s'il me disait souvent qu'il y avait quelque chose de sacré en moi. Selon lui, les personnes dotées de cette disposition, qui aimaient profondément dire leurs prières et adoraient Jésus et ses parents, pouvaient être appelées à devenir prêtres. Je lui demandai alors quelle était la différence entre Dieu et Jésus.

— Ils ne sont qu'un. Nous en reparlerons une fois que tu auras vu le film.

Ce samedi soir, je fus donc très attentif à tous les détails du film, au cas où frère Roberts me poserait des questions. Je ne pense pas mentir en disant que la plupart de mes camarades ne l'apprécièrent guère. Ils eurent même l'air assez soulagés lorsque le générique de fin défila. Il me fit cependant forte impression, impression encore vivace quarante-cinq ans plus tard. Le fait que saint Joseph de Cupertino soit ce que frère Murphy aurait appelé « un abruti », me parla tout particulièrement. Le garçon était empoté, pas très intelligent et guère plus doué de ses mains. Il semblait attirer les ennuis et en créer également autour de lui. Pourtant, en dépit de toutes ces imperfections, ses pieds quittaient parfois le sol quand il priait. Je songeai qu'il devait vouloir s'étirer vers le ciel pour être plus près de Dieu. J'en fus ému jusqu'aux larmes à plusieurs reprises pendant la projection, ce qui parut amuser certains de mes camarades. J'avais hâte d'échanger à ce sujet avec frère Roberts, lequel fut certainement ravi de mes questionnements.

— Ah, je me doutais que tu me poserais des questions sur le fait que ses pieds quittent le sol. Eh bien, non, Michael, ce n'est pas une blague. C'était la façon choisie par Dieu pour montrer aux compagnons de foi de saint Joseph qu'il était privilégié, malgré son manque d'instruction. Le fait de s'élever ainsi du sol s'appelle la lévitation, et c'est un don qui n'est accordé qu'aux plus grands saints. Quand saint Joseph est mort, il est monté directement au ciel sans avoir à passer par le purgatoire.

Ce mot de « mort » m'intéressa, et je demandai à frère Roberts ce qu'il signifiait exactement.

— La mort nous concerne tous. Nous devons tous mourir un jour, et nous serons alors jugés par Dieu en personne. Si nous sommes bons, nous irons au paradis, et si nous sommes mauvais, en enfer pour l'éternité. Mais si nous sommes insolents et que nous commettons des péchés véniels, nous devrons aller au purgatoire pour demander pardon à Dieu de l'avoir offensé.

Mon unique expérience de la mort était alors le spectacle d'une vache morte dans un pré.

— Les animaux vont-ils au ciel quand ils meurent, monsieur ?

— Oh, oui, Michael, c'est fort probable.

C'est bien, pensai-je. Frère Roberts me demanda si j'étais fatigué.

— Un peu, monsieur.

— Dans ce cas, allonge-toi sur le lit et dors un peu.

Environ une heure plus tard, il me réveilla avec quelques baisers et me dit de descendre souper. Je ne dormis pas beaucoup cette nuit-là, préoccupé que j'étais par ces notions extraordinaires de « mort » ou de « vocation ». J'avais du mal à imaginer que je doive un jour mourir, comme Joseph Pyke, et que je me retrouve alors enterré dans un cimetière. Cela ne fit qu'augmenter ma peur du noir. Je me consolai en me disant que si je devenais prêtre, j'aurais été choisi par Dieu lui-même, ce qui voulait dire qu'au moment de ma mort, Il m'emmènerait directement au paradis. Et, bien sûr, je serais extrêmement vieux avant que ce jour arrive.

Le lundi matin suivant, je priai tout le long du chemin en marchant jusqu'à la gare, les pellicules serrées tout contre mon cœur. En arrivant près du train, je succombai à mon désir de tenir le film contre moi jusqu'à la dernière seconde.

— Allons, Michael, dit soudain une voix derrière moi, le train va bientôt partir.

Je le tendis à contrecœur à l'employé et restai sur le quai pour regarder le film s'éloigner de moi. Quand le train disparut, mes yeux s'emplirent de larmes. Troublé et frustré, je repris lentement le chemin de Saint-Joseph, en m'arrêtant chez le marchand de journaux. Pour me réconforter, je me réfugiai dans mon rêve de devenir prêtre. Après tout, saint Joseph de Cupertino y était bien parvenu, malgré son manque d'instruction, alors pourquoi pas moi ? Il me suffisait pour cela de prier plus fort et plus souvent. Et peut-être saint Joseph de Cupertino intercéderait-il en ma faveur.

Vacances d'été

Nos seules vacances de l'année consistaient en une journée à Ballyheigue, généralement pendant la première semaine de juillet. Ce jour-là, c'était comme si l'on allumait subitement toutes les lumières dans une pièce habituellement noire. Nous ne nous préoccupions plus du « meurtrier » et nous livrions à un joyeux chahut, comme il se doit dans ces circonstances. La journée commençait toujours par un rapide coup d'œil vers le ciel. Curieusement, je ne me souviens pas que ce jour ait jamais été gâché par le mauvais temps. À neuf heures et demie, les cars arrivaient pour nous emmener vers Ballyheigue.

Je m'asseyais toujours à côté de frère Price, qui se montrait on ne peut plus détendu pendant ce voyage. Frère Lane, quant à lui, restait semblable à lui-même, irritable et malheureux – les garçons savaient qu'il ne pouvait pas nous toucher pendant cette journée – tandis que frère Murphy se tenait assis avec raideur, serrant contre lui sa Bible noire comme pour se protéger de tous ces « abrutis ».

Enfin, nous étions aussi accompagnés de frère Ryan, le principal de l'établissement, également connu sous le nom de « tête de marteau » en raison de sa grosse tête plantée sur un tout petit cou. Nous n'avions que très peu affaire à lui. Dès mon plus jeune âge, je vis tout de suite que l'homme souffrait en notre compagnie. Il ne savait absolument pas s'y prendre avec les enfants, était des plus maladroits dans la moindre conversation, et son sourire paraissait toujours forcé. Il gardait les yeux résolument fixés sur le paysage, au cas où l'un des garçons lui adresserait la parole. *On doit envoyer des frères d'un genre un peu particulier à Saint-Joseph*, me dis-je en aparté, car la plupart d'entre eux avaient en commun un air malheureux et méchant, et se révélaient incapables de tenir la moindre conversation « normale » avec les enfants dont ils s'occupaient. *Je m'en fiche, ce n'est pas eux qui vont me gâcher cette journée*, pensai-je. Je suis sûr que mes camarades éprouvaient la même chose. Si les frères ne pouvaient même pas faire semblant de se détendre, ne serait-ce qu'une journée, c'était leur problème, et pas le nôtre.

Le trajet durait une heure. Arrivés à destination, on nous faisait mettre en rangs pour recevoir les instructions. Par exemple, nous ne pouvions pas aller dans l'eau sans permission, et dès que le sifflet retentissait, nous devions immédiatement retourner au car pour y prendre notre repas. La plupart des garçons se moquaient bien du déjeuner. Tout ce qu'ils voulaient, c'était courir sur la plage et jouer aux cow-boys et aux Indiens dans les dunes. Personnellement, je préférais marcher seul, pieds nus, le long du rivage, en admirant le vol gracieux des oiseaux dans le ciel. Régulièrement, ils se posaient sur la mer et plongeaient leur tête dans l'eau. Allongé sur le sable chaud, j'adorais contempler le ciel bleu ; j'imaginais parfois que s'il s'ouvrait soudain, telle la mer Rouge devant Moïse, je pourrais entrevoir le paradis. Peut-être le grondement des vagues ressemblait-il à la voix de Dieu lorsqu'il était en colère.

En un rien de temps, un sifflet retentissait, interrompant toutes nos activités. En ce jour de vacances, nous avions également droit à quelques faveurs au niveau du repas. Bien entendu, leur rareté ne faisait qu'ajouter à notre plaisir. Pour le déjeuner, chacun avait droit à une pomme, une orange, un sachet de bonbons et des sandwiches avec une viande quelconque, suivis de citronnade, de jus d'orange ou de thé. Quel dommage, me disais-je, que nous ne puissions pas manger ainsi tous les jours. Je savais que les frères, eux, y avaient droit quotidiennement, parce que je voyais souvent les restes dans leurs assiettes : des bouts de saucisses, de tomates, des coquilles d'œufs. Une fois le déjeuner terminé et la permission accordée, les garçons repartaient dans toutes les directions.

J'avais l'habitude de rester près de frère Price après le repas du midi. Secrètement, je craignais que certains des grands ne s'en prennent à moi, et je n'étais pas le seul. Un groupe rassemblant quelques élèves plus jeunes et plus petits que la moyenne se formait, préférant marcher avec lui sur la plage. Il adorait exhiber son talent à faire des ricochets sur l'eau, ce dont j'étais incapable. Mes galets à moi touchaient l'eau avec un « plouf » décourageant, avant de s'enfoncer immédiatement.

— Regarde, tout est dans le poignet.

De temps en temps, nous voyions un bateau passer et adressions de grands signes à ses passagers.

— Est-ce qu'on pourrait faire du bateau, monsieur ?

— Non, Michael, je ne pense pas. La location est très chère, tu sais. Mais si tu veux, tu peux monter sur mon dos et faire comme si j'étais un bateau.

Il dut vite regretter cette proposition, car il fut alors contraint de promener chaque membre de notre petit groupe sur l'eau. Sa mission accomplie, il s'allongea sur le sable, épuisé et transpirant à grosses gouttes sous le soleil.

— Michael, sois gentil : cours à l'autocar et rapporte-moi une serviette et une bouteille de citronnade. L'un des frères doit être resté dans les parages.

Évidemment, le seul frère présent près des cars était Lane, en train de lire son livre.

— Qu'est-ce que tu veux ?

Je lui fis part de la requête du frère Price.

— C'est ça, tu crois peut-être que je vais tomber dans le panneau, Clemenger ? Dégage d'ici, sale chien, ou tu auras bientôt un coup de botte dans le cul.

Il avait dû oublier qu'il ne portait que des sandales.

Je me détournai pour repartir vers le frère Price, mais à peine avais-je fait quelques pas que le revêche frère Lane me demanda d'attendre. Je fis semblant de ne pas l'entendre, juste pour le contrarier.

— Clemenger, reviens ici tout de suite. Tu es sourd, ou quoi ?

De mauvais gré, il me donna alors une bouteille de jus d'orange et me dit de ficher le camp. Je lui tins tête.

— Mais monsieur, frère Price a demandé une bouteille de *citronnade*, pas de jus d'orange.

Il me décocha un regard noir et échangea brusquement la bouteille de jus d'orange contre une de citronnade.

— Maintenant, barre-toi, petit morveux.

J'attrapai une serviette et m'exécutai, ravi de l'avoir fait plier. Dès que je me trouvai suffisamment loin de lui, j'ouvris la bouteille et bus quelques gorgées pour fêter ma victoire sur le meurtrier de Joseph Pyke. Lorsque je retrouvai enfin frère Price, il me demanda pourquoi il m'avait fallu tout ce temps.

— Je pense que frère Lane ne m'a pas cru lorsque je lui ai dit ce que vous souhaitiez, monsieur.

— Quel imbécile !

Exaspéré, il me prit la bouteille et la serviette des mains. Il regarda le niveau de citronnade et me demanda si j'en avais bu.

— Oui, monsieur. J'en ai bu une gorgée. Je m'en excuse.

Redoutant sa réaction, je fus soulagé en le voyant seulement hausser les épaules.

— Ce n'est pas grave, Michael. Tu en avais sûrement besoin après ta confrontation avec frère Lane.

Il but quelques gorgées, s'essuya avec la serviette et me redonna la bouteille en me disant de la partager avec les autres garçons de notre petit groupe. Après quoi, il s'endormit tandis que nous nous amusions à courir sur la plage, tout en veillant à ne pas trop nous éloigner de lui.

Peu de temps après, le sifflet retentit de nouveau. Nous revînmes en direction des cars avec frère Price, pour le goûter. Frère Lane s'approcha alors de son confrère et lui demanda s'il m'avait envoyé chercher de la citronnade et une serviette.

— Absolument, mon frère. Et vous auriez dû le croire sur parole, parce que c'est un garçon honnête, ce que vous savez pertinemment.

Je me trouvais à moins d'un mètre d'eux, et entendis toute la conversation. Frère Lane s'éloigna bientôt, la queue entre les jambes. *Bien fait pour lui*, pensai-je. *Ça lui apprendra à essayer de me faire passer pour un menteur, juste pour que je me récolte une raclée.*

À dix-sept heures, le coup de sifflet final retentit ; il était l'heure de rentrer. J'aurais volontiers troqué toutes mes journées à Saint-Joseph contre l'éternité sur la plage de Ballyheigue. On nous compta, et, au grand soulagement du frère Ryan, il ne manquait cette fois personne. Ce n'est qu'alors qu'il s'adressa à nous :

— Eh bien, les enfants, vous avez passé une bonne journée ?

Après un rapide rangement, nous embarquâmes à contrecœur dans les cars pour le trajet retour vers la grisaille de Saint-Joseph, laissant derrière nous l'air frais, les vagues salées, les mouettes hurlantes et une plage couverte de l'empreinte de nos pas. Jusqu'à l'année prochaine.

Possédé par le diable

Un soir, sur le terrain de sport, frère Price me prit à part.

— Es-tu gaucher, Michael ?

— Je ne vois pas ce que vous voulez dire, monsieur.

— De quelle main tiens-tu ta crosse ?

— De celle-ci, monsieur.

Il me prit la crosse des mains et me montra comment la tenir.

— Avec la droite, Michael, toujours avec la droite. Vas-y, essaie, maintenant. Frappe la balle.

Je n'y parvenais pas du tout.

— C'est très difficile, monsieur.

Il interpella un autre garçon en lui demandant de nous apporter un ballon de football.

— Frappe comme tu le fais d'habitude.

Le ballon partit au loin.

— Maintenant, essaie avec ton pied droit.

Le coup n'atteignit pas la moitié de la distance précédente.

— Avec quelle main écris-tu, Michael ?

— La gauche, monsieur.

— Ah. Et pourquoi ?

— Je ne sais pas, monsieur.

Son visage se rembrunit.

— Michael, combien d'élèves ou de frères vois-tu écrire de la main gauche ?

— Je n'ai jamais fait attention, monsieur.

— Eh bien, moi, si. Aucun, aucun, aucun. Débarrasse-toi de cette sale habitude d'écrire avec ta main gauche. Tu m'as bien entendu, Michael ?

— Oui, monsieur. Je vais essayer.

Il eut un petit grognement offusqué.

— Tu ne te contenteras pas d'essayer. C'est compris ?

— Oui, monsieur.

Pendant les années suivantes, je parvins peu à peu à cesser d'écrire avec ma main gauche, de crainte que frère Price ne me donne une bonne correction. Il renforça rapidement la consigne en me donnant quelques coups bien sentis sur ma mauvaise main. J'étais très perplexe qu'aucun autre des frères ne parût troublé par le fait que je sois gaucher.

Un jour où il était de particulièrement bonne humeur, je lui demandai pourquoi je ne devais pas écrire de la main gauche.

— Eh bien, Michael, c'est tout simple : c'est parce que les gens qui écrivent de la main gauche sont possédés par le diable.

Il déclara cela avec une telle férocité qu'il me flanqua une frousse mémorable. Cependant, je songeai qu'il ne restait peut-être plus de place pour le diable, puisque lui-même et frère Roberts me possédaient déjà. Cela dit, je ne me souviens pas avoir jamais vu un Frère chrétien écrire de la main gauche. Passer de la gauche à la droite ne changea rien à la lisibilité de mon écriture. Aujourd'hui, ma famille et mes amis prétendent que mon écriture est plus difficile à lire que celle d'un médecin, particulièrement quand je suis fatigué.

Bing Crosby

L'après-midi, en faisant le ménage après le déjeuner, l'un de mes grands plaisirs était d'écouter la radio. Un jour, j'entendis un chant dont la voix me donna la chair de poule. J'étais hypnotisé par son grain mélodieux et demandai à un garçon plus âgé de qui il s'agissait.

— C'est le vieux Bing Crosby. On l'entend tout le temps à la radio, y a toujours quelqu'un pour réclamer une de ses chansons. Moi, je préfère Cliff Richard ou Elvis Presley. Me dis pas que tu aimes ce genre de truc ?

Pendant les semaines qui suivirent, je guettai les chansons de Bing Crosby à la radio. Dans la cour, je confiai à frère Price que j'avais entendu Bing Crosby et que je l'aimais beaucoup. À ma grande surprise, il m'annonça que celui-ci était son chanteur préféré.

— Viens dans ma chambre plus tard. Je dois avoir quelques articles sur lui que je peux te prêter.

Effectivement, lorsque je frappai à sa porte, il me montra plusieurs images de Bing Crosby, un livre sur sa vie et plusieurs disques. J'étais ravi.

— Tu peux garder les images si tu veux, mais je veux récupérer le livre quand tu auras fini de le lire. Viens dans la salle de télé, je vais passer quelques disques.

Mes camarades se moquèrent de mon béguin pour celui qu'ils appelaient « le vieux ringard », mais frère Price les remit vite en place en faisant claquer sa lanière de cuir. L'un d'entre eux en particulier poussa le bouchon un peu plus loin en m'annonçant un samedi que Crosby était mort. J'en fus si touché que je fondis en larmes et courus chez frère Price.

— Ne fais pas l'idiot, Michael. Bien sûr que non, il n'est pas mort. Qui t'a raconté ces bêtises ?

Après avoir infligé une bonne raclée au menteur, frère Price fit clairement passer le message que toute nouvelle annonce de la mort de Bing Crosby entraînerait un châtiment collectif.

De mon côté, je dévorai le livre relatant sa vie. Il apparut que les ancêtres de sa mère étaient des Irlandais de Galway, et qu'elle avait émigré en Amérique vers 1890, où elle s'était mariée et avait eu six enfants. Bing était né en 1904 et devint célèbre aux États-Unis quand il atteignit la trentaine. Il épousa une femme nommée Dixie Lee, et trois fils naquirent de cette union. Malheureusement, elle mourut d'un cancer en 1954. Il se remaria en 1957 et eut trois enfants de plus. Non content d'être un chanteur célèbre, il fut aussi un acteur à succès et reçut un Oscar en 1944 pour le film *La Route semée d'étoiles*.

Un soir, le frère Price m'appela dans sa chambre pour me dire que *La Route semée d'étoiles* serait bientôt joué à l'école, et qu'il l'avait commandé exprès pour moi. J'étais aux anges.

— Ne le dis à personne, et s'il y a le moindre problème, compte sur moi pour arranger ça.

Lorsque je vis le film et découvris que Bing Crosby y jouait le rôle d'un prêtre, ma joie ne connut plus de limites. Les larmes coulèrent sur mes joues en l'entendant chanter une chanson pour le vieux prêtre qui n'avait pas vu sa mère depuis des années, et je me moquais bien que l'on me voie pleurer. J'aurais pu endurer des siècles de railleries contre ces quelques instants de pur bonheur.

La plupart des autres garçons trouvèrent le film inintéressant. Malgré tout, la présence de frère Price et de sa fidèle lanière de cuir les retint d'émettre la moindre plainte. Ce soir-là, je me couchai dans un état proche de l'extase. Quand le frère Price s'approcha de mon lit, je le remerciai encore et encore pour le film. Cette démonstration de gratitude de ma part sembla le combler.

— Ce n'est pas fini, Michael. Il y a d'autres bonnes surprises à venir. Dors, maintenant.

Il tint sa parole. Un jour d'été, il m'appela dans la cour et annonça aux autres garçons que je regarderais la télé le samedi soir. J'appris alors qu'une série sur Bing Crosby commençait, et durant les semaines suivantes, je vis la plupart des *En route vers…* avec Bob Hope. La première fois, frère Price me montra comment allumer et éteindre la télévision, puis il me laissait avec quelques bonbons, une pomme et une orange.

— Surtout, n'oublie pas de retirer la prise du mur en partant, et verrouille bien la porte derrière toi. Laisse la clé sur le bord de la fenêtre de ma chambre avant d'aller te coucher.

C'était l'un des merveilleux avantages de ma position de « préféré ». J'ignore comment les autres garçons ont vécu la situation, mais en ce qui me concerne, j'étais absolument enchanté de ces soirées où j'allais me coucher à neuf heures passées sous les regards envieux de mes camarades, m'épiant depuis leur lit.

Le cimetière

Je vivais à Saint-Joseph depuis quatre ans déjà quand je découvris que l'institution possédait son propre cimetière. Un soir où je jouais dehors, frère Roberts me fit appeler. Après l'heure coutumière de tripotage et de baisers visqueux (auxquels j'étais désormais habitué) dans sa chambre, il m'accompagna vers le terrain de handball et s'arrêta devant un petit portail. C'était une belle soirée d'été. Il me désigna une étroite allée et me demanda si j'étais déjà allé par là. Devant ma réponse négative, il sortit un trousseau de clés et ouvrit la grille. Il prit ma main dans la sienne et avança jusqu'au bout du chemin.

— Regarde à ta droite, Michael.

Devant moi s'étendait une série de marques au sol, au bout de chacune desquelles se dressait une pierre carrée.

— Sais-tu ce que c'est ? Ce sont les tombes des frères qui ont vécu à l'école il y a de nombreuses années, et qui sont désormais morts. Sais-tu ce que mourir signifie, ou ce que c'est que d'être mort ?

— Être mort, c'est quand on ne peut pas bouger ou se lever quand on veut.

— Ce n'est pas une mauvaise réponse, Michael. Nous devrons tous mourir un jour, même toi.

— Comme Joseph Pyke ?

— Oui, comme ce pauvre Joseph Pyke.

Sa voix trembla légèrement tandis qu'il passait une main dans mes cheveux.

— Et vous, monsieur, est-ce que vous mourrez et serez enterré ici ?

— Oui, moi aussi je mourrai, mais je ne pense pas que je serai enterré ici. Il ne reste plus de place, alors on m'enterrera sûrement dans le cimetière municipal, un peu en dehors de la ville.

Je commençai à lire chaque pierre tombale. Il y en avait sept en tout. Le plus jeune des frères était âgé de vingt-neuf ans seulement à sa mort, et le plus vieux de soixante-deux ans. Frère Roberts semblant être d'humeur méditative, je décidai de lui poser d'autres questions.

— Monsieur, pourquoi suis-je né ?

— Je ne sais pas, Michael, mais je suis heureux que ce soit arrivé.

— Que deviendrai-je quand je serai grand ?

— Je ne sais pas, Michael. C'est à toi de me le dire.

Je le regardai alors en face et lui confiai que je voulais devenir prêtre. Je me sentis soulagé de cet aveu. À ma grande satisfaction, il n'écarta pas l'idée, mais suggéra que je prie intensément dans ce sens.

— En as-tu déjà parlé au père O'Neill ?

— Non, monsieur.

— Pour l'instant, peut-être serait-il plus sage de garder ce petit secret pour nous.

Je sentis au ton de sa voix qu'il soupçonnait que le père O'Neill n'approuve pas ma démarche.

— Aimerais-tu devenir autre chose ? Un Frère chrétien, par exemple ?

— Je ne crois pas, monsieur.

Il se sourit à lui-même en entendant ma réponse.

— Dis-moi, Michael, où vont les gens après la mort?

— La plupart vont au paradis après un certain temps au purgatoire.

— Et les autres?

— En enfer, monsieur, pour l'éternité.

— Pourquoi?

— Parce qu'ils ont péché en ayant des pensées, des paroles et des actes impurs, monsieur.

— Qui t'a dit cela, Michael?

— Le père O'Neill, monsieur. Il dit toujours que la masturbation et l'impureté avec d'autres garçons sont des péchés graves qui ne méritent que l'enfer, où résonnent gémissements et grincements de dents.

— Ah, oui? Et tu crois à cela?

— Je n'en suis pas sûr, monsieur.

— Te livres-tu à la masturbation et à l'impureté avec d'autres garçons?

— Oh, non, monsieur.

La tournure que prenait notre discussion me mettait mal à l'aise, et mon cœur s'accéléra.

— Dis-moi, Michael, combien de fois par semaine frère Price te fait-il venir dans sa chambre? Fais attention à ce que tu vas me dire, parce que j'ai moi aussi mes espions, maintenant.

— Au moins une fois par semaine, monsieur.

— Ne t'inquiète pas, je ne veux pas connaître les détails.

Cette précision me soulagea quelque peu.

— Quand tu es dans sa chambre, te parle-t-il parfois de moi?

Je fis semblant de ne pas comprendre.

— Allons, Michael, tu vois sûrement ce que je veux dire.

J'essayai de le rassurer sur le fait que je n'avais jamais rien dit à frère Price sur ce que nous faisions ensemble, malgré ses constantes interrogations. C'est alors qu'il me posa la question que je redoutais plus que tout, et qui m'avait toujours paru inévitable. Il me prit par la taille et m'attira contre lui.

— Lequel de nous deux préfères-tu, Michael ? Tu peux me le dire, ça ne remontera pas aux oreilles de frère Price.

Honnêtement, la réponse n'était pas si difficile que cela. Entre eux deux, c'était surtout à frère Roberts que je devais ma position privilégiée – c'est-à-dire toutes mes missions à responsabilité. Frère Price n'avait fait que lui emboîter le pas, dans une sorte de compétition. Je pris donc frère Roberts dans mes bras à mon tour.

— Vous, monsieur.

Un sourire illumina son visage.

— Oh, tu es vraiment mon préféré, toi. Je connaissais la réponse, mais je voulais juste en être sûr.

Il me serra contre lui pendant un moment qui me parut interminable.

— Allez, partons de là. Les cimetières ne sont pas les endroits les plus gais au monde. Allons plutôt à la cuisine prendre un thé avec des scones.

Dans la cuisine, il me dévorait littéralement du regard quand la porte s'ouvrit soudain. Frère Lane entra, et je me figeai sous son regard plein de haine. Il maugréa quelque chose, frère Roberts avança vers lui, puis il tourna les talons et quitta la pièce en claquant la porte.

— Méfie-toi de lui, Michael. Il a un horrible caractère et peut faire n'importe quoi quand il perd son sang-froid.

Je profitai de l'occasion pour le questionner sur la rumeur selon laquelle frère Lane était responsable de la mort de Joseph Pyke.

— Mieux vaut ne pas te tourmenter avec ça, mon garçon. Il faut juste qu'on soit prudent quand *ce type-là* est dans les parages.

Son insistance sur *ce type-là* me suffit : le sous-entendu était clair.

Le missionnaire noir

Un matin de 1962, après la messe, frère Roberts me prit à part et me dit de bien m'habiller, car nous allions traverser la route pour nous rendre au couvent géré par les nonnes. À l'époque, il n'était pas rare que des prêtres dits « missionnaires » rentrent de Chine ou d'Afrique pour passer leurs vacances chez eux, en Irlande. Ils passaient souvent une partie de leur séjour au couvent. La plupart de ces hommes étaient âgés d'une cinquantaine ou d'une soixantaine d'années. Ils étaient polis et me laissaient régulièrement une petite pièce en partant. Leur vie dans des contrées lointaines me faisait les considérer comme de véritables héros, et j'espérais sérieusement leur ressembler en grandissant.

C'est l'idéal missionnaire de « sauver les âmes noires » en Afrique qui sema dans ma tête la première graine du désir d'être prêtre. Celui-ci fut renforcé par une des nonnes du couvent, lorsqu'elle me confia que je ferais un prêtre formidable en raison de mon amour pour la messe. J'aimais me rendre au couvent. La révérende mère semblait m'apprécier et louait souvent ma bonne conduite à l'église. Je devais avoir environ quatorze ans quand la vieille mère supérieure m'appela dans son bureau.

— Michael, un prêtre vient dire la messe ici la semaine prochaine. J'en ai parlé à frère Roberts, il est d'accord pour que tu officies pendant ses messes.

Normalement, les messes avaient lieu au couvent entre neuf heures et demie et quinze heures. Le visiteur avait demandé à ce que la sienne se tienne à midi.

— Ne t'en fais pas, il aura fini à une heure moins le quart, tu auras donc le temps de rentrer pour déjeuner. Autre chose: je voulais juste te prévenir que ce prêtre est différent de tous ceux que tu as pu voir jusqu'ici.

J'attendis poliment la suite des informations sans la quitter des yeux, tandis que mon esprit passait en revue tous les prêtres que j'avais rencontrés.

— Il ne faut pas que cela t'effraie, Michael, mais tu dois juste savoir qu'il est noir. C'est tout.

Elle semblait plus mal à l'aise que moi. Voyant que je ne réagissais pas à son annonce, elle reprit un air affairé.

— Bon, eh bien, sois présent à midi moins le quart. Allez, file, maintenant.

Le lundi matin suivant, je découvris enfin le visiteur. C'était un homme grand, costaud et imposant, avec des mains immenses, encore plus grandes que celles de frère Price. Il me vit approcher et me désarma totalement en m'adressant le plus chaleureux des sourires. Au milieu de son visage noir, ses dents blanches semblaient étinceler et illuminer la pièce entière.

— Bonjour Michael, je suis père…

Je déglutis nerveusement. Probablement son nom comportait-il une infinité de lettres. Il rit devant mon air déconfit.

— Bon, appelle-moi juste « mon père », Michael, d'accord ?

La messe se déroula sans le moindre accroc entre nous, au grand soulagement de la révérende mère. Dès que nous rejoignîmes la sacristie, elle me renvoya hâtivement à Saint-Joseph. Elle fit la même chose le jour suivant, mais le père courut alors hors de la sacristie et me rappela.

— Ne fais pas attention à la révérende mère, elle ne pense pas à mal. Je suis occupé toute cette semaine, mais je suis libre samedi, nous pourrons prendre le temps de discuter si tu veux. Qu'en penses-tu ? J'imagine que tu as pas mal de questions à me poser ?

— Oui, mon père, merci.

Je l'appréciais vraiment, et j'étais ravi qu'il souhaite passer un peu de temps avec moi. Après tout, seuls les frères essayaient de me toucher, jamais les prêtres. En le comparant au père O'Neill, je commençai à prendre pleinement conscience de la dureté de caractère de notre aumônier. Ce samedi matin, après la messe, le père demanda à la mère supérieure de nous faire porter du thé et des biscuits, parce qu'il voulait prendre le temps de discuter avec moi. Elle parut un peu surprise mais ne fit pas de commentaire.

— Prends une chaise, Michael, et assieds-toi. Dis-moi : est-ce que je te fais peur, même juste un peu ?

— Non, mon père, pourquoi aurais-je peur ? Vous êtes un prêtre.

— Certes, je suis un prêtre, mais certaines personnes ont peur de moi malgré tout. À ton avis, pour quelle raison ?

— Je ne sais pas, mon père, peut-être parce que vous êtes noir ? Moi, en tout cas, je n'ai pas peur. J'ai vu beaucoup de Noirs avant, vous savez.

— Vraiment ?

— Oui, mon père, dans les films, dans ceux de Tarzan notamment. En général, les Noirs poursuivent Tarzan dans les arbres en lui jetant des flèches avec de longs tubes.

Il éclata de rire. À ce moment-là, la porte s'ouvrit et la révérende mère entra avec un plateau recouvert d'un tissu de lin blanc. Elle essaya de s'asseoir avec nous, mais le père insista pour rester seul avec moi.

Il souleva délicatement le tissu qui recouvrait le plateau, révélant la plus belle porcelaine du couvent ainsi qu'une assiette pleine de gâteaux. Comme j'étais gâté ! Il me servit une tasse de thé. Terrorisé à l'idée de faire tomber ma tasse, je m'assis aussi près du plateau que possible. Je pris soin de ne pas avoir l'air vorace lorsqu'il me tendit l'assiette de gâteaux, et de ne pas en prendre trop. Après tout, de l'autre côté de la route, mon repas de soue à cochons m'attendait encore.

— Alors, Michael, quel âge as-tu ?

— Je pense avoir treize ou quatorze ans, mon père.

— Tu veux dire que tu ne sais pas ?

— Je suppose, mon père.

— As-tu des parents ?

— Oui, mon père.

— Comment le sais-tu ?

— Parce que frère Price me l'a dit, mon père.

— Alors pourquoi n'es-tu pas avec eux ?

— Frère Price m'a dit que c'était parce que j'étais né avant qu'ils soient mariés, mon père.

— Les as-tu déjà vus ?

— Non, mon père. Enfin, je ne crois pas.

— En es-tu sûr ?

— Non, mon père, je n'en suis pas sûr. Je sais seulement ce que les frères de Saint-Joseph me disent.

— Depuis combien de temps es-tu à Saint-Joseph ?

Bon sang, pensai-je, *quand va-t-il me laisser l'occasion de lui poser des questions à mon tour ?*

— Je suis ici depuis quatre ou cinq ans, mon père.

— Sais-tu où tu étais avant ?

— Au foyer Sainte-Philomena, à Stillorgan, dans le comté de Dublin, mon père.

— Et où iras-tu quand tu quitteras Saint-Joseph ?

— Je ne sais pas, mon père. De toute façon, je dois rester au monastère jusqu'à mes seize ans.

— Qui t'a dit cela ?

— Les grands, mon père. Ils partent tous quand ils ont seize ans. Il faudra que je parte aussi.

— Est-ce que ça te plaira ?

— Je ne sais pas trop, mon père.

Pourquoi diable me posait-il toutes ces questions ?

— Que veux-tu faire quand tu seras grand ?

Enfin une question dont j'avais envie de parler.

— J'aimerais beaucoup être prêtre, mon père.

Ma réponse parut légèrement le surprendre.

— Très bien, Michael. L'encadrement de l'école est-il au courant de ton désir ?

— Oui, mon père, certains frères sont au courant.

— Ton aumônier le sait-il ?

— Je ne crois pas, mon père. Je fais le ménage dans sa chambre presque tous les jours, mais il ne m'en a jamais parlé.

— Comment vis-tu tes prières ?

— Je suis très fervent, mon père. Je prie tout le temps, même le soir, même si je m'endors souvent en les disant.

— Sais-tu ce qu'est une vocation, Michael ?

— Oui, mon père.

— Ah oui ? Alors explique-moi ce que c'est.

Cela me rappela les récitations de catéchisme avant ma première communion.

— Une vocation est un appel de Dieu ou Jésus pour dire la messe tous les jours en souvenir de sa passion et de sa résurrection, chaque jour et pour le reste de votre vie.

— Autre chose ?

— Oui, mon père : pour entendre les confessions, pardonner les péchés et donner l'absolution.

— Tout cela est exact, Michael, mais Dieu dit également qu'il y aura beaucoup d'appelés et peu d'élus. Il peut t'appeler dans cette voie, ou non. Peut-être a-t-il d'autres projets pour toi.

J'étais abasourdi. Jamais je n'avais songé à autre chose que de devenir prêtre. Constatant mon dépit, le père essaya de me rassurer.

— Prie beaucoup, Michael, et laisse cela entre les mains de Dieu. Il sait toujours ce qui est le mieux. Tu devrais aussi consacrer du temps à la Vierge Marie. Tu veux bien faire ça pour moi ?

— Oui, mon père.

— Très bien, Michael, tu peux rentrer à Saint-Joseph pour déjeuner, maintenant. Pars avec ma bénédiction, et prie pour moi comme je prierai pour toi.

Sur ces mots, il effectua le signe de croix sur mon front – *Pater et Filius et Spiritus sanctus.*

La crosse de frère Murphy

Bien qu'il fût originaire du Kerry, un comté réputé en football, la grande passion sportive de frère Murphy était le hurling. Frère Price, originaire de Kilkenny, et frère Lane, de Cork, trouvaient tous deux cela étrange. Il passait beaucoup de temps à s'entraîner sur les terrains de l'école, et possédait toute une collection de crosses, appelées *hurley*, dont il apportait toujours trois ou quatre modèles différents sur le terrain. Les ennuis commencèrent le jour où l'une d'entre elles disparut. Il eut beau nous faire chercher partout, l'objet semblait s'être évaporé. Et cela, frère Murphy ne pouvait le tolérer. Des mois plus tard, il cherchait encore la crosse dans le fin fond des vieux cabanons. La chose tourna à l'obsession, et il se convainquit rapidement que l'un des élèves l'avait volée.

Quand il était chargé de surveiller la cour, il ordonnait aux plus grands d'aller sur les terrains de sport et de ratisser le moindre mètre carré, espérant qu'on retrouverait l'objet dans quelque fossé. Un soir, au moment du rosaire, il nous demanda de prier pour le retour de sa précieuse crosse. Nous nous regardâmes tous, n'en croyant pas nos oreilles.

— La prière est très puissante, les enfants. Elle peut faire des miracles.

Quand, au bout d'une semaine, il ne vit pas survenir le résultat escompté, il se plaignit que nous ne priions pas assez fort. Puis il en vint à la conclusion que si nos prières ne fonctionnaient pas, c'était parce que l'un d'entre nous était le voleur de crosse lui-même.

— Maudit voleur, qui que tu sois, sois certain que tu finiras par te faire attraper. Que Dieu te protège quand je découvrirai qui tu es !

Quelques semaines plus tard, il fit soudain irruption par la porte de la chapelle pour un dernier coup d'éclat. Il avança lentement vers l'autel, tête baissée, sa Bible noire serrée contre lui ; il s'arrêta devant l'autel et s'y prosterna, perdu dans une prière silencieuse. *Quel comédien !* pensai-je. Mes camarades commençaient déjà à ricaner malgré leurs efforts pour se contenir. Le frère ne releva pas. Il se redressa simplement et se tourna vers nous.

— Nous sommes rassemblés ici pour prier. La prière est très puissante envers Dieu. Il accède toujours à la requête du pécheur, quelle que soit la gravité de son crime. Il n'est pas trop tard pour se repentir, Dieu vous attend. Il ne saurait dire non à un cœur contrit. Mais, bien sûr, il faut vouloir Son pardon. Et il ne sert à rien d'avoir peur. Je serai comme Jésus ; moi aussi, je pardonnerai à celui ou ceux qui ont volé mon *hurley*. Maintenant, je vais fermer les yeux pendant cinq minutes pour donner le temps au voleur d'aller le chercher. Rien ne sera ajouté après cela. Je suis prêt à pardonner.

Sur ce, il ferma les yeux, et, les mains tendues devant lui, commença à entonner ses prières. Ce fut l'un des spectacles les plus drôles qu'il m'ait été donné de voir durant toute ma vie. En dépit du risque, nous succombâmes tous à un irrépressible fou rire collectif. Après tout, il ne pouvait pas tous nous tabasser. Il parvint à nous ignorer pendant cinq minutes d'affilée, poursuivant son incantation malgré les rires. Après quoi, ses traits passèrent subitement de la sérénité à la rage la plus folle, et il ouvrit l'un de ses yeux.

— Clemenger, tu serviras d'exemple.

Soudain, on aurait entendu une mouche voler. Une main glacée m'étreignit le cœur.

Il ferma de nouveau les yeux et retourna à ses prières. Cette fois, plus un bruit ne se faisait entendre dans la chapelle. Quelques minutes s'écoulèrent, et il s'approcha des premiers bancs pour voir si sa crosse aurait mystérieusement réapparu. Ce n'était pas le cas. Voyant qu'il s'apprêtait à reprendre la parole, je me levai et m'apprêtai à partir.

— Clemenger, reviens ici tout de suite, sale petit morveux.

— Je vais voir frère Price.

— Inutile, il ne pourra rien faire pour toi.

Je courus hors de la chapelle en claquant la porte derrière moi. Après mon départ, il dit aux autres garçons que c'était moi qui allais payer pour celui qui avait osé voler son *hurley*, qui que ce fût.

Comme à son habitude, frère Murphy ne passa pas immédiatement à l'action. Quand il voulait corriger un garçon, il lui laissait trois ou quatre semaines pour se ronger les sangs, en lui rappelant quotidiennement qu'il allait bientôt pleurer toutes les larmes de son corps. Cette interminable attente était encore pire que la raclée en elle-même, car cela signifiait que la victime ne pouvait baisser sa garde une minute, pendant des semaines. Une fois qu'il eut annoncé aux autres que j'allais servir d'exemple, le sort en était jeté. Si le passage à tabac était inévitable, je ne comptais certainement pas faire profil bas pour autant.

Le lendemain matin, pendant la communion, je le regardai droit dans les yeux en plaçant la patène tout près de sa pomme d'Adam. Après avoir fait le ménage dans la chambre du père O'Neill, je le croisai dans l'escalier. Je ne sais pas comment cela se produisit, mais il se trouva que je lui bloquais le passage.

— Vous croyez que j'ai peur de vous ? Eh bien, pas du tout. Vous voulez me frapper maintenant ? Alors allez-y, espèce de malade mental.

Je n'éprouvais plus que du mépris pour sa cruauté, et étais déterminé à lui montrer qu'à la différence de la plupart des autres, il ne m'intimidait pas.

Il plongea vers moi, mais me manqua. Je ne me laissai pas désarçonner et lui dis que je l'attendais.

— C'est ça, attends un peu, Clemenger. Je t'aurai, sale chien, ne t'en fais pas pour ça.

— Eh bien bonne chance, monsieur le malade mental.

Ébahi par mon comportement, et ne voulant pas agir dans le quartier des frères, il retourna dans sa chambre en marmonnant dans sa barbe.

Je ne lâchai rien pendant les jours suivants, sachant que la raclée de ma vie allait de toute façon me tomber dessus. Tous mes camarades pensaient que j'étais fou d'agir de la sorte, mais se régalaient de mon attitude. C'est dans la salle de télévision qu'il finit par passer à l'attaque. Un soir, je tombai nez à nez avec lui en entrant dans la pièce. Il fondit alors sur moi, et moi sur lui. Mais la lutte était inégale. J'étais très petit pour mon âge, et un ou deux coups seulement lui suffirent pour me mettre à terre. Il me décocha alors plusieurs coups de pied dans les genoux et les épaules, tandis que j'essayais de me protéger. Le coup suivant me frappa en plein dans les testicules ; la douleur fut telle que je ne parvins même plus à résister. Fou de rage, il continua encore et encore de me rosser à coups de pied, alternant avec quelques coups de poing bien sentis.

— Maintenant, mon gars, tu sais ce qui arrive à ceux qui osent me contrarier.

Il me ramassa aussi facilement qu'une feuille de papier et me poussa violemment vers l'escalier. Les garçons présents dans la salle l'implorèrent de me laisser tranquille, mais il ne pouvait plus s'arrêter. À un moment, je me retrouvai en train de tomber peu à peu dans les marches, sous une pluie de coups. Je perdis connaissance en atteignant la dernière marche. Alors seulement, il s'arrêta. Pendant ce temps, plusieurs garçons étaient partis chercher les frères Roberts et Ryan.

Je repris connaissance le jour suivant, au grand soulagement du frère supérieur – la rumeur courait que je risquais de mourir. Debout au pied de mon lit, frère Ryan fut la première personne que je vis en revenant à moi. Il me fallut un peu de temps pour prendre conscience que frère Price et frère Roberts étaient assis de chaque côté du lit, me tenant chacun une main. La douleur me saisit avec tant de force que je commençai à m'agiter violemment.

— Où as-tu mal, Michael ?

— Partout, frère Roberts, surtout du côté droit, au niveau de mes parties intimes.

Je me sentis bête de dire les mots « parties intimes » à quelqu'un qui les connaissait aussi bien que moi. Frère Price semblait pris de tremblement. Il se tourna vers son supérieur.

— Vous voyez ce qu'il a fait. Et il n'y a pas de raison pour que ce soit la dernière fois, vous le savez.

— Oui, vous avez raison, mon frère, mais le garçon est-il propre en bas ? Pour l'amour de Dieu, occupez-vous de le laver, le docteur ne va pas tarder à arriver.

Il était presque comique de voir avec quelles précautions frère Price et frère Roberts tergiversaient pour savoir lequel des deux allait me faire ma toilette « en bas ». Ils décidèrent finalement que l'un me laverait tandis que l'autre me sécherait. Probablement le frère Ryan comprit-il alors qu'il ne s'agissait pas là d'un simple échange de politesses. Il assistait à une scène bien étrange entre les deux frères les plus influents de l'école – car c'étaient eux qui supervisaient le fonctionnement quotidien de l'établissement, quand frère Ryan faisait plus figure d'homme de paille, évitant presque tout contact avec les enfants. De toute évidence, il ignorait qui j'étais et comptait donc sur les deux frères pour l'informer à mon sujet.

La porte coulissante s'ouvrit bientôt, et un homme âgé entra, escorté d'un adolescent qui parut fort surpris de me voir vivant. Frère Ryan alla accueillir l'homme, qu'il présenta ensuite aux frères Price et Roberts. Ils discutèrent quelques instants à l'écart de mon lit. La discussion semblait animée, et frère Ryan particulièrement agité. Puis, le docteur approcha de mon lit.

— Eh bien, jeune homme, voyons voir tout ça.

Il plaça une main sur mon front; j'eus un mouvement instinctif de recul.

— Ne t'inquiète pas, Michael, je ne vais pas te faire de mal.

Frère Roberts me demanda de me détendre et d'écouter le docteur.

— Dis-moi, Michael, où as-tu le plus mal?

— Aux parties intimes, monsieur.

— Inutile de me donner du « monsieur », mon garçon. Veux-tu écarter cette couverture et me montrer exactement où tu as mal?

J'hésitai, étant complètement nu dans le lit. Quand, d'une main timide, je repoussai finalement les draps, il poussa un cri d'exclamation.

— Mon Dieu, mais qu'est-ce qui s'est passé? Ce garçon est littéralement couvert de noir et de bleu. Ce n'est pas normal. Comment cela est-il arrivé?

Il questionna frère Ryan du regard, mais aucune réponse ne vint, et, naturellement, c'est vers moi qu'il se retourna.

— Michael, sais-tu comment cela est arrivé?

Je regardai les trois frères plantés autour de mon lit. Il était clair qu'ils ne voulaient pas que je dise quoi que ce soit de compromettant.

— Je crois que je suis tombé dans l'escalier.

— Est-ce que quelqu'un t'a poussé?

— Peut-être, docteur, je ne sais pas trop, je ne les ai pas vus.

— Bon, ce n'est pas grave, Michael, ne t'occupe pas de ça pour l'instant.

Il commença à m'examiner, et je vis de mes propres yeux que j'avais une grosse bosse sur le côté droit du pubis. La douleur fut intolérable lorsqu'il la toucha.

— Cette chose-là n'a rien à faire ici, quoi que ce soit. Redresse-toi un peu, Michael, assieds-toi et penche-toi en avant. Comment est cette douleur, maintenant?

— Beaucoup moins forte, docteur.

— D'accord. Rallonge-toi, mon garçon.

Il remit la couverture sur moi et se tourna vers frère Ryan.

— Il faut le faire hospitaliser pour arranger ça.

— Ce n'est pas possible.

— Et pourquoi donc?

Frère Ryan se contenta de hausser les épaules.

— Dans ce cas, n'en parlons plus. Je vais lui donner quelque chose contre la douleur en attendant, et je reviendrai le voir mercredi. Nous discuterons à ce moment-là.

« Au revoir, Michael. Je veux que tu restes au lit pendant au moins une semaine. Tu ne dois sortir du lit sous aucun prétexte, pas même pour aller aux toilettes. Tu as bien compris?

— Oui monsieur, euh, docteur. Merci.

Frère Ryan assura au médecin qu'il ferait en sorte qu'on m'apporte tous mes repas au lit.

— Ça ira comme ça pour le moment.

Le docteur m'effleura gentiment la joue puis s'éloigna du lit en compagnie de frère Ryan. Je voyais bien que le vieil homme n'était pas très content. Je suppose que frère Ryan ne voulait pas que quiconque soit au courant de ces pratiques barbares. Dans un hôpital, peut-être les questions du médecin auraient-elles exigé des réponses, réponses qui auraient considérablement nui à la réputation de l'école.

Après leur départ, les frères Price et Roberts restèrent assis sur le lit à se regarder en chiens de faïence. Frère Roberts fut le premier à parler.

— Nous devrions peut-être organiser des tours pour nous occuper de Michael. Quel horaire vous conviendrait le mieux, mon frère ?

— Le soir, plutôt, car en journée, j'ai des cours jusqu'à quatre heures, la plupart du temps.

— Très bien, faisons comme ça. Je vais aller chercher un bon repas pour Michael.

Dès qu'il fut parti, frère Price laissa parler son cœur.

— Il ne s'en sortira pas comme ça, Michael, je te le garantis. Bon sang, regarde-moi dans quel état tu es ! Dieu merci, tu n'as pas été tué ou plus gravement blessé.

— Comme Joseph Pyke, monsieur ?

— Oui, j'imagine.

Il essaya d'éviter mon regard pour dissimuler ses larmes. Soudain, il s'approcha et me serra contre lui.

— Je ferai tout ce qu'il faut, Michael, tu m'entends ? Maintenant, repose-toi. Souviens-toi que tu dois absolument rester couché pendant plusieurs jours. Je vais demander à un de tes camarades d'apporter un pot pour tes besoins. Allez, dors, je reviens tout à l'heure.

Je dormais depuis une vingtaine de minutes quand un garçon entra avec un pot de chambre et un vieux journal pour m'essuyer les fesses, en cas de besoin. Il essaya de faire de l'humour pour me détendre.

— Hé, Michael, t'as déjà essayé de te torcher avec l'*Irish Press* ? Méfie-toi, ce foutu journal glisse un maximum, et si tu ne fais pas gaffe, tu risques de te retrouver avec de la merde plein les mains et jusqu'à la moitié du dos.

La douleur m'empêcha de rire autant que je l'aurais voulu.

— Tu sais quoi ? Frère Murphy n'est pas à l'école en ce moment. Y en a qui disent qu'il est en vacances pour deux semaines. Ou peut-être qu'il ne reviendra jamais, grâce à toi.

Je craignais de m'ennuyer à mourir en restant au lit, mais je m'habituai rapidement à ce nouveau rythme. Le matin, un des grands m'apportait mon petit déjeuner sur un plateau ; malheureusement, le premier jour, la nourriture était encore pire qu'à l'accoutumée. Le porridge collait comme du mastic et s'accrochait obstinément à la cuillère, quoi que je fasse pour l'en déloger. Il était plein de grumeaux froids, et le lait y manquait cruellement. Le délice suivant était une tasse d'eau grisâtre qui ressemblait vaguement à du thé. À côté du liquide tiède se trouvait une ridicule tranche de pain, lequel était loin d'être frais.

Johnny, mon « serveur », fit une moue malicieuse devant mon dépit évident.

— Avec les compliments de frère Lane. Il t'adresse ses meilleurs vœux de rétablissement, Michael.

Une fois encore, ma douleur à l'aine m'empêcha de rire. Le frère Price passa prendre de mes nouvelles avant ses cours.

— As-tu pris un bon petit déjeuner, Michael ?

— Non, monsieur, c'était vraiment horrible. Le thé était tiède et il n'y avait qu'un tout petit bout de pain rassis.

— Ce maudit Lane !

Il quitta le dortoir sans ajouter un mot de plus.

Malgré la faim qui me tenaillait encore, j'essayai de me rendormir. C'est alors que les portes s'ouvrirent de nouveau. Je n'en crus pas mes yeux : le « meurtrier » entra dans le dortoir avec un autre plateau, talonné par le frère Price.

— Posez-le sur le lit à côté de Michael. Je m'occupe du reste.

J'osai à peine relever les yeux, et frère Lane ne jeta pas un seul regard dans ma direction. Je n'eus cependant plus jamais à me plaindre de mes repas après cet incident. Frère Price arbora un petit sourire satisfait en regardant son collègue s'éloigner.

— Tout est réglé avec frère Lane, maintenant. Il faut juste le tenir à l'œil.

Le frère Roberts me rendait visite tous les jours, après le déjeuner. La conversation, même anodine, n'était pas son fort. Il préférait généralement m'apporter des cadeaux, des friandises, des objets religieux ou des brochures que nous lisions ensemble – il me tenait alors tout contre lui. Un jour, il m'apporta un livre sur la vie du pape Jean XXIII, récemment décédé. Cela me plut beaucoup, et je le lus en entier au moins trois fois de suite. Constatant mon enthousiasme, il me prêta un autre livre, cette fois sur le pape Pie X. J'en appréciai également la lecture, mais fus quelque peu perturbé par la photo du pape défunt, gisant avec une croix entre les mains.

— Il ne faut pas que cela te trouble, Michael. Pie X est au ciel. Il n'est pas vraiment mort, il vit auprès du Christ et de sa sainte Mère au paradis. Dis-moi, si tu avais un vœu que je puisse exaucer, lequel serait-ce ?

— Je voudrais être responsable du ménage de l'autel, tout seul.

— Vraiment, ça te ferait plaisir ? Eh bien, d'accord ! Je te montrerai ce qu'il faut faire quand tu iras mieux. Allez, je te laisse dormir, maintenant.

Sur ce, il me colla une kyrielle de baisers sur les joues et sur la bouche.

Sur les coups de dix-neuf heures, le frère Price revint me voir. Il jeta un coup d'œil sur mes parties intimes et constata que la bosse était moins enflée.

— Sais-tu pourquoi tu as une boule, là ?

— Non, monsieur.

— Celle de gauche est à sa place normale, mais celle de droite n'est pas là où elle devrait être. Soit à cause du coup de pied que tu as reçu, ou de la chute dans l'escalier.

— Dois-je aller à l'hôpital, monsieur ?

— Non, Michael, je ne crois pas. Cependant, il faudra faire attention. Cela veut dire plus de sport de contact comme le football ou le hurling.

Il s'empressa d'ajouter une bonne nouvelle pour atténuer ma déception.

— Et, bien sûr, plus de marche dominicale pendant quelque temps. Ce serait trop pour toi, dans l'état où tu es actuellement. Tu ne penses pas ?

— Oh, si, monsieur.

— Mais parlons plutôt d'autre chose. Tiens, les films, par exemple. Peux-tu me dire quels sont tes films préférés ?

— C'est facile, monsieur : *Saint Joseph de Cupertino*, *La Route semée d'étoiles* avec Bing Crosby, *Le Diable à 4 heures* avec Spencer Tracey, *Casablanca* avec Humphrey Bogart, et *Le train sifflera trois fois* avec Gary Cooper.

— Eh bien, quelle mémoire des films tu as ! Maintenant, dis-moi ce que tu aimes à la télé.

— En fait, monsieur, je n'aime qu'une seule série à la télé : *Le Fugitif*. Richard Kimble se rend dans un endroit différent chaque semaine, et il fait toujours quelque chose de bien pour quelqu'un. Il est obligé de se déplacer tout le temps parce qu'un détective le poursuit pour le meurtre de sa femme. Sauf que ce n'est pas lui qui a fait ça, monsieur.

— Hmm, je ne crois pas que ce soit un très bon programme, Michael.

— Ah bon ? Pourquoi, monsieur ?

— Parce que cela peut faire croire à certains garçons que s'évader de l'école est une bonne idée. Et une fois qu'on les rattrape, il faut bien qu'on les châtie physiquement, ce qui est une mauvaise chose.

Je fus bien forcé d'approuver le frère Price sur ce coup-là. J'entendais souvent les fugueurs dire à leurs copains qu'il ne fallait pas croire tout ce qu'on voyait dans les films.

Le frère Price avait hâte que je me lève et que je me rétablisse dès que possible.

— Si tu restes trop longtemps au lit, tu risques d'oublier comment marcher. J'imagine que tu n'as pas envie de ça, n'est-ce pas ?

— Non, monsieur.

Durant la seconde semaine de ma convalescence, il s'employa à m'aider à sortir du lit pour me faire marcher un peu dans la grande salle du dortoir. Au début, je n'y parvenais qu'en m'appuyant lourdement sur lui. Mais petit à petit, j'y parvins tout seul et me sentis assez bien pour rester debout la plus grande partie de la journée. En deux semaines, j'étais redevenu valide et capable de reprendre mes missions, au grand soulagement de frère Ryan, lequel demeura inquiet à mon sujet longtemps après mon rétablissement.

Au feu !

Le frère Murphy avait abattu son jeu, c'était maintenant à mon tour. Enhardi par l'idée qu'il ne pourrait plus lever la main sur moi, je m'évertuai à l'embêter autant que je le pouvais. Quand il recevait la communion, par exemple, je plaçais toujours la patène tout près de son cou.

— Attention, Clemenger, attention, me chuchotait le père O'Neill alors que je retirais la patène sans même attendre que l'hostie ait franchi les lèvres du frère Murphy.

Lorsque je le croisais dans l'escalier, je faisais exprès de lui bloquer le passage.

— Dégage, Clemenger, espèce de sale chien, ou tu vas t'en prendre une autre.

Je le fixais alors sans mot dire, en pensant : *Essaie un peu pour voir, vieux malade mental.* Pendant l'une de ces confrontations, le frère Price sortit un jour de sa chambre, affichant un air sévère.

— Un problème, Michael ?

— Non, monsieur, frère Murphy ne fait que me parler et me traiter de sale chien.

— Vraiment ? Viens avec moi, Michael.

Je descendis l'escalier pour le suivre jusqu'au bureau du frère Ryan.

— Attends-moi ici. Je veux juste dire un mot au frère supérieur.

Quelques minutes plus tard, les frères Ryan et Price sortirent de la pièce.

— Continue ce que tu as à faire, Michael. Nous allons parler au frère Murphy.

J'ignore ce qui se passa, mais à partir de ce jour, frère Murphy m'évita scrupuleusement, de jour comme de nuit. Me sentant spolié d'une certaine manière, ma haine pour lui se déchaîna intérieurement. J'étais déterminé à prendre ma revanche. Après mûre réflexion, je décidai d'incendier sa salle de classe. La pièce regorgeait de vieux journaux, ce qui devrait me faciliter la tâche. Je fis part de mon plan à l'un de mes camarades. Il me dit que j'étais fou et fit de son mieux pour m'en dissuader, en pure perte. Le samedi matin suivant, je pris une boîte d'allumettes dans la chambre de frère Burke. Il me faudrait agir vite, car je ne pourrais pas me balader trop longtemps dans la cour en possession d'une boîte d'allumettes.

Trois jours plus tard, dans la classe de frère Murphy, je mis mon plan à exécution. Un clou dépassant d'un bureau déchira légèrement le pantalon du frère, qui se rendit derrière le tableau noir pour enlever son vêtement et le réparer. Sans attendre, je me faufilai alors au fond de la salle et toussai pour couvrir le bruit du frottement de l'allumette, que je jetai sur une pile de vieux journaux. Je constatai avec horreur que le papier ne s'enflammait pas, probablement en raison de son humidité. De la fumée commença toutefois à s'élever. Et cela suffit ; la classe entière s'écria soudain :

— Au feu, au feu !

Mes camarades et moi nous ruâmes hors de la pièce en poussant des cris stridents, laissant frère Murphy se démener comme un diable dans la fumée pour essayer de sauver ses pauvres affaires. Une ambulance arriva bientôt dans la cour et se gara sur l'espace où nous jouions aux billes. Deux hommes sautèrent du véhicule pour se précipiter à l'intérieur. La confusion la plus totale régnait maintenant dans la cour. Les frères Price, Lane, Roberts et Ryan se tenaient aux portes de l'école, faisant tout leur possible pour ramener l'ordre. Les deux ambulanciers ressortirent alors avec frère Murphy, sans son pantalon. Ils luttèrent pour le faire monter dans l'ambulance, et ce fut la toute dernière fois que nous vîmes frère Murphy.

Frère X

Il arriva à l'école dans les années soixante. Dès le premier regard, je sus que ce frère faisait partie des « mauvais ». Son sourire exagéré, exempt de toute chaleur, ne parvenait en rien à camoufler ses yeux de fourbe. C'est un frère Price visiblement assez mécontent qui présenta le nouveau frère à toute l'école.

Frère X commit l'erreur classique de mettre la charrue avant les bœufs, et essaya de nous impressionner dès son arrivée. Il adorait arpenter la cour en faisant claquer la lanière de cuir qui se balançait ostensiblement à sa ceinture. Il la caressait à intervalles réguliers, comme si elle représentait ce qu'il possédait de plus précieux. Les frères comme les élèves le considéraient comme une grande gueule, et il jouissait de peu d'estime dans la communauté.

Frère Price était maintenant le professeur principal des plus grands. Un enseignant laïque était chargé des classes de CM2, et frère X des CE2-CM1. À cette époque, le nombre d'élèves de Saint-Joseph commençait à décroître. Le dortoir du bas était maintenant fermé, ne laissant en fonction que ceux du milieu et du haut, lesquels étaient sous la responsabilité des frères Price et X.

Le nouveau frère pensait posséder une certaine autorité en musique. Il ne fallut pas bien longtemps pour qu'il empiète sur les missions de M. Cantanell. Dans ce combat entre une brute et un gentleman, il n'y avait de place que pour un seul vainqueur. Inévitablement, ce fut donc M. Cantanell qui se retira avec élégance. Frère X devint mon professeur douze mois plus tard, lorsqu'un enseignant laïque nous quitta, et l'on peut dire qu'il n'était guère brillant. Ses talents de communication faisaient pitié, et il avait une fâcheuse tendance à se répéter inlassablement. Peut-être était-il un Frère chrétien, mais en tout cas, ce n'était certainement pas un professeur digne de ce nom.

Il apportait toujours un drôle d'appareil en cours, un appareil qui jouait de la musique. Je n'en avais jamais vu auparavant, et songeai d'abord qu'il devait s'agir d'un nouveau genre de radio. En fait, c'était un magnétophone à cassettes. Il y enregistrait des chansons à la radio pour pouvoir ensuite nous apprendre à les chanter.

— Les enfants, aujourd'hui nous allons apprendre les chansons qui relatent la lutte pour notre indépendance en 1916.

Personne dans la classe ne comprenait de quoi il parlait, et il ne prit jamais la peine de l'expliquer. Quel rapport y avait-il entre la chanson et des histoires du temps jadis ? Il était incapable de relier les choses entre elles, et nous les balançait à l'état brut sans nous fournir la moindre explication, le moindre contexte. Fort heureusement pour moi, je fus vite transféré dans la classe de frère Price. En dépit des séances désagréables auxquelles j'étais toujours contraint dans sa chambre, force était d'admettre qu'il était un bien meilleur enseignant.

Au bout d'un moment, des rumeurs commencèrent à circuler, selon lesquelles frère X aimait les petits garçons d'une manière « spéciale ». Ce fut pour moi le signal d'alerte. Au début, je ne lui accordai que peu d'attention, et je n'avais heureusement guère affaire à lui. Mais il commença à se montrer extrêmement curieux quand il me croisait dans le quartier des frères, me demandant ce que je faisais ici. Les frères Price et Roberts ne tardèrent pas à lui dire que cela ne le regardait pas. Frère Price, en particulier, se montra très contrarié par les questions du frère X. La chambre de celui-ci jouxtait la sienne, ce qui ennuyait considérablement le frère Price, car cela signifiait que son nouveau confrère serait au courant de toutes mes allées et venues. Un soir, frère Price me dit qu'au moindre problème avec X, je devais immédiatement venir lui en parler pour qu'il règle la situation. Je lui promis de le faire.

Un jour où frère X était de surveillance dans la cour, je me faufilai dans sa chambre pour voir ce que je pourrais y apprendre à son sujet. De toute évidence, il aimait se laver et sentir bon ; sa table de toilette comportait une multitude de flacons d'après-rasage et pas moins de cinq ou six savons différents. Quel luxe ! J'y trouvai également plusieurs peignes, brosses, ainsi qu'une sorte de crème pour les cheveux. Aucune chaussette sale ne traînait par terre, aucun cendrier débordant ou attirail religieux n'était en vue dans la pièce. Sa chambre était impeccable. Le lit était parfaitement fait, et trois ou quatre chemises reposaient avec majesté sur des cintres dans sa penderie. Sur son casier se trouvait une sélection de photos de lui et de sa famille. Il était bien trop propre et rangé à mon goût, et je ne fus donc guère surpris en entendant ces rumeurs. Ce qui m'étonna davantage, en revanche, c'était qu'il eût l'arrogance de s'en prendre au favori des frères Price et Roberts – moi.

Cela se passa un jour où frère Price avait dû s'absenter de Saint-Joseph, laissant frère X le remplacer en classe. De façon tout à fait inattendue, pendant le cours, il posa ses mains sur mon cou et mes épaules, et les y laissa un moment. Je n'arrivais pas à y croire. Lorsqu'il s'éloigna enfin, un de mes camarades me chuchota :

— Waouh, Michael, je crois que tu lui as tapé dans l'œil.

Je ne sais pas si frère X l'entendit. Les ennuis se confirmèrent quand, à la fin du cours, il me demanda de rester en classe. Je tentai de sortir malgré tout, mais il me bloqua le passage.

— Tu n'as pas entendu ce que je t'ai dit, Michael Clemenger ?

— Si, monsieur, mais il faut que j'aille aux toilettes.

— Allons. Reste ici et laisse tes camarades sortir.

Les autres garçons passèrent devant moi, probablement soulagés de ne pas être à ma place, et je me retrouvai seul avec lui. Ils savaient aussi bien que moi ce qui allait se produire.

— Dis-moi, Michael, que fais-tu donc dans la chambre de frère Price et de frère Roberts, le soir ?

— Je ne vois pas de quoi vous parlez, monsieur.

— Allons, mon garçon, ne fais pas l'innocent.

— Monsieur, si vous voulez le savoir, c'est à eux que vous devriez le demander.

Il me posa alors sans détour la question qui lui brûlait les lèvres.

— Ils abusent de toi, n'est-ce pas ?

— Oh, non, monsieur ! Bien sûr que non.

Je sentis le rouge me monter aux joues.

— Posez-leur donc la question, monsieur. Ils vous le diront eux-mêmes. Ils ne me font rien de spécial.

Je vis clairement ce qu'il se passait : plus je niais, plus ma voix vacillait, et plus cela l'excitait. Je me sentis piégé.

— Est-ce que cela t'a plu quand j'ai posé mes mains sur ton cou et sur tes épaules, tout à l'heure ?

— Non, monsieur, cela m'a fait peur.

— Ah oui ? Et as-tu peur aussi quand frère Price ou frère Roberts posent leurs mains sur toi ?

— Posez-leur la question, monsieur.

— Non, mon garçon, c'est à toi que je la pose.

— Je n'ai rien à dire, monsieur.

— Les frères t'ont-ils demandé de ne rien dire, Michael ? C'est ça ?

Je gardai la tête baissée et fixai le sol. Il avança alors vers moi et essaya de saisir mes bras, mais je fus plus rapide. Je m'éloignai de lui en courant tandis qu'il s'efforçait de me rattraper.

— Ne bouge pas, tu m'entends ?

Je continuai de courir dans la salle de classe et criai aussi fort que possible :

— Je le dirai à frère Price !

Il me rattrapa au moment où j'atteignais la porte. Il m'attira alors contre lui et essaya de m'embrasser, mais je refusai de coopérer et le repoussai de mon mieux.

— Arrête de bouger, petit morveux !

Lorsqu'il comprit enfin qu'il ne parviendrait pas à ses fins, il m'assena quelques coups de ceinture sur les flancs et sur les jambes.

— Tu es une vraie petite lopette, Clemenger, hein? Avise-toi de parler de ça à frère Price, et je te garantis que tu le regretteras.

Il ouvrit la porte, et je détalai. Je ne m'arrêtai de courir qu'en arrivant devant la porte de frère Roberts. Celui-ci parut très choqué et très fâché que frère X ait l'audace de s'en prendre à son favori. Il m'assura qu'il arrangerait cela avec lui au moment opportun.

Ce ne fut pas du tout la même histoire lorsque frère Price rentra et apprit ce qui s'était passé. Il m'emmena avec lui sur-le-champ et débarqua sans frapper dans la chambre de frère X. Surpris, celui-ci joua la carte de la colère face à cette intrusion. Frère Price l'ignora, m'ordonna de m'asseoir sur le lit, et, pendant une dizaine de minutes, je le regardai passer un savon mémorable à frère X. Quand il eut terminé, celui-ci semblait au bord des larmes. Il était assis sur le radiateur, tête baissée. Frère Price lui annonça qu'il allait devoir déménager au bout du couloir, car il ne supporterait pas de dormir dans son voisinage. Il le prévint également que si cela venait à se reproduire, frère Ryan en serait immédiatement informé. Pour finir, il déclara qu'il partait avec moi à la cantine des frères pour prendre le thé, et qu'il espérait ne pas être dérangé.

— Je comprends parfaitement, frère Price.

J'appréciai particulièrement mon thé et mes gâteaux ce soir-là. Les jours suivants, je fis en sorte que l'histoire circule au maximum. À partir de là, de nombreux garçons n'eurent plus aussi peur de frère X, et je n'eus plus le moindre souci avec lui.

La mort de frère Breen

Frère Breen avait pris sa retraite d'enseignant en 1963. Lors de mes courses en ville, je le voyais souvent marcher de son pas vif. Il me saluait toujours d'un sourire poli, et semblait être en pleine santé. Mais soudain, en avril 1965, il s'effondra dans la rue pendant l'une de ses promenades et dut être emmené d'urgence à l'hôpital Bon Secours. Frère Price nous convia tous à la chapelle afin de prier pour son rétablissement. Apparemment, ce n'était pas trop grave ; les nouvelles étaient bonnes, et chacun s'attendait à ce qu'il soit vite rentré.

Le choc fut donc intense quand, quelques jours plus tard, pendant la messe, le père O'Neill informa toute la communauté du décès brutal du frère Breen, sur les coups de six heures du matin. Personne n'arrivait à le croire. J'effectuai les gestes de la messe dans une sorte d'hébétude. Pendant le petit déjeuner, je vis que beaucoup de garçons semblaient bouleversés. Nous nous retrouvâmes ensuite dans la cour pour échanger les souvenirs qui nous reliaient à frère Breen. Bien qu'aimant le contact physique, il avait toujours été très correct et gentil avec moi ; il avait même été la première personne à me dire que j'étais intelligent.

Frère Price se chargea de l'organisation des obsèques, du côté des frères comme des élèves.

— Bien, rassemblez-vous ici, les enfants. Il me faut six porteurs pour le cercueil du frère Breen pendant les funérailles.

Il parlait un langage qui m'échappait quelque peu : porteur, funérailles ? Ces termes étaient nouveaux pour moi comme pour beaucoup d'autres garçons. Les plus grands, eux, les connaissaient depuis la mort de Joseph Pyke en 1958. Aucun volontaire ne se manifestant, le frère Price haussa le ton pour annoncer qu'il allait choisir les porteurs lui-même. N'étant pas très grand, je me cachai derrière des camarades plus costauds.

— Inutile de te cacher, Michael. J'ai besoin de toi pour la messe. Montre-toi.

Sur ce, il nomma rapidement cinq autres garçons.

— Bon, allez vous laver et enfilez vos plus beaux vêtements. Nous irons ensuite à l'hôpital lui rendre une dernière visite.

Je me demandai quelle en était la raison, étant donné qu'il était déjà mort et ne remarquerait donc pas notre présence à ses côtés.

Aux alentours de onze heures, nous nous mîmes en route pour la ville et l'hôpital Bon Secours, où nous fûmes rejoints par le frère Ryan, le père O'Neill et la révérende mère, qui dirigeait aussi l'hôpital. Au moment d'entrer dans la salle, je fus pris d'un accès de panique.

— Je ne veux pas y aller, monsieur. S'il vous plaît, j'ai trop peur.

Le frère Price serra ma main et me dit que tout irait bien, qu'il resterait près de moi. L'atmosphère se figea dans la pièce quand nous découvrîmes le frère Breen allongé sur le lit, tout gonflé. Son visage avait la couleur de l'étole du père O'Neill et ses mains étaient blanches comme neige. Visiblement éprouvés, les autres garçons ne purent contenir leurs larmes. Des prières étaient dites en telle quantité que l'âme de frère Breen devait déjà être arrivée au paradis, pensai-je.

— Tu peux toucher ses mains si tu le souhaites, Michael.

Ce que je fis, d'un geste hésitant. Sa peau était très douce, quoique froide comme de la glace. Deux jolis chapelets s'entremêlaient entre ses doigts. Une odeur forte et piquante émanait du corps et s'incrusta dans mes narines pour y rester des semaines après l'enterrement du pauvre homme. Nous récitâmes le rosaire avec le père O'Neill, puis on nous pria de faire nos adieux. Lorsque nous rentrerions ce soir-là, le frère Breen serait dans son cercueil et nous ne le reverrions plus. J'effectuai le signe de croix sur ses mains, et fus ébahi de constater que sa montre noire était encore à son poignet. Pourquoi frère Breen portait-il une montre s'il était mort ? En rentrant à l'école, je posai la question au frère Price, mais il ne me répondit pas.

Aux environs de dix-sept heures trente, après un léger souper, nous retournâmes à l'hôpital – les six garçons, frère Price et frère X. Là, nous patientâmes devant l'entrée principale. C'était une belle fin de journée, et j'entendais les oiseaux chanter au loin. Le père O'Neill arriva dans une voiture noire avec les frères Ryan et Roberts, et passa devant nous. Puis une cloche retentit, les portes s'ouvrirent et une procession dirigée par le père O'Neill s'engagea dans le hall.

— Tenez-vous prêts, les garçons, mettez-vous en ligne de chaque côté. Michael, mets-toi devant.

C'était la première fois que je voyais un cercueil. De jolies poignées de laiton étaient fixées sur les côtés, et une petite croix blanche ainsi qu'une plaque avec le nom et la date de naissance de frère Breen en ornaient la partie supérieure. J'effectuai un rapide calcul : frère Breen avait soixante-huit ans. On plaça le cercueil dans un corbillard noir rutilant, et la porte arrière se referma sur lui. Des fleurs furent déposées sur le haut du véhicule. Nous prîmes nos places de chaque côté de la voiture et avançâmes lentement sur la route.

Le lendemain matin, le cercueil était dans la chapelle.

— Michael, tu aideras le père O'Neill pendant la messe et au cimetière.

Je ne me rappelle plus qui me dit cela. Juste avant la messe, le frère et la sœur de Breen arrivèrent. Son frère était son portrait craché, quoique plus jeune et plus mince. Je ne me souviens pas de sa sœur, à part du fait qu'elle paraissait plus âgée que ses frères.

Un groupe d'élèves plus conséquent fut autorisé à assister aux funérailles dans le cimetière de Rath. Pendant la traversée de la ville, les gens s'agglutinaient sur les trottoirs, se signant frénétiquement à notre passage en murmurant des prières. Le trajet se déroula sans encombre, et je trouvai même une pièce de trois pennies sur la route. *Des bonbons pour le retour*, pensai-je. Arrivé près de la tombe, je m'approchai du cercueil avec le père O'Neill. Ce n'est qu'alors que l'énormité de la mort me saisit soudain. Un frisson glacé me parcourut l'échine. Le père O'Neill déclama ses prières pendant que le cercueil était descendu dans la terre froide. Le frère et la sœur essuyèrent leurs larmes et l'assemblée leur fit écho tandis qu'il me semblait entendre le tic-tac de la montre noire du frère Breen. Puis le père O'Neill se pencha pour ramasser une petite motte de terre. Il la jeta sur le cercueil, fit un signe de croix, répandit un peu d'eau bénite sur la tombe, et ce fut fini.

Le père O'Neill, frère Ryan et ses pairs défilèrent tour à tour pour serrer la main de la famille du frère Breen. Le frère Price annonça alors aux garçons qu'il était temps de retourner à l'école.

— Michael connaît le chemin.

Nous passâmes par le magasin le plus proche, où je dépensai ma pièce de trois pennies en friandises. La morosité s'abattit sur Saint-Joseph pendant tout le week-end. Mes camarades ne parlèrent guère de la mort de frère Breen, mais je suis sûr que je n'étais pas le seul à me poser des questions. Les frères Price et Roberts répondraient aux miennes… Mais qui allait répondre aux leurs ?

La mort de frère Breen m'affecta pendant des mois. Pour tout dire, elle tourna presque à l'obsession. Ma foi en était profondément ébranlée. La consolation de Jésus semblait dérisoire dans cette terre froide que j'avais aperçue.

— Tu réfléchis trop, Michael.

Tel était le refrain que me servaient les frères Price et Roberts chaque fois que je remettais le sujet sur le tapis. J'avais alors quatorze ans, et je commençais à perdre la confiance et l'innocence propres à l'enfance. J'avais tout un chapelet de questions pour Dieu et Jésus. Et j'étais de moins en moins enclin à simplement *croire*, comme on me le demandait. Plus j'en apprenais sur Dieu, moins j'avais de certitudes. Les frères n'avaient pas de réponses à me fournir, et je pouvais à peine approcher ce vieux schnock de père O'Neill. C'est donc en moi que je devrais trouver les réponses à mes questions. Quel était le but de mon existence ? Où irais-je lorsque je mourrais ? Pourquoi devais-je être bon, éviter la tentation et m'abstenir de pécher ? Quel était le rôle de la Sainte Vierge dans ma vie ? On disait qu'elle était la mère de l'Église, mais elle n'était pas une mère pour moi. Plus je pensais à ces choses, plus la colère montait en moi.

Les frères se comportaient envers nous avec une profonde cruauté, à la fois physiquement et sexuellement. Pourquoi s'exonéraient-ils de ces principes si Dieu pouvait les voir ? Pourquoi la police ne croyait-elle pas les fugueurs qui leur faisaient part des abus commis ? Pourquoi Dieu ne venait-il pas à notre secours ? Où était le Dieu qui proclamait « laissez venir à moi les petits enfants » ? Tout cela me faisait enrager. Le père O'Neill nous parlait souvent des hypocrites, les pharisiens de l'Évangile, qui avaient provoqué la colère de Dieu avec le cas de l'épouse adultère. Je commençai à croire que le père O'Neill était lui aussi un hypocrite, dans la mesure où il était parfaitement au courant des sévices sexuels et physiques que nous subissions, sans rien faire contre cela.

De mon point de vue, le père O'Neill, comme Dieu, préféraient fermer les yeux sur nos souffrances. Peut-être frère Breen et Joseph Pyke étaient-ils finalement les plus chanceux, désormais libérés de la peur et de la souffrance.

Comment pouvais-je devenir prêtre avec tous ces questionnements ? Dieu voudrait-il de quelqu'un qui entretenait une telle colère intérieure ? Je n'essayais pas de la lui dissimuler. Je passais de longs moments devant le Saint-Sacrement, ouvrant mon cœur à Jésus, mais je ne reçus jamais la moindre consolation, malgré l'ardeur de mes prières. Je repartais souvent de ces visites encore plus confus qu'à mon arrivée. Dans mon désarroi, je me rendais alors près de la statue de la Vierge, et je branchais la prise électrique pour illuminer la couronne sur sa tête. Dans la pénombre du soir, entre mes larmes, j'imaginais alors qu'elle me souriait. Cela ne suffisait pourtant pas à me réconforter.

Finalement, peut-être tout cela n'était-il qu'une vaste blague, et Dieu n'existait pas. Je n'aimais guère cette idée, qui rendait le monde insupportable de solitude. Je me glissais parfois dans le jardin des frères, en quête de réponses. Là, je sentais ma foi se consolider un peu ; le contact avec la nature me rendait ma conviction de l'existence de Dieu. Oui, la nature me réconciliait avec la possibilité d'un Père tout-puissant. J'avais simplement l'impression que Dieu s'occupait davantage des fleurs et des arbres que des êtres humains.

Si frère Breen était mort à l'âge de soixante-huit ans, cela signifiait que je pouvais vivre cinquante-trois ans de plus. Mais à quoi bon si ma vie était toujours aussi misérable ? Peut-être serait-il préférable de mourir à trente-trois ans, comme le Christ sur la croix. Au moins ne commettrais-je pas autant de péchés mortels que si je vivais jusqu'à soixante-huit ans.

La vie, la mort, la religion et le sens de tout cela me donnaient des maux de tête. Après tout, les frères Price et Roberts avaient peut-être raison.

— Tu penses trop, Michael, ça ne fait que te rendre malheureux.

Frère Lane contre-attaque

Après la raclée du frère Murphy, je fus exempté de la marche dominicale avec Lane, ce qui le rendit furieux. Il parvint cependant à me coincer un dimanche, juste après le déjeuner.

— Allez, Clemenger, petit morveux, en route avec les autres !

— Mais, monsieur… ?

— Je me fiche de ce qu'on a pu te dire, mets-toi en route ou tu vas te prendre un bon coup de pied dans le cul !

Au bout de quelques kilomètres de marche, j'éternuai soudain et mon testicule bougea brutalement dans mon aine. Je tombai sur la route en hurlant de douleur.

— Relève-toi tout de suite ou tu vas tâter de mes bottes, Clemenger.

— Je ne peux pas, monsieur, j'ai trop mal.

Il hésita un instant, ne sachant trop que faire.

— S'il vous plaît, monsieur, laissez-moi avec un de mes camarades. Ça ira mieux dans peu de temps.

— Comment oses-tu me dire ce que j'ai à faire ?

— Pardon, monsieur.

Ne pouvant pas se permettre de m'abandonner sur le bord de la route, il appela un garçon et lui demanda de me porter sur son dos.

— Mais monsieur, il est trop lourd.

Allons, pensai-je, *avec ce qu'ils me donnent à manger, je tiendrais facilement dans ta poche.* Un autre garçon, Pat, avança alors. Son lit était voisin du mien dans le dortoir, et il était toujours gentil avec moi.

— Je vais le porter, monsieur, ça ne me dérange pas.

— Très bien, alors ramasse-le. On ne va pas passer la journée à gémir autour de ce petit morveux.

Sur ce, Pat se pencha et m'installa précautionneusement sur son dos.

— Désolé si je suis lourd, Pat.

— Ne t'en fais pas, Michael, tu ne pèses rien. Les meules de foin pour le bétail sont bien plus lourdes que toi.

Je dus m'endormir sur le dos de Pat, car en rouvrant les yeux, je me retrouvai dans la cour de l'école avec les autres garçons. Pat demanda à frère Lane ce qu'il devait faire de moi.

— Emmène-le au lit, je suppose. Mais toi, ne t'avise pas de me refaire ce coup-là, Clemenger.

Arrivés au dortoir, je remerciai Pat pour sa gentillesse.

— Oh, ce n'était rien. Tu veux que je t'apporte ton souper ?

— Ne prends pas ce risque, Pat, je ne veux pas que tu te prennes une raclée à cause de moi. Peux-tu plutôt essayer de faire passer un message au frère Price ? Mais sois prudent, le « meurtrier » a des espions dans les parages.

— Je sais, Michael, tous ces connards ont leurs espions.

Une demi-heure plus tard, la porte du dortoir s'ouvrit brusquement et frère Price se rua vers moi.

— Michael, Michael, tu es réveillé ?

— Oui, monsieur.

Il écarta les draps et vérifia la taille de la grosseur sur mon aine.

— Allonge-toi sur le côté droit, Michael, et remonte tes jambes contre ton ventre. Ça apaisera la douleur. Maintenant repose-toi, je reviendrai avec un plateau-repas dans une heure.

Vers huit heures et quart, peu avant le coucher des autres garçons, frère Price revint avec une théière, des scones, de la confiture et une pomme sur un plateau.

— Assieds-toi et mange ça avant que les autres arrivent. Comment te sens-tu, maintenant ?

— Un peu mieux, merci, monsieur.

— Frère Lane ne t'aime pas beaucoup, on dirait. Sais-tu pourquoi ?

— Il pense que je suis votre chouchou, monsieur.

— C'est la vérité. Mais qu'est-ce que ça peut lui faire ?

— Je ne sais pas, monsieur.

— Ne t'en fais pas, Michael, je m'occupe de frère Lane. Si jamais il lève la main sur toi, ce sera la toute dernière fois, tu as ma parole.

Quand toutes les lumières furent éteintes, je lançai ma pomme à Pat.

— Tiens, Pat, c'est pour toi. Merci de m'avoir aidé.

Je me tournai sur le côté et m'endormis, conscient que frère Lane ne tarderait pas à riposter, et très bientôt.

Adieu, frère Lane

C'était un samedi matin de l'été 1965, et Cliff Richard chantait « *We're all going on a summer holiday* » à la radio. Frère Lane aimait avoir son poste avec lui pendant les repas, afin de pouvoir écouter les nouvelles. Je trouvai la chanson très entraînante et, assis à la table du réfectoire, je m'imaginais en train de danser sur ses accords. Je tournai alors la tête et commis la grave erreur de croiser le regard du frère Lane. Il explosa littéralement de rage.

— Ça suffit, Clemenger, cette fois, c'en est trop.

J'étais assis à quelques mètres de lui. Il sauta de sa chaise haute, m'attrapa et m'entraîna à travers le réfectoire en proférant des menaces obscènes. Je restai sidéré par la vitesse de son attaque.

— Je vous en prie, excusez-moi, monsieur. Qu'est-ce que j'ai fait de mal ?

Nous passâmes par la cuisine, où frère Lane rugit à quelques garçons de s'écarter de son chemin – lesquels détalèrent sans demander leur reste. Il s'arrêta au « donjon », une toute petite pièce aux murs dénudés, meublée seulement d'une caisse à thé et d'un bâton de bambou.

— Déshabille-toi et penche-toi sur la caisse, Clemenger. Tu vas te prendre la pire raclée de ta vie.

Ça fait longtemps que tu l'attends, eh bien, ton heure est venue.

— Non, monsieur, je n'enlèverai pas mes habits. Vous le regretterez quand frère Price reviendra.

Mon « protecteur » était en effet absent pour le week-end.

— Désobéissance délibérée, maintenant, Clemenger ? Y a-t-il autre chose que tu voudras dire à frère Price ?

Sans attendre de réponse, il empoigna mes vêtements et les déchira. Il me jeta alors sur la caisse de bois et commença à me cogner de toutes ses forces.

— Tiens tes fesses ouvertes, espèce de chien galeux.

À l'aide du bâton de bambou, il entreprit alors de couvrir mes fesses de toutes les nuances de rouge. De temps à autre, il frappait violemment sur mon anus, m'envoyant des éclairs de douleur fulgurants dans tout le corps. Il tenta même d'y planter le bâton à plusieurs reprises. Le passage à tabac dura encore cinq bonnes minutes. Quand la douleur atteint un certain stade, elle ne possède plus la même intensité. La dernière chose dont je me souvienne avant de perdre connaissance, c'est que je portais encore mes chaussettes.

J'ignore combien de temps je restai inconscient, mais on me rapporta ensuite qu'une fois son sale boulot terminé, le frère Lane était revenu au réfectoire et avait repris son poste comme si de rien n'était. Une demi-heure plus tard, il ordonna à quelques élèves d'aller nettoyer les lieux. C'est dans mon lit que je repris conscience, le corps ravagé par la douleur. Un de mes camarades essayait de me ramener à moi.

— Michael, tu m'entends ?

J'ouvris les yeux et le regardai. Il écarta les couvertures.

— Nom de Dieu ! T'as du sang partout, Michael, sur ton cul, sur tes jambes, et plein de boursouflures ! Qu'est-ce que je dois faire ? J'appelle un des frères ? Je crois que ça vaudrait mieux, tu dégoulines de sang.

— Essaie de trouver frère Roberts.

Dix minutes plus tard, le frère Roberts arriva dans le dortoir en compagnie du frère Ryan, lequel renvoya le messager dans la cour avec instruction de se taire. Le frère Roberts écarta les draps. Les deux hommes eurent un mouvement de recul en constatant l'étendue du saignement et le nombre d'hématomes. Frère Roberts était visiblement bouleversé, et frère Ryan totalement livide.

— Ça ne peut pas continuer comme ça. Il finira par tuer quelqu'un, un de ces jours.

Frère Ryan se pencha au-dessus de moi et me prit la main.

— Tu n'as vraiment pas eu de chance avec toutes ces corrections, dernièrement, Michael. À ton avis, à quoi est-ce dû ?

— Je ne sais pas. Je n'ai rien fait à frère Lane pour qu'il me frappe comme ça. Honnêtement, monsieur.

— Très bien, Michael. Frère Roberts, nettoyez-le. Tu iras mieux dans quelques jours, ne t'en fais pas. La bonne nouvelle, c'est que tu n'auras même pas besoin de voir le docteur. Gardez-le alité pour la semaine, mon frère, je reviendrai bientôt prendre de ses nouvelles.

Inutile de préciser qu'il ne me revit que bien plus tard, alors que j'étais déjà rétabli.

Muni d'une bassine d'eau chaude, de gaze et de serviettes, le frère Roberts entreprit de nettoyer le sang qui maculait mes jambes et mes fesses. Il fit traîner l'opération en longueur, mais je n'en attendais pas moins de sa part. Lorsqu'il eut fini, il saupoudra de talc tout l'arrière de mon corps et me frotta délicatement. Je suppose qu'il y prit un certain plaisir, mais j'avais trop mal pour m'en soucier.

— Dors, maintenant, Michael. Je vais te faire apporter tes repas.

Il se pencha au-dessus de moi et commença à m'embrasser et à me sucer les lèvres.

— S'il vous plaît, monsieur… j'ai très mal.

— D'accord, Michael, rendors-toi. Je reviendrai te voir plus tard.

Frère Price rentra aux alentours de cinq heures le dimanche soir. Lorsqu'il entendit ce qui s'était passé, il monta directement à mon dortoir et inspecta scrupuleusement les dégâts. Remarquant la présence de talc, il me demanda qui me l'avait appliqué, puis hocha la tête comme s'il apprenait quelque chose de nouveau.

— Ce n'est pas terminé, Michael. Mais je ne ferai rien avant que tu sois rétabli.

Une semaine plus tard, j'étais de nouveau sur pied, quoiqu'encore meurtri. Frère Price vint me voir dans la cour.

— Michael, quand tu iras chercher le journal du soir, je veux que tu me l'apportes dans la salle de télévision des frères.

Le moment venu, je frappai timidement à la porte, le journal en main.

— Entrez !

Quatre personnes étaient présentes dans la salle. Le père O'Neill se trouvait sur ma gauche lorsque je franchis la porte, et fit semblant de dormir en me voyant. À ma droite, il y avait frère Roberts, qui semblait un peu nerveux. Et juste en face de la télévision était assis frère Lane. Il dit alors quelque chose que je n'entendis pas, mais qui éjecta littéralement le frère Price de sa chaise et le fit s'avancer vers le frère Lane d'un air menaçant.

— Alors comme ça, mon frère, vous aimez cogner sur les petits garçons. Aimeriez-vous essayer sur quelqu'un de votre taille, pour changer ?

Je trouvai la remarque amusante, étant donné que frère Lane faisait bien une tête de moins que frère Price.

— Apporte-moi mon journal, Michael.

Je passai devant le père O'Neill, désormais bien réveillé et pleinement conscient de ce qui se passait. Frère Lane ne pouvait se lever de sa chaise, car frère Price lui bloquait le passage. Derrière eux, le père O'Neill essaya de calmer la situation.

— Mes frères, je vous en prie ! Tout cela est parfaitement inutile, surtout devant ce garçon.

Mais les dés étaient jetés, et frère Price ne comptait pas faire marche arrière.

— S'il vous plaît, mon père, restez en dehors de tout ça. C'est entre lui et moi.

Frère Roberts demeurait silencieux dans son coin.

— Qu'avez-vous à dire pour votre défense, maintenant, frère Lane ? Je vous avais prévenu que si vous frappiez Michael Clemenger, il serait le dernier à qui vous feriez subir ce genre de traitement dans cette école.

Une partie de moi voulait que frère Price casse la gueule du « meurtrier », mais pas devant ce mouchard de père O'Neill. Le prêtre demanda à frère Price de se calmer, lequel fit semblant de ne pas l'entendre. Il se leva alors en déclarant qu'il allait chercher le frère Ryan.

Quelques minutes plus tard, frère Ryan déboula dans la pièce et se mit à crier sur les frères Lane et Price.

— Non, mais vous avez perdu la tête, tous les deux ? Michael Clemenger, sors d'ici et ne parle de cet incident à personne ou tu auras affaire à moi. Allez, va-t-en.

Sachant qui faisait vraiment la loi, je regardai frère Price, qui approuva d'un hochement de tête. Ce soir-là, ce fut frère Roberts qui assura la surveillance du souper.

Je ne revis pas frère Lane pendant plusieurs jours, jusqu'au moment où il annonça à tous les élèves qu'il quittait Saint-Joseph. L'acclamation fut telle que je crus que le toit du réfectoire allait se soulever. Aucun élève ne connut jamais la raison officielle du départ de frère Lane, mais ils furent nombreux à suspecter que cela avait un rapport avec les sévices que j'avais subis.

La répercussion pour moi fut la réaction du père O'Neill, qui s'était lié d'amitié avec le frère Lane. Dès lors, il se montra ouvertement hostile à mon égard et commença à se plaindre de mon travail au frère Roberts. Celui-ci, toutefois, n'en avait rien à faire.

— Il ne s'est jamais plaint de toi avant. C'est uniquement à cause du départ de frère Lane qu'il fait cela.

Leur amitié me surprit. Frère Lane n'était pas un homme particulièrement religieux, et je me demandais ce qu'ils pouvaient bien avoir en commun. La principale conséquence de cette hostilité nouvelle fut qu'il n'y avait plus de restes pour moi sur le plateau matinal du père O'Neill. Mais être débarrassé du « meurtrier » en valait bien le coup.

Frère Z

De nouveaux frères intégraient régulièrement l'école. Lorsque le frère Z arriva, je m'aperçus rapidement qu'il était d'un tempérament assez proche de celui du frère Lane, à ceci près qu'il était capable de contenir sa rancune bien plus longtemps, et pouvait de ce fait procurer un faux sentiment de sécurité à sa proie. C'était un homme grand, insaisissable, au visage criblé d'acné. Et à la différence du frère Lane, il souhaitait réellement se faire apprécier des garçons.

Il débarqua à Saint-Joseph à un moment où le nombre d'élèves chutait considérablement. En dépit de cette baisse, la nourriture ne s'améliorait pas, que ce soit en quantité ou en qualité. Un jour, lors d'un déjeuner si mauvais que des chiens l'auraient probablement délaissé, je me levai de table et m'en plaignis ouvertement. À cette époque, je jouissais d'un certain prestige auprès de mes camarades, ce qui m'enhardit probablement à exprimer mes doléances, surtout face à un nouveau frère.

Il fut d'abord ébahi par une telle audace, particulièrement de la part d'un gringalet comme moi, mais reprit vite sa contenance.

— Va dans le coin et reste face au mur, Clemenger. Les autres, continuez de manger.

J'avoue que j'étais moi-même étonné de cet accès de bravoure – ou de bêtise –, et je savais que frère Z ne le laisserait pas passer. Il ne se passa rien pendant trois jours. Lors des repas, il me contraignait simplement à rester debout devant le mur, sans rien à manger. Certains de mes camarades me faisaient passer en cachette des tranches de pain et du lait en bouteilles. Le quatrième soir, dans la salle de télévision, il me demanda de venir m'asseoir près de lui et fit semblant d'être gentil avec moi. Quand soudain, au moment où je m'y attendais le moins, il me décocha un coup de poing qui m'atteignit sur le côté du cou. Je tombai à terre, où je reçus quelques coups de plus dans le postérieur et au niveau de la gorge.

— Ça t'apprendra à te plaindre, espèce de sale morveux.

Bien entendu, le frère Price fut informé de cette correction, eut quelques mots avec le frère Z, et je n'eus dès lors plus de problèmes avec lui.

Je me demandais combien de temps encore le frère Price allait pouvoir me protéger de ces brutes. Quelque chose se tramait, un changement couvait, j'en étais presque certain. Dans sa chambre, le soir, frère Price semblait s'accrocher à moi comme s'il se préparait à me quitter. Mon intuition se révéla exacte dans les mois qui suivirent.

Frère Price quitte Saint-Joseph

Si je savais qu'un jour le frère Price quitterait Saint-Joseph, j'espérais seulement que cela se produirait à peu près au moment où je partirais moi-même. Des frères arrivaient et repartaient régulièrement. Les plus jeunes y restaient habituellement de trois à cinq années. Je ne pourrai jamais dire que j'aimais particulièrement frère Price, mais il m'avait été d'une aide considérable pour survivre dans un environnement qui détraquait beaucoup de jeunes garçons. L'homme n'était pas facile à cerner, en raison des multiples facettes de sa personnalité. Il était parfois capable d'actes magnanimes. Un jour, par exemple, il m'appela dans la cour et me dit de me rendre au bureau de frère Ryan pour lui demander de me donner une livre. Le frère supérieur me donna la pièce sans me poser de question. Lorsque je l'apportai à frère Price, il me proposa d'aller au magasin et d'acheter des bâtonnets de glace pour tous les garçons. Je revins bientôt avec une boîte contenant deux cent quarante glaces, qui coûtaient un penny chacune. Une fois la distribution effectuée, il constata qu'il lui en manquait encore quarante-deux ; il me renvoya donc chez frère Ryan demander cinq shillings supplémentaires. Lorsque je revins avec les quarante-deux bâtonnets nécessaires, frère Price me dit de garder la monnaie. Il pouvait donc se montrer très gentil à certains moments.

Cela dit, les jours de mauvaise humeur, il pouvait aussi être impitoyable. Un soir, il me surprit allongé sur l'herbe du terrain de jeux, en train de sucer mon pouce.

— Clemenger, viens ici immédiatement. Il me semble que tu es un peu grand pour sucer ton pouce.

Sur ce, il m'emmena jusqu'à la bouse de vache la plus proche et y plongea mon pouce.

— Vas-y, suce ton pouce maintenant.

Je cessai donc de m'adonner à cette pratique quand il était dans les parages.

C'est les larmes aux yeux qu'il m'annonça son départ imminent de Saint-Joseph. Approchant de la date de mes seize ans, je n'étais pas trop inquiet des conséquences de son départ. Au moins les frères Murphy et Lane étaient-ils partis depuis longtemps.

— Ça ira pour toi, maintenant, Michael. Tu es en âge de te débrouiller.

J'aurais pu me sentir abandonné, triste ou apeuré, mais ce ne fut pas le cas. Parce que je n'avais plus besoin de sa protection. J'avais passé l'âge. Après six années de « bons soins », on aurait pu croire que je m'étais attaché à lui, d'une manière ou d'une autre ; mais non. Il est très difficile d'aimer quelqu'un dont on a peur. Ma relation avec lui et frère Roberts n'avait été qu'un jeu bien trop grave. Ils prenaient ce qu'ils voulaient de moi, et je jouais de leur affection en échange. Je faisais ce qu'il fallait pour assurer ma survie. Leurs « sentiments » pour moi m'assuraient certes une vie plus facile que pour la plupart des autres élèves, mais au bout du compte, ils m'agressaient quand même.

Frère Price ouvrit un tiroir, en sortit sa pipe préférée et me la tendit.

— Garde-la en souvenir.

Je me demandai ce que j'allais bien pouvoir faire de ça. Par chance, un garçon proposa de me l'acheter après le départ de frère Price, pour la somme mirifique de six billes. Au cours de cette dernière semaine, le frère se présenta tous les jours à l'atelier du tailleur pour me regarder pendant une heure d'affilée. Je parierais que M. Quinlan n'appréciait guère sa présence, pas plus que les autres garçons.

Le dernier soir, il me fit venir dans sa chambre. Après le rituel sexuel habituel, il me demanda de m'habiller et m'emmena à la cantine des frères pour prendre un thé avec des gâteaux. Je ne savais pas quoi lui dire ; j'avais juste envie qu'il s'en aille. Enfin, il me serra une dernière fois dans ses bras avec maladresse, et je partis me coucher. Lorsque je me levai pour la messe le lendemain matin, il était parti. J'étais content. Son départ avait un peu trop traîné en longueur à mon goût. Frère Roberts craignait que je ne réagisse mal au départ de son confrère, et se montra fort soulagé en constatant que cela ne m'affectait pas.

— Ne t'inquiète pas, Michael, moi, je ne pars pas.

Cela dut me rassurer malgré tout. Personne ne vint remplacer frère Price. Le nombre d'élèves étant tombé en dessous de la centaine lorsque je partis, en janvier 1967, frère X réalisa enfin son ambition de devenir le garde-chiourme numéro un.

Certes, pensai-je, *frère X pourra sûrement gérer une centaine de garçons, mais il n'y serait jamais parvenu avec trois cents de plus, ce que frère Price faisait à mon arrivée, huit ans auparavant.*

Frère Price m'avait fait subir des choses qu'aucun enfant ne devrait jamais connaître ; mais je ne pouvais m'empêcher de l'admirer en tant qu'enseignant.

Enfin seize ans

Le premier novembre 1966, j'eus seize ans. Frère Ryan m'appela dans son bureau pour m'informer que je quitterais Saint-Joseph après Noël.

— Va voir le père O'Neill dans sa chambre à seize heures trente, ajouta-t-il. Il veut te parler.

Cela me parut curieux, car le prêtre évitait d'avoir affaire à moi depuis l'incident avec le frère Lane.

Je frappai à sa porte à seize heures trente précises. Je fus prié d'entrer mais pas de m'asseoir, et restai donc debout près de la porte. Il m'adressa alors la parole sans me regarder.

— Dis-moi, jeune homme, qui sont tes parents?

Surpris par cette question, je lui répondis que je ne savais quasiment rien sur eux.

— Allons, allons, tu as bien quelques informations.

— Je ne sais que ce que frère Price m'en a dit.

— Frère Price, oui, oui… Et que t'a donc dit l'estimé frère Price?

— Il m'a dit que mes parents n'avaient pas attendu d'être mariés avant de m'avoir, mon père. Il m'a également appris que j'avais été baptisé dans une paroisse voisine, Saint-Nicolas-de-Myre, sur Francis Street à Dublin.

— Mm-mm. Sais-tu ce que cela signifie?

— Non, mon père.

— Dis-moi, mon garçon, pourquoi tes camarades t'appellent-ils « mon père » dans la cour ?

— Parce qu'ils savent que je veux devenir prêtre.

— Est-ce exact ?

— Oui, mon père.

Il se pencha alors en avant sur sa chaise, et, rassemblant tout le venin qu'il avait en lui, m'annonça la nouvelle suivante avec une délectation évidente :

— Eh bien non, Clemenger, tu ne seras jamais prêtre. Tu veux que je te dise pourquoi ? Parce que tu es un bâtard, un fruit du péché. Voilà pourquoi.

Il prononça le mot « bâtard » avec un tel mépris que je compris que ce devait être quelque chose de mauvais.

— Que signifie « bâtard », mon père ? On dirait que c'est un gros mot. Est-ce le cas ?

— Non, ce n'est pas un gros mot en soi, mais ce qu'il signifie est un problème pour toi. C'est la raison pour laquelle tu ne deviendras jamais prêtre. Tout est là. Alors ôte-toi donc ces chimères de la tête. Ce n'est pas possible. Tu ne seras jamais prêtre.

Sa mission accomplie, il s'adossa de nouveau dans sa chaise. Des mois plus tard, je songeai que cette conversation était la chose la plus blessante que j'aie jamais vécue. C'était bien pire que les raclées des frères Lane et Murphy. Dieu, que ce prêtre était un homme cruel ! Je commençais enfin à le voir tel qu'il était. Indubitablement, bien qu'il portât l'habit, prononçât la messe et entendît les confessions, le père O'Neill avait depuis longtemps cessé de vivre en accord avec les principes de sa vocation. Ce n'était pas tant ses mots qui me blessèrent – bien que j'en fusse totalement dévasté – que la brutalité avec laquelle il les avait assenés. Je le considérai comme un homme aux idéaux brisés, qui s'abandonnait à sa passion pour la nourriture, le vin et la méchanceté, en attendant que le rideau tombe sur sa vie de mensonges. Son but avec moi n'était que de jubiler sur le dos de ma naissance malheureuse et de casser le rêve qu'il avait un jour connu, lui aussi. J'eus le sentiment que sa colère était dirigée contre moi juste parce que je lui rappelais l'humilité et la confiance en Dieu qu'il avait dû ressentir autrefois.

— Maintenant, sors de ma chambre, et que je n'entende plus jamais parler de ces bêtises. Ne fais pas de bruit en fermant la porte derrière toi.

Je me rendis immédiatement à la chapelle et pleurai devant le Saint-Sacrement pendant presque une heure. À dix-huit heures, mes camarades me rejoignirent pour le rosaire. Je passai une nuit blanche, dévoré de questionnements.

Je continuai de faire le ménage dans la chambre du père O'Neill et d'officier pendant ses messes. Nous ne revînmes jamais sur le sujet. Pour tout dire, je n'eus plus jamais le moindre échange avec le prêtre jusqu'au jour de mon départ, quelques mois plus tard.

10 janvier 1967

— Mon bon, mon beau garçon, que vais-je devenir sans toi, Michael ?

Je n'avais rien à répondre au frère Roberts, et, à ce stade, malgré ses abus répétés sur moi, je me sentais plutôt désolé pour lui qu'autre chose. Après tout, il avait fait de son mieux pour me faciliter la vie, et il ne m'avait jamais découragé dans mon désir de devenir prêtre. Les derniers temps, il était devenu un homme fragile et maladif, bien moins vigoureux et vibrant que lorsque je l'avais rencontré. Malgré tout, il prenait toujours farouchement ma défense lorsque le père O'Neill se plaignait de mon travail.

C'est lui qui vint me trouver dans la cour pour me dire d'aller rassembler mes affaires – non sans un dernier arrêt préalable à la confiserie. Là, il m'acheta un assortiment de bonbons et fourra sa langue dans ma gorge une ultime fois, tout en s'efforçant de garder sa contenance. Je ne l'avais jamais vu pleurer auparavant.

— Allez, file au dortoir et prépare tes affaires.

Je passai devant mes camarades qui jouaient dans la cour. Nous échangeâmes des regards, mais aucun au revoir ne fut prononcé. Je traversai le dortoir des plus petits en me remémorant la terreur de ma première nuit ici. Tous les lits étaient vides, dorénavant. Je me demandai où étaient leurs précédents occupants. Avaient-ils survécu au monde cruel qui les attendait derrière ces murs ? Dans le dortoir des moyens, de vieilles chaussures étaient abandonnées sous des lits désormais inutilisés. De la poussière flottait dans un rayon de soleil paresseux. Aucune trace ne subsistait du travail éreintant qui avait été fourni pendant des années pour maintenir l'endroit propre et rangé. Seules quelques araignées endormies dans leur toile occupaient maintenant les lieux. Dans le dortoir des grands, le seul à être encore en fonction, je songeai à tous les pleurs, à tous les coups qui avaient résonné ici. J'arrivai enfin devant mon lit. Mon usine à rêves depuis cinq ans. Combien de temps avais-je passé allongé là, démoli dans ma chair par les assauts des uns et des autres ? Combien de fois m'avait-on extirpé de ce lit pour soulager les pulsions de ceux-là mêmes qui étaient censés me protéger ?

En face de mon lit, dans un isolement splendide, était accroché le grand portrait de saint Dominique de Savio. J'avais passé des heures à contempler cette image en essayant d'établir une connexion avec le saint. De mon point de vue, il avait un regard plutôt antipathique, et ses yeux semblaient lire en moi, surtout quand j'avais de mauvaises pensées ou quand j'osais me livrer au péché sous le déferlement des hormones, caché sous mes couvertures. Je rassemblai mes maigres affaires, les jetai dans une petite valise, et quittai la pièce après un dernier regard.

Je me rendis à la chapelle et profitai de ce que personne ne s'y trouvait pour avancer jusqu'à l'autel, enhardi par ma colère intérieure. Je pensai avec amertume que les premières graines de ma vocation avaient été semées à cet endroit. Jésus, qui était censé être vivant dans le tabernacle, serait-il capable de mesurer l'ampleur de ma colère et de réagir en me foudroyant sur place ? À ce moment-là, j'en avais par-dessus la tête de ce soi-disant fils de Dieu et de son histoire de « laissez venir à moi les petits enfants ». Par chance, Il préféra rester caché. Dans le cas contraire, Il aurait eu droit à une belle bordée d'injures de ma part. Je ne daignai même pas jeter un regard à la Vierge Marie. Bon sang, pensai-je, quel idiot j'ai été de croire que l'un d'entre eux pourrait m'aimer, quoi que cela puisse signifier.

Je ne pouvais pas partir sans déverser ma colère sur quelqu'un ; et pouvais-je pour cela trouver meilleure cible que cette espèce de monstre rigide et condescendant, vautré dans son lit en train de bercer ses petites maladies ? Je décidai de lui rendre une visite d'adieu. J'empruntai le couloir et passai devant les chambres vides des frères Breen, Price, Burke, Lane et Murphy. Une rafale de souvenirs s'abattit sur moi avec une telle violence qu'ils alimentèrent encore plus ma rage. Arrivé devant la porte du prêtre, je me dispensai de frapper et l'ouvris brutalement, sans m'annoncer.

— Non, mais qu'est-ce que c'est que cette impertinence ?

— La ferme ! Le « bâtard » est venu te dire qu'il part de l'école dans quelques minutes. Mais je tenais d'abord à te dire que je pense que tu es un prêtre de merde.

Le choc lui ôta tout moyen de se lever ou même de répondre. J'en profitai donc pour continuer.

— Tu appelles ça un prêtre, toi ? Qu'est-ce que tu as fait pour arrêter les passages à tabac et les viols qui se déroulaient presque sous tes yeux, hein ?

Il fit semblant de ne pas comprendre de quoi je parlais, ce qui ne fit qu'augmenter ma fureur.

— Clemenger, veux-tu bien quitter immédiatement ma chambre ?

Je lançai un coup de pied dans son lit, claquai la porte de la penderie et lui dis que je ne partirais que lorsque j'en aurais terminé. Il retira ses lunettes, l'air démuni. Coincé par son corps malade, il ne put rien faire d'autre que répéter :

— S'il te plaît, va-t-en, va-t-en.

Je n'éprouvai aucune pitié.

— Ta gueule ! Dis-toi bien que ce « bâtard » ferait un prêtre mille fois meilleur que ce que tu as pu être. Pourquoi crois-tu que les gamins ont arrêté de te parler des sévices sexuels qu'ils ont subis entre les mains des frères ? Tu ne vois pas, non ? Eh bien, je vais te le dire : parce que tu rapportais aux frères tout ce qu'ils disaient, et que les pauvres gosses se récoltaient des raclées supplémentaires pour avoir cafté ! Alors, père O'Neill, quel est le prêtre digne de ce nom qui ferait ça ?

Il semblait sur le point de faire une crise cardiaque.

— Ne t'en fais pas, je m'en vais, maintenant. Mais je ne t'oublierai pas, ni toi ni les frères et tout ce qu'ils ont fait à des enfants innocents entre ces murs.

Il parut légèrement soulagé, mais je vis que j'avais visé dans le mille et qu'il avait enfin été confronté à la vérité. J'espérais que mes mots résonneraient dans ses oreilles jusqu'à la fin de ses jours, lui rappelant le rôle qu'il avait joué dans la maltraitance de tous ces enfants. Pour paraphraser Jésus : les petits enfants étaient venus à lui, mais il les avait alors accusés de mensonge. L'inertie de ce prêtre avait donné le feu vert aux frères, qui s'étaient sentis libres d'assouvir leurs fantasmes avec nous. Je lançai un nouveau coup de pied dans le lit et claquai encore une fois la porte de la penderie avant de quitter cette chambre pour toujours.

Je marchai en direction du bureau du frère Ryan, mais celui-ci avait dû entendre mes cris, et nous tombâmes l'un sur l'autre dans l'escalier.

— Clemenger, au nom du ciel, peux-tu me dire ce qui se passe ici ?

— Ah, vous, ne commencez pas à me servir votre blabla habituel, hein ! J'étais avec le père O'Neill, en train de lui dire ses quatre vérités, comme toutes les raclées et les viols qu'il aurait pu empêcher s'il l'avait voulu.

Frère Ryan se figea sur place. Je crus un instant qu'il allait me frapper. Je le regardai droit dans les yeux, le défiant de tenter quoi que ce soit. Il m'implora alors de baisser d'un ton.

— Ton nouvel employeur est là.

Il se dirigea vers le parloir, en ouvrit la porte et s'adressa à la femme austère qui y patientait.

— Désolé pour tout ce raffut. Voici le garçon qui travaillera pour vous. Il s'appelle Michael Clemenger.

Il n'y eut pas davantage de présentations. Au vu de leur familiarité, je présumai qu'elle avait déjà dû embaucher d'autres garçons d'ici avant moi. En outre, frère Ryan avait bien trop hâte que je débarrasse le plancher. La démarche rigide, il nous accompagna jusqu'à la porte d'entrée et adressa un signe d'au revoir nerveux à la femme. Celle-ci sembla hésiter une seconde, mais la porte se referma sèchement derrière nous. J'imaginai frère Ryan courir dans la chambre du père O'Neill pour voir s'il était encore vivant. En avançant sur l'allée de graviers aux côtés de ma patronne muette, je me rappelai le moment où j'avais emprunté le même chemin, huit ans plus tôt, perché sur les épaules du frère Price.

Deuxième partie

Seul au monde

Seul au monde

Rien, au monastère, ne m'avait préparé à cette nouvelle étape. Je n'avais jamais eu à me soucier de gagner ma vie auparavant, de gérer de l'argent ou d'établir des relations avec des inconnus. Dès le début, en tout cas, j'étais fermement décidé à ce que plus personne ne me traite de la façon dont on m'avait traité jusqu'ici. Je n'étais donc pas dans les meilleures dispositions envers ma première patronne. Dans la voiture, elle se comporta comme si j'étais un article qu'elle venait d'acheter et dont elle pouvait disposer à sa guise. Je ne tardai pas à lui signaler que je n'étais pas une chiffe molle ; elle ne sembla guère apprécier que j'aie l'audace de lui parler, et encore plus de la regarder droit dans les yeux. De toute évidence, elle n'attendait pas grand-chose de positif de moi, et j'allais m'employer à ne pas la décevoir. Si elle avait déjà décidé que je serais nul, vu l'endroit d'où je sortais, eh bien, j'allais l'être. Elle s'arrêta devant un petit hôtel et me désigna l'entrée d'un geste.

— Tu vois cette porte, mon garçon ?

— S'il vous plaît, ne m'appelez pas « mon garçon ».

— En tout cas, je ne veux jamais te voir passer par là.

— Pourquoi ? C'est une porte comme une autre.

— Tu n'as pas l'air de comprendre. Écoute quand je te parle.

Sur ces mots, elle continua sa route jusqu'à l'arrière de l'hôtel.

— Voici la seule porte que tu devras emprunter.

Elle sortit de la voiture, claqua la portière et entra dans la cuisine. Voyant que je ne la suivais pas, elle ressortit, l'air agacé.

— Eh bien, tu viens, oui ou non?

Je ne bougeai pas d'un pouce. Elle ouvrit la portière côté passager.

— J'espère que tu ne vas pas me donner de fil à retordre.

— Est-ce ainsi que vous traitez tout votre personnel?

Écumant de rage, elle retourna d'un pas vif vers la cuisine. Je restai dans la voiture, déterminé à ne pas lui faciliter la tâche. Quelques minutes plus tard, elle en sortit de nouveau pour me dire qu'elle venait de téléphoner au frère Ryan. Voyant que cela ne m'impressionnait pas, elle décida de changer de ton.

— Allez, entre, Michael. Prenons donc un thé avant que tu te mettes au travail.

Satisfait d'être arrivé à mes fins, je m'empressai de sortir et la suivis dans la cuisine. Il y faisait incroyablement chaud. Après m'avoir servi du thé et une tranche de pain avec du jambon, elle me tendit un couteau et m'emmena vers une baignoire près de la porte de la cuisine. Cette baignoire était très similaire en taille à celle que je devais partager tous les mercredis avec le frère Roberts. Quelle étrange association d'idées pour un premier jour de travail. Mais à ma grande surprise, celle-ci était remplie de pommes de terre.

— Je veux que toutes ces pommes de terre soient épluchées pour six heures moins le quart ce soir.

La pendule accrochée au mur indiquait alors quinze heures vingt-cinq. Incrédule, je ris et lui répondis que cela ne me paraissait pas possible. Elle quitta la pièce sans plus de commentaire. Je pris alors une chaise et la plaçai près de la baignoire.

— Ne t'assois pas ; ça va la foutre en rogne.

Je regardai derrière moi et vis une petite femme qui m'observait avec étonnement.

— Es-tu un moniot ?

— Oui, pourquoi ?

— Oh, c'est juste qu'en général, ils ne font pas long feu ici. Ils n'ont pas l'habitude de travailler dur.

Elle s'éloigna avant que j'aie le temps de répondre. Le fait de savoir qu'on exploitait les moniots renforça ma détermination à tout saboter. Aux alentours de seize heures trente, la patronne revint en cuisine. Après s'être brièvement adressé aux autres employés, elle fonça sur moi.

— Tu n'avances pas beaucoup, on dirait ?

Sans un mot, je la dévisageai et lui tendis mon éplucheur. Elle resta coite quelques instants.

— Mary, viens nous donner un coup de main avec ces patates.

Elles finirent par être toutes épluchées et prêtes pour la fête qui avait lieu à l'hôtel ce soir-là. La patronne m'évita tout le reste de la soirée. Mary me mit en garde :

— Sois prudent avec elle. Elle s'est débarrassée des autres gars, elle n'hésitera pas à faire pareil avec toi.

— Ne t'en fais pas, Mary, c'est moi qui partirai avant qu'elle ait l'occasion de me mettre dehors.

Plusieurs des autres filles se montrèrent très gentilles avec moi, et l'une d'entre elles me servit un excellent dîner sur les coups de vingt heures. L'hôtel grouillait de monde. De temps en temps, je jetais un œil par la porte donnant sur la salle de bal quand les serveuses allaient et venaient. Je passai toute la soirée à laver la vaisselle. Le bruit des gens qui s'amusaient à côté renforça mon sentiment de provenir d'une autre planète, et d'être à tout jamais un outsider.

Vers une heure et demie du matin, le calme revint progressivement. Les invités rentrèrent chez eux, et, après avoir fait le ménage, le personnel en fit de même. Mary (qui était à la plonge avec moi) resta un peu, le temps d'un thé et d'une cigarette. Elle adorait fumer.

— Combien de temps es-tu resté au monastère ?

— Est-ce que tu y es déjà allée ?

— Non, tu es fou ou quoi ? Pour rien au monde je ne mettrais les pieds là-bas. Ça me fout trop les pétoches. Si tu savais les histoires que j'ai entendues à ce sujet, tu n'y croirais pas.

— À mon avis, tu n'as pas idée de la moitié de ce qui s'y passe, Mary.

Elle se tortilla sur place, redoutant peut-être que je lui en livre quelques exemples.

— Il faut que j'aille me coucher, maintenant. À demain, Michael.

Il était trois heures moins dix du matin. Mary partie, je me retrouvai seul dans la cuisine, ne sachant que faire de ma peau. N'étant pas habitué à veiller si tard, je m'assis sur une chaise, complètement épuisé.

J'entendis soudain la porte s'ouvrir derrière moi. Ma patronne faisait le tour de l'établissement pour verrouiller les portes et éteindre les lumières. Elle poussa un cri en me voyant.

— Oh, tu es là, toi ! Il faut que je te trouve un endroit où dormir. Viens avec moi.

Je la suivis en haut d'un escalier, puis nous franchîmes quelques portes. Elle fit halte devant l'une d'entre elles et l'ouvrit.

— Voilà, tu peux dormir ici.

C'était une minuscule salle de bains, et ma patronne semblait me désigner une planche de bois brut qui recouvrait la baignoire.

— C'est une plaisanterie ? Vous ne croyez tout de même pas que je vais dormir là-dessus ?

— Très bien. Fais comme tu veux.

Sur ce, elle tourna les talons. Je n'avais d'autre choix que de refermer la porte et m'allonger sur la planche.

Je m'éveillai vers dix heures et demie le lendemain matin, tout endolori. Je rencontrai le gardien dans la cuisine. Il se présenta et me prépara un excellent petit déjeuner.

— J'ai entendu dire que tu t'étais pris le bec avec la patronne, hier. C'est vrai ?

— Plutôt, oui, mais ce n'est rien par rapport à ce que je vais devoir dire à cette salope aujourd'hui.

— Je t'en prie, surveille ton langage. Je déteste entendre les jeunes gens parler comme ça.

— Vous savez où j'ai dormi, cette nuit ?

— Oui, c'est là que tous les moniots ont dormi avant toi.

— Et vous trouvez ça normal ? Vous vous formalisez d'un mauvais langage, et pas de ça ?

— Eh bien, c'est avec elle que tu devras en discuter, je le crains.

— Comptez sur moi.

La patronne débarqua dans la cuisine peu après midi, copieusement arrosée d'eau bénite après la messe. Je suis sûr qu'elle ne mentionnait pas à Jésus la façon dont elle traitait les moniots. Avant même qu'elle eut le temps d'ouvrir la bouche, je lui sautai dessus sans lésiner sur mon vocabulaire.

— Je vous préviens, je ne passerai pas un jour de plus ici. Il est hors de question que je dorme dans une salle de bains sans matelas, oreiller ni couvertures. Vous me prenez vraiment pour un con, ou quoi ?

Le ton monta, à tel point que les autres employés accoururent, craignant que je ne la frappe.

— Ça a peut-être marché avec les autres moniots, mais ça ne marchera pas avec moi. Mettez-vous bien ça dans le crâne.

— D'accord, d'accord, mais baisse d'un ton, s'il te plaît.

Elle se tourna alors vers le gardien et lui demanda de mettre un matelas, des couvertures, des draps et un oreiller dans la salle de bains. Au cours des semaines suivantes, elle essaya encore de m'intimider, mais en vain. Une de mes missions était de lessiver les murs de l'hôtel. Je ne le faisais jamais assez bien à son goût, et, pour être honnête, je dois dire que je ne me foulais pas. Pour me venger, j'attendais de la voir arriver avec des invités, au moment où elle entrait ou sortait par l'entrée principale de l'hôtel, et j'empruntais alors ostensiblement la grande porte qu'elle m'avait interdite.

Un deuxième avis

Le rythme de travail était soutenu. Je commençais à sept heures tous les matins et finissais à six heures du soir, sans jour de congé. Il n'y avait pas grand-chose à faire en soirée ; soit j'allais marcher sur Castleisland Road, soit je lisais un livre. Et je ruminais de plus en plus les paroles du père O'Neill, selon lesquelles mon statut de bâtard m'empêcherait de devenir prêtre. Un soir, je décidai de solliciter un deuxième avis à ce sujet, et me rendis à la paroisse afin de discuter avec le prêtre. Lorsque j'arrivai au presbytère, on m'indiqua qu'il était sorti ; sous une pluie battante, je me dirigeai alors vers la cathédrale Saint-John pour l'attendre. De nombreuses femmes avaient pris place dans l'église, attendant la messe du jeudi soir. Je m'assis au fond, au moment même où un vieux prêtre avançait vers l'autel.

Après la messe, je demandai à ce curé s'il savait quand le prêtre de la paroisse serait de retour.

— Je suis le curé de cette paroisse. Puis-je t'aider ?

— Oui, mon père, je l'espère.

Il m'invita à le suivre au presbytère. Lorsque nous fûmes installés dans le parloir, je me présentai et lui expliquai que j'avais très envie de devenir prêtre.

— Tiens, je ne connais pas le nom de « Clemenger ». Qui est ta famille ? Je croyais connaître toutes celles de ma paroisse.

— Je ne connais pas ma famille, mon père. J'ai été élevé à l'école technique Saint-Joseph.

Il parut un peu surpris.

— J'ai un problème, mon père, et je me demandais si vous pourriez m'aider. Le père O'Neill, l'aumônier de l'école, m'a dit que je ne pouvais pas devenir prêtre parce que j'étais un bâtard. Est-ce exact ?

Il s'adossa à sa chaise, l'air dérouté. Probablement l'emploi du mot « bâtard » l'avait-il choqué ; il se gratta la tête et se tortilla sur son siège, mal à l'aise.

— Oh, je vois. Je connais bien le père O'Neill, c'est un bon ami à moi. Eh bien, mon fils, je ne sais pas trop comment répondre à cette question.

— C'est pourtant tout ce que je veux savoir, mon père. Le fait d'être un bâtard m'empêche-t-il vraiment de devenir prêtre ?

Il essaya de contourner le sujet en me posant des questions sur les Frères chrétiens. Je suis sûr qu'il ne s'attendait pas à recevoir une réponse aussi franche et directe que celle que je lui fis.

— Eh bien, mon père, j'ai subi de nombreux sévices physiques et sexuels de la part des frères.

— Combien de temps es-tu resté là-bas ?

— De 1959 jusqu'au mois dernier.

Je voyais bien qu'il faisait de son mieux pour essayer de se sortir d'une situation très inconfortable.

— Et où es-tu, maintenant ?

— Je travaille dans un hôtel, comme commis de cuisine.

— Est-ce que ça te plaît ?

— Non, mon père, mon employeur ne me traite pas très bien. Je travaille énormément et l'on me fait dormir sur une planche dans une salle de bains.

— Vraiment ?

— Écoutez, mon père, je veux juste savoir si je peux devenir prêtre ou non.

— Dis-moi, mon fils, es-tu encore en contact avec les gens de Saint-Joseph ?

— Non, mon père.

— C'est bien. Tu devrais essayer d'oublier tout ce qui s'est passé et te concentrer sur l'avenir.

Il semblait pressé de mettre un terme à notre conversation.

— Mais qu'en est-il de mon souhait de devenir prêtre, mon père ?

— Laisse cela à Dieu, mon fils. Laisse les choses entre les mains de Dieu et prie. As-tu reçu une bonne éducation ?

— Seulement jusqu'au niveau collège, mon père.

— Eh bien, je t'ai dit tout ce que j'avais à te dire : laisse les choses telles qu'elles sont pour le moment.

Sur ce, il se leva et m'invita à sortir. Il pleuvait toujours beaucoup, et il me donna un parapluie plié dans un coin, près de la porte.

— Au revoir, mon fils. Prends soin de toi, et que Dieu te garde.

La porte se referma alors derrière moi. Si l'homme n'était pas aussi brutal que le père O'Neill, je sentis que son message était pourtant le même. J'accrochai son parapluie à la poignée de la porte et marchai lentement jusqu'à l'hôtel, remarquant à peine les trombes d'eau qui s'abattaient sur moi.

Le mois suivant, j'annonçai à ma patronne que j'en avais assez de ce travail et que je partais. Elle me demanda de rester, arguant que j'aurais toutes les peines du monde à me faire embaucher ailleurs sans références. Elle téléphona également à l'école pour les informer que je quittais l'hôtel. Je retournai donc à Saint-Joseph avec huit livres en poche, après un mois de travail. Cela peut paraître étrange de revenir ainsi à la source de mon malheur, mais je n'avais nul autre endroit où aller. Et j'étais heureux de ne pas avoir donné à cette femme la satisfaction de me virer, comme elle l'avait fait avec tous les autres moniots.

Frère Ryan m'attendait à Saint-Joseph. Je pensais le trouver dans une certaine rage, mais il se montra tout à fait poli.

— Je suis désolé pour toi que ça n'ait pas fonctionné, Michael.

Je l'interrompis pour lui dire qu'elle me traitait comme un chien et me faisait dormir sur une planche au-dessus d'une baignoire.

— Viens donc t'asseoir au salon, Michael. Je t'ai trouvé un nouvel emploi dans un hôtel de Listowel. Mais ce sera ta dernière chance, n'oublie pas. Si ça ne marche pas, tu seras livré à toi-même. Je m'en laverai les mains. Tu comprends ?

Je ne lui répondis pas. Vingt minutes plus tard, j'étais en route pour Listowel avec mon nouvel employeur, un homme agréable d'une cinquantaine d'années. Je devrais être gardien de l'hôtel, et passai tout le trajet à écouter la longue liste de mes responsabilités.

Je démissionnai trois jours plus tard. L'une de mes tâches consistait en effet à monter tous les matins de lourds seaux de charbon sur trois étages, ce qui m'était quasiment impossible avec mon problème à l'aine. Aux environs de onze heures, le troisième jour, je me rendis dans le bureau du patron, où il était assis avec sa femme.

— J'arrête. Ce n'est pas un employé qu'il vous faut pour porter le charbon dans cet escalier, c'est un âne.

Ils me dévisagèrent avec stupéfaction. Je quittai l'hôtel et remontai la rue pour jeter un œil au pub de John B. Keanes. Je n'avais pas la moindre idée de qui il était, mais j'avais entendu dire à l'hôtel qu'il était célèbre. Je revins ensuite à Tralee sur les coups de dix-sept heures, sans projet, sans argent, et sans la moindre idée de ce que j'allais faire une heure plus tard. Là, j'entrai dans un café et commandai un repas en me demandant où j'allais bien pouvoir dormir le soir même.

Après avoir mangé, j'allai m'asseoir à l'église Saint-John. Mon désarroi ne fit que s'aggraver en voyant des mères entrer dans l'église avec leurs enfants pour leur montrer les bougies. Les yeux des petits brillaient d'émerveillement quand leur mère les soulevait pour qu'ils puissent admirer les cierges allumés. Comme j'enviais la sécurité de leur existence, les mains attentionnées qui prenaient garde à ce qu'ils ne tombent pas, les étreintes et les baisers échangés ! Je me sentis affreusement seul. Je repensai alors à ma confirmation, faite dans cette même église, et à la conviction que j'avais eue ce jour-là d'être seul pour toujours. Elle se révélait tristement exacte. Je penchai la tête pour dissimuler mes larmes pendant que les femmes et les enfants passaient dans l'allée, jusqu'à ce que leurs rires s'évanouissent.

Il devait être merveilleux d'avoir un foyer, un lieu à soi, de savoir que quelqu'un se souciait de votre bien-être et travaillait dur pour vous aider à réaliser vos rêves. Forts de leur instruction, ces enfants pourraient faire des études pour devenir ce qu'ils voulaient être : prêtre, médecin, professeur, que sais-je encore ? Alors que moi, je savais désormais que je ne pourrais pas devenir prêtre, ce qui avait été mon seul rêve. Alors, vraiment, à quoi bon vivre ? L'air me manqua soudain, et je sortis de l'église pour marcher dans le petit cimetière où quelques curés reposaient sous l'herbe verte.

Je lus les pierres tombales et enviai leurs occupants. Ces hommes avaient servi Dieu en tant que prêtres, ils avaient accompli leur rêve de dire la messe et de recueillir les confessions. Après avoir servi Dieu sur terre, ils étaient maintenant assis à Sa droite et savouraient leur récompense céleste. Quel jeu pourri on m'avait distribué à la naissance ! Seigneur, pourquoi m'avez-Vous fait venir sur terre ? Je n'ai pas demandé à naître, ni à être maltraité et violé. D'après le père O'Neill, Vous pouvez tout voir, alors pourquoi leur avez-Vous permis d'abuser de moi et des autres garçons ? Pourquoi ne les avez-Vous pas châtiés ?

En outre, je ne pouvais m'empêcher de penser que la personne qui sait ce qui se passe et ne dit rien est encore pire que l'agresseur. Oh, comme je détestais Dieu en cet instant !

Je pris alors la décision de mettre un terme à tout cela dans le lieu même où j'avais enduré toutes ces souffrances, Saint-Joseph. C'est un bien étrange sentiment que celui de décider de mettre fin à ses jours. Un grand calme m'envahit soudain, réduisant au silence le tumulte qui s'agitait dans ma tête. Avant d'aller à l'école, je voulus me rendre en ville pour prendre un dernier repas. Il me restait quelques sous en poche, et j'appréciais ma liberté toute neuve de pouvoir entrer dans un café et commander un plat digne de ce nom.

Il y avait beaucoup de monde dans le restaurant, dont beaucoup de jeunes bruyants, des couples en pleines manœuvres de séduction et des groupes de filles hilares. Des personnes plus âgées, au front plissé, contemplaient leur tasse de thé avec un air lugubre. Je me sentis soulagé à l'idée de ne jamais devenir aussi vieux, grisonnant, obligé de porter des lunettes ou de boiter sur une béquille. Un des gros avantages de mourir jeune, pensai-je, était de ne pas avoir à subir de railleries sur votre calvitie ou votre dentier, comme les frères Breen et Roberts. Mais comment allais-je me tuer ? *Ne t'en fais pas*, murmura une voix dans ma tête, *on trouvera le moyen, le moment venu.*

En prenant le chemin de l'école, je me remémorai les fois où j'avais arpenté ces rues, plein d'espoir pour l'avenir, ne doutant pas qu'un jour je reviendrais à Saint-Joseph en tant que prêtre pour y célébrer ma première messe. Mais ce soir-là, cet ultime trajet n'était plus que désespoir et fureur. J'arrivai dans la cour du monastère aux alentours de vingt et une heures.

Il était singulier de retrouver ces odeurs et ces bruits familiers. Les quelques élèves qui restaient étaient dans le dortoir, s'apprêtant à se coucher. Je me dirigeai vers le terrain de handball, plein d'amertume à l'idée d'avoir survécu à ces huit ans pour rien. Je jetai un œil du côté de l'allée où se trouvaient les tombes des frères et sentis un frisson me parcourir. À quoi avait-il servi que je vienne au monde, tout simplement ? Les nonnes se fichaient bien de moi, les frères aussi, et maintenant, j'en faisais de même à mon tour. C'en était presque comique.

Arrivé au milieu de la cour, je regardai une dernière fois autour de moi avant de m'approcher d'une fenêtre, de la briser et de frotter mon poignet sur le verre tranchant. Le sang se mit à couler et je m'assis pour attendre que la mort vienne me prendre. Ma vie défila comme un film dans ma tête. Je vis les visages de Jimmy, de la révérende mère, et de la grande femme au chignon qui avait emmené mon ami. Les frères Price et Roberts vinrent se pencher sur moi, tour à tour. Derrière des masques grotesques, les frères Lane, Murphy et Z ricanaient en me regardant.

« Tu n'arriveras jamais à rien, sale petit morveux. »

Les mots du père O'Neill résonnèrent dans mon esprit.

« Un bâtard, un fruit du péché, c'est tout ce que tu es ! »

Je n'offris aucune résistance. Tout ce que je voulais, c'était dormir. Jetant un œil vers mon poignet, je vis alors que le sang s'écoulait, mais doucement.

Seigneur, je ne parviens même pas à me tuer. Suis-je donc minable au point de ne même pas être capable de mettre fin à mes jours ? Peut-être les frères avaient-ils raison, en fin de compte, dit la petite voix dans ma tête.

Alors que je gisais là, sur le sol froid, une étrange sensation m'envahit peu à peu. C'était comme si en s'écoulant, mon sang emportait avec lui une partie de ma colère. J'entendis brusquement une nouvelle voix dans ma tête : *tu n'es pas obligé de faire ça, Michael.*

Je commençai alors à remettre sérieusement en cause ce que j'étais en train de faire, et de nouvelles questions affluèrent. Les frères se soucieront-ils de ce que je sois mort ou vivant ? À qui cela importe-t-il ? Que vont-ils penser s'ils me trouvent mort dans la cour ? Se sentiront-ils seulement mis en cause ? Personne ne s'est ému de la mort de Joseph Pyke, et ce ne sera pas différent pour celle de Michael Clemenger.

Au beau milieu de ce débat intérieur, je sentis soudain l'odeur de la pipe du gardien Archibald qui arrivait dans la cour pour la surveillance de nuit. Ce banal événement décida de mon destin. Je me remis promptement sur mes pieds et courus dans les toilettes, toutes proches. Sans me voir, le gardien conduisit son vélo dans l'appentis où il le garait pour la nuit. Je vérifiai l'état de mon poignet et déchirai un morceau de ma chemise blanche pour le nouer étroitement sur la plaie. Puis, je m'assis sur les marches, protégé par l'obscurité. Qu'allais-je faire, maintenant ? J'avais environ six livres en poche, et un tout nouveau désir de vivre. J'allais devoir compter sur ma matière grise. Pour l'instant, je pouvais toujours essayer de voler pour me nourrir. Mais la journée avait été longue et harassante, et j'étais trop fatigué pour réfléchir davantage. Je sortis de la cour à pas de loup et marchai jusqu'à la ville pour tenter de trouver un coin de verdure où passer la nuit.

Sauvé

Quelques jours plus tard, j'étais assis dans un café de la rue principale, en train de manger une infâme friture, quand je remarquai un jeune homme qui me regardait par la fenêtre. Je ne lui prêtai pas plus d'attention et me retins de lui rendre son demi-sourire un peu nerveux. Il entra alors dans le café et prit place en face de moi.

— Bonjour, je m'appelle Andy. Es-tu un moniot?

Je le dévisageai avec suspicion, sur la défensive.

— Qu'est-ce que ça peut te faire?

— Oh, pardon. Je ne voulais pas être impoli. C'est simplement que je te vois traîner dans le coin depuis quelques jours, alors je me demandais…

— J'ai parfaitement le droit de marcher dans les rues de cette ville. Occupe-toi de tes affaires. Et si tu me prends pour une tapette, tu as tout faux. Alors dégage!

— Calme-toi! Ce n'est pas ce que tu crois. Est-ce que je peux te demander ton nom?

— Michael, si tu veux vraiment le savoir.

— OK, Michael. Écoute, je crois que je peux t'aider, si tu veux.

— Pourquoi est-ce que tu m'aiderais? Tu ne me connais même pas. As-tu déjà rencontré d'autres «moniots», comme tu dis?

— Oui, j'en connais quelques-uns.

— Et tu sais ce qu'on a vécu? Dis-moi ce que tu as entendu.

— Eh bien, j'ai en effet entendu pas mal d'histoires, mais je ne sais pas si je dois toutes les croire.

— Qui que tu sois, dis-toi bien que tu n'en connais pas la moitié.

Il bougea sur sa chaise, mal à l'aise.

— Attends ici quelques minutes, Michael. Je reviens avec mon père.

Andy se tourna vers la serveuse et lui indiqua que ma note était pour lui. Je ne m'attendais vraiment pas à ce qu'il revienne, et fus donc surpris de le voir réapparaître, dix minutes plus tard, accompagné de son père. Ils s'assirent tous deux et le père me tendit la main. Il avait un regard gentil et ne dégageait absolument rien de menaçant.

— Alors, dis-moi, Michael, depuis combien de temps es-tu sorti de Saint-Joseph?

— Environ cinq semaines, monsieur.

— Pas la peine de m'appeler monsieur, Tommy suffira. Combien de temps es-tu resté là-bas?

— Depuis 1959.

— Si longtemps? As-tu des parents?

— Je ne sais pas trop.

— Bon, assez de questions comme ça pour l'instant.

Il appela la serveuse et le jeune Andy paya mon petit déjeuner.

— Veux-tu venir avec moi, Michael? Je te donnerai du travail et un coin à toi, où tu seras en sécurité. Cela fait une semaine qu'on te voit par ici. Mon fils t'a vu plusieurs fois à l'église, et il s'est dit que tu avais peut-être besoin d'aide. Je suis prêt à t'aider si tu le veux bien.

Son attitude me déconcerta complètement. Devais-je me fier à cet homme ? Pourquoi voudrait-il aider un moniot ? Je n'avais jamais été confronté à de la bienveillance de la part d'un inconnu.

— Ne t'inquiète pas, Michael, je n'ai rien à voir avec les frères de Saint-Joseph. Tu seras en sécurité avec moi.

Il vit que j'avais peur et que j'étais au bord des larmes.

— Allez, viens. Je te promets que tout se passera bien.

Je finis par me laisser convaincre, car pendant tout le temps de notre conversation, il n'avait établi aucun contact physique avec moi. C'est donc tous les trois que nous sortîmes du café.

Trois minutes plus tard, j'étais dans le salon de sa belle et grande maison, où Tommy me présenta à sa femme et aux autres résidents.

— Reste avec lui le temps que je passe un coup de fil, Andy.

Peu de temps après, quelqu'un frappa à la porte. On me présenta alors un grand homme d'environ cinquante ans, nommé M. Graff. Celui-ci nous emmena, Tommy et moi, jusqu'à un lotissement, à peine un kilomètre plus loin, et s'arrêta devant une petite maison. La porte s'ouvrit sur une vieille dame, la mère de M. Graff ; elle nous invita à entrer et prépara du thé et des sandwiches pour tout le monde.

— C'est arrangé, Michael. Tu peux rester ici, et lundi matin, à huit heures, tu commenceras à travailler pour moi comme manœuvre. M. Graff, qui est mon contremaître, ira te chercher jusqu'à ce que tu connaisses le chemin. Ce n'est pas bien loin d'ici.

Sur ce, M. O'Brien, qui était entrepreneur en bâtiment et en pompes funèbres, me tendit quelques billets et me dit d'aller m'acheter des vêtements et des chaussures, et que nous nous reverrions lundi. Ma tête tournait tellement que je ne parvins même pas à le remercier de sa gentillesse. À vrai dire, j'étais encore ébranlé par ma tentative de suicide, et je me sentais même un peu coupable d'être toujours en vie. En tout cas, M. O'Brien venait de me fournir l'occasion de prendre un nouveau départ. Je travaillai pour lui pendant les dix-huit mois qui suivirent.

Jayne Mansfield

Quelques mois plus tard, en avril 1967, la ville fut prise d'effervescence à l'annonce de la venue prochaine d'une actrice américaine, Jayne Mansfield, qui se produirait en spectacle à Tralee. La nouvelle provoqua la consternation dans toutes les églises du Kerry, et l'évêque s'empressa de recommander à ses ouailles de ne pas se mêler de l'événement. Pour ma part, je n'avais jamais entendu parler de cette actrice auparavant, mais le fait que sa présence dérange autant le clergé me plaisait beaucoup. Journalistes, photographes et caméras de télévision envahirent la ville, avides d'une photo ou d'une interview. Je commençai à comprendre le pourquoi de cette fébrilité quand je vis moi-même une photo de Jayne Mansfield. Les hommes avec lesquels je travaillais ne se privaient pas de commenter ce qu'ils aimaient en elle – toujours les mêmes choses. Cependant, les prêtres et l'évêque nous implorèrent de ne pas approcher du Mount Brandon Hotel, où elle descendait, au risque d'y perdre notre âme. Apparemment, cette demoiselle Mansfield représentait un véritable danger moral pour tous les jeunes de Tralee, hommes ou femmes.

Une pression croissante fut exercée sur la direction du Mount Brandon Hotel pour annuler son spectacle. Je ne pouvais m'empêcher de penser que non loin de l'hôtel se trouvait l'école technique Saint-Joseph, où de graves atteintes morales à l'intégrité de jeunes garçons étaient perpétrées chaque jour par des hommes de foi. En tête de file du cortège des opposants se trouvait le prêtre auquel j'avais parlé quelques semaines auparavant pour lui confier les abus que j'avais subis. Quel dommage qu'il n'ait pas déployé autant de zèle pour défendre mon cas ! Un soir, après une réunion sur la fameuse visite à venir, je le provoquai à ce sujet à la porte du presbytère, mais il se hâta de rentrer chez lui.

Le clergé finit par obtenir gain de cause, et le spectacle fut annulé. La déception fut immense, car Jayne Mansfield ne passerait que quelques jours en ville, et sa présence était excellente pour le commerce. Mais ce qui me frappa le plus, dans cette histoire, fut le refus opposé par le clergé à l'actrice – qui était également la mère dévouée de cinq enfants – de pénétrer dans l'église Saint-John pour y allumer un cierge. Deux mois plus tard, elle mourait dans un accident de voiture en Amérique.

Ce fut un gros choc pour la ville de Tralee, et le parfum immonde de l'hypocrisie envahit les rues quand on prononça messe sur messe à la mémoire de la défunte star de cinéma. J'ai toujours été stupéfait par la façon dont le plus vil pécheur peut soudain retrouver toute respectabilité dès qu'il est enfermé dans un cercueil. Pour moi, l'incident constituait une démonstration éclatante de l'emprise de l'Église sur le peuple. J'étais tellement outré que j'écrivis une longue lettre à l'évêché de Killarney, où j'exprimai mon dégoût et mon indignation face à la duplicité du curé de Tralee et du clergé en général. J'y ajoutai également les détails des sévices physiques et sexuels que j'avais subis à Saint-Joseph entre 1959 et 1967.

Inutile de préciser que je ne reçus jamais de réponse.

Je passai les dix-huit mois suivants au service de l'entrepreneur. Ce n'était pas toujours une partie de plaisir. Sous certains aspects, je me sentais aussi piégé que je l'avais été à Saint-Joseph. Le problème était surtout mon étiquette de « moniot », qui semblait fausser les relations avec mes collègues. Ils paraissaient quelque peu mal à l'aise avec moi, et j'entendis un jour l'un d'entre eux déclarer que les moniots n'étaient bons à rien. Dans mon cas, je dois avouer que c'était plutôt vrai, car le travail était très physique, et j'étais extrêmement chétif pour mon âge. Je n'avais pas la carrure requise pour tirer et hisser des blocs de briques ou de parpaings sur des échelles. Il y avait en permanence une tension avec les autres hommes, qui estimaient que je ne faisais pas ma part du boulot. Qui plus est, ma hernie, dont personne ne connaissait l'existence, gonflait parfois tellement que l'on devait me renvoyer chez moi pour le reste de la journée.

Avec le temps, on m'assigna donc, entre autres, le rôle de coursier. Je prenais les messages au magasin, préparais les repas et nettoyais les lieux après les pauses. En gros, j'étais un peu la bonne à tout faire, à disposition des autres ouvriers. Le seul homme qui me témoigna toujours un authentique respect et beaucoup de gentillesse était « le Protestant ». Je ne me souviens pas de son nom, mais c'était un homme aimable qui conduisait une voiture verte. Ma tâche favorite était de laver le corbillard de Tommy O'Brien, auquel il tenait comme à la prunelle de ses yeux. Il possédait aussi une activité de pompes funèbres, avec un local rempli de cercueils jouxtant son bureau principal. En général, il avait un à deux enterrements par semaine.

La tâche que j'aimais peut-être le moins était le nettoyage des vitres, qui revenait la première semaine de chaque mois. Je devais alors rester perché en haut d'une échelle pendant un temps qui me semblait interminable, devant des bâtiments comme des banques, des agences d'assurance ou l'hôtel Benner's. On peut dire qu'il y en avait des fenêtres à laver. Je détestais quand les gens de la ville et leurs enfants passaient et me regardaient comme si je faisais partie du décor. Une autre de mes missions consistait à aller chez les gens pour nettoyer leur cheminée. La dernière semaine du mois, je devais faire place nette dans la cour, débarrasser les parpaings cassés, les câbles ou les morceaux de bois éparpillés çà et là. Tommy détestait amener des clients dans une cour encombrée.

Au fil des mois, ce rythme devint assez monotone. Était-ce donc cela qui m'attendait pour le restant de ma vie ? Et puis, un après-midi, Tommy déboula dans la cour. Il paraissait passablement énervé et cherchait un autre employé.

— Où est-il ?

Apparemment, l'homme était rentré chez lui, malade. N'ayant personne d'autre sous la main, il m'appela.

— Michael, rentre à la maison, lave-toi, habille-toi bien et reviens ici le plus vite possible.

Vingt minutes plus tard, j'étais de retour dans la cour.

— Ne t'en fais pas, Michael, tout ce que tu as à faire, c'est venir avec moi à Killarney afin de récupérer un corps pour un enterrement.

Le trajet en voiture nous prit environ une heure. Alors qu'un arc-en-ciel se dessinait dans le ciel, mon patron me demanda si je savais ce que cela signifiait.

— Oui, monsieur, c'est une promesse de Dieu qu'il ne détruira plus le monde après Sodome et Gomorrhe.

— Sais-tu ce qui s'était passé là-bas ?

— Je crois qu'ils avaient commis de nombreux péchés d'impureté et qu'ils avaient refusé de se repentir.

— Qui t'a dit ça ?

— Le père O'Neill, il prêchait tout le temps sur ce genre de choses.

Après quelques minutes de silence, il m'interrogea sur ce qui se passait à Saint-Joseph. À la fin de mon récit, je vis que des gouttes de sueur perlaient sur son front. Il ne dit rien, mais était visiblement très remué.

— Votre fils a beaucoup de chance de vous avoir pour père, monsieur. Il peut devenir ce qu'il veut, dans la vie.

Je cessai alors de parler et laissai mon regard se perdre dans le paysage.

— Ressaisis-toi, Michael ; n'oublie pas où nous allons.

— Ne vous en faites pas, monsieur, je suis un bon comédien. Personne n'en saura rien.

À l'hôpital, le corps d'une vieille dame nous attendait. Nous embarquâmes précautionneusement le cercueil à bord du corbillard. Elle avait passé de nombreuses années dans un hôpital et ne possédait apparemment aucune famille. Nous revînmes à

Tralee pour déposer la dépouille à l'église Saint-John. Quelques personnes étaient présentes à la cérémonie, mais aucune connaissance de la défunte, me sembla-t-il. Tommy me donna des fleurs que je disposai autour du cercueil.

J'adorais les jours de pluie, qui nous empêchaient de travailler. Lorsqu'il pleuvait, les ouvriers se rassemblaient habituellement dans un baraquement pour jouer aux cartes. Ne connaissant rien à ces jeux, je trouvais d'autres moyens de passer le temps. Un après-midi, je me faufilai dans la chambre mortuaire. J'aimais particulièrement toucher le bois et le tissu qui tapissait l'intérieur des cercueils. Ce jour-là, je décidai d'entrer dans l'un d'eux pour faire une petite sieste. Il était très confortable, et je pris rapidement l'habitude de m'accorder ces siestes clandestines.

Malheureusement, pendant l'un de mes petits sommes, Tommy entra dans la chambre mortuaire pour montrer les cercueils à une cliente. Je devais ronfler, car il m'entendit et poussa un rugissement qui m'éveilla brusquement. Je me redressai immédiatement, ce qui ne fit qu'empirer les choses.

— Bon sang, mais qu'est-ce que tu fabriques ici, Michael ? Sors de ce cercueil et rentre chez toi. On reparlera de ça plus tard.

Il accompagna la pauvre femme hors de la pièce et l'emmena dans son bureau pour prendre un thé. Lorsque j'arrivai au travail le lendemain matin, l'histoire avait fait le tour de l'entreprise, comme me le montrèrent plusieurs collègues :

— C'est fini pour toi, moniot. Au revoir !

M. O'Brien me convoqua dans son bureau.

— Ne vous inquiétez pas, monsieur, je vais partir.

Malgré le soutien que cet homme m'avait témoigné, je savais qu'il n'avait pas le choix. Mes collègues se plaignaient régulièrement de mon incompétence, du fait que je ne parvenais pas à porter d'objets lourds aussi vite qu'eux et que je renâclais à décharger les camions. Au fond de moi, je savais bien que cela ne pouvait pas durer, et je voulais faciliter la tâche à M. O'Brien, qui avait fait tant pour moi.

— Non, tu ne vas pas partir comme ça. Tu vas rester jusqu'à ce que je finalise mon projet de te faire entrer dans l'armée.

— C'est une plaisanterie ?

Je ne savais rien de l'armée, mais d'après tous les films que j'avais vus à Saint-Joseph, je m'imaginais seulement que l'on finissait par devoir y tuer des gens avec une arme.

— Que peux-tu faire d'autre ? C'est la meilleure solution, Michael.

Je cédai donc à contrecœur. Quelques jours plus tard, il me déposa à la gare pour prendre le train qui devait m'emmener à la caserne de Ballincollig dans le comté de Cork.

J'y passai presque trois jours à attendre ma visite médicale. Je devais être examiné avant de pouvoir être enrôlé officiellement. Quelques-uns des garçons présents me dirent qu'il était fréquent pour des moniots de rejoindre l'armée, et que cela se passait bien la plupart du temps. Probablement parce que l'armée était juste une autre forme d'institution bien réglementée. Ne connaissant pas d'autre façon de vivre, ils devaient se sentir en sécurité dans cet environnement relativement similaire.

Ma visite médicale eut enfin lieu le jeudi matin. Tout se passa bien jusqu'à ce que le docteur me demande de baisser mon pantalon. Je me montrai alors extrêmement réticent.

— Allons, jeune homme, je ne vais pas vous mordre.

Je finis par m'exécuter, et il eut un petit mouvement de recul.

— Ça alors, qu'est-ce que je vois ici ?

Il plaça une main sur mes parties génitales et appuya fortement pendant une seconde. Je poussai un cri de douleur.

— Très bien, mon garçon, vous pouvez remettre votre pantalon.

Après s'être lavé les mains, il m'invita à m'asseoir devant son bureau.

— Alors, dites-moi comment vous vous êtes fait ça.

— J'ai été battu, monsieur.

— Battu ? Par qui ?

— Par les Frères chrétiens du monastère, monsieur.

— Est-ce que cela vous fait encore mal ?

— Oui, assez, monsieur.

— Quand est-ce arrivé ?

— Quand j'avais treize ans, il y a environ cinq ans.

— Vous êtes bien courageux d'avoir supporté ça pendant tout ce temps. Écoutez, mon garçon : pour le moment, à cause de cette blessure, vous êtes physiquement inapte au service. Mais le plus important, c'est qu'il faut vous opérer pour arranger ça. Le coup que vous avez reçu a déplacé votre testicule, et il faut le remettre en place dès que possible. Alors allez prendre votre déjeuner et revenez me voir à quatorze heures trente.

Je revins à l'heure convenue.

— Bien, Michael, je viens de parler à Tommy O'Brien. Il viendra vous chercher à la gare à sept heures ce soir. Vous serez admis en urgence à l'hôpital Sainte-Catherine et serez opéré demain matin. Nous aviserons ensuite.

Je le remerciai et lui dis que, de toute façon, je ne souhaitais pas intégrer l'armée. Il se contenta de sourire.

Comme prévu, Tommy passa me prendre à la gare de Tralee et m'emmena immédiatement à Sainte-Catherine, où je fus opéré dès le lendemain matin. Il passa me voir quelques jours plus tard. Sa principale préoccupation était que je retourne à l'armée, mais je lui dis clairement que c'était hors de question pour moi.

— Alors je baisse les bras, Michael. Que vas-tu faire si tu ne rentres pas dans l'armée ?

— Ne vous en faites pas, monsieur, je me débrouillerai. Merci beaucoup pour tout ce que vous avez fait pour moi.

Généreux jusqu'au bout, il me donna un mois de récupération et me paya quatre semaines supplémentaires. Après quoi, je me retrouvai seul une fois encore. Je dénichai un logement à quelques pas de la confiserie où j'allais chercher les journaux des frères, ce qui ne dura qu'un temps. Quelques semaines plus tard, ayant épuisé toutes mes économies, j'étais de nouveau à la rue.

Démêlés avec la justice

Je dormais désormais à la belle étoile dans le parc municipal, sans argent ni projet devant moi. La faim me poussa à franchir l'étape suivante : je commençai à voler dans les magasins. Cela ne me plaisait pas du tout, mais il fallait bien que je mange. Et c'était relativement facile. Il me suffisait pour cela de traîner autour des échoppes les plus fréquentées et d'attendre qu'une cliente distraite pose son sac quelques instants. J'essayais toutefois de réduire les larcins au maximum ; si je prenais le cabas d'une femme le jour où les allocations familiales ou la retraite tombait, j'étais tranquille pour la semaine.

Une célébrité de la télévision vint un jour inaugurer l'ouverture d'un grand magasin. Dans l'agitation entourant sa visite, je parvins à me glisser dans les bureaux de l'étage de l'établissement, où je pris un sac rempli de pièces. Je fus sidéré par le montant de mon butin : environ cinquante livres en menue monnaie. Je le cachai dans le réservoir d'eau des toilettes du Wimpy Bar, de l'autre côté de la rue. Quand j'avais besoin d'argent, je me rendais aux toilettes, devenues ma banque personnelle.

C'est à cette période – en juillet 1969 – que les gendarmes entendirent parler de moi. Ils m'avaient déjà un peu à l'œil, et je me demandais pourquoi ils ne m'arrêtaient pas pour vagabondage. Le fait que je ne buvais pas et ne causais pas de trouble à l'ordre public devait probablement jouer en ma faveur. Seulement, je voulais me faire arrêter. Je savais que je ne pourrais pas continuer à dormir dehors beaucoup plus longtemps. Un soir, je finis par me faire interpeller et l'on m'embarqua pour un interrogatoire. Soulagé, je reconnus nombre de larcins et signai mes aveux avant d'être placé dans une cellule. Quelques heures plus tard, je reçus la visite du commissaire. Il me demanda si j'étais un moniot.

— Oui, monsieur, et c'est bien ça le problème. Personne ne veut me donner de travail parce qu'ils savent que je suis un moniot.

— OK, mon garçon, alors écoute-moi : je vais te trouver un boulot et un logement.

Une fois encore, un étranger me témoignait de la bonté – et un policier, qui plus est. Je dois cependant avouer que je me méfiai d'abord légèrement de cet homme, car la police n'avait jamais voulu croire les histoires des fugueurs de Saint-Joseph. Au lieu d'aider ces garçons terrifiés, ils se contentaient de les renvoyer entre les griffes des agresseurs. Pourtant, ce commissaire semblait vraiment désireux de m'aider à revenir sur le droit chemin.

Il tint sa parole. Le lendemain matin, je commençai à travailler à l'usine porcine de Denny, une ville voisine. Vêtu d'une tenue blanche toute neuve, sensiblement trop grande pour moi, et muni d'une paire de pinces, je pris place sur la chaîne de production. Des centaines de cochons morts défilaient sur le tapis roulant devant moi. Ma tâche consistait à leur enlever les sabots. J'officiai pendant sept minutes à ce poste, au grand amusement de mes nouveaux collègues, avant d'être affecté à des tâches beaucoup plus faciles, comme laver au jet le sang qui coulait partout. Il régnait une odeur infecte dans l'usine, car, dans leur panique, les pauvres animaux étaient pris de diarrhée sur le chemin de l'abattoir.

Une fois encore, l'étiquette de « moniot » me colla à la peau. Un après-midi, alors que je prenais une pause dans la cantine du personnel, un homme entra en hurlant.

— Où est ce putain de moniot ?

Il me vit alors et vint beugler sous mon nez que vingt livres avaient disparu de son portefeuille.

— Où est mon argent, le moniot, où l'as-tu mis ?

Je niai l'accusation en bredouillant, mais il refusa de me croire.

— C'est forcément toi. Il n'y a jamais eu de vol auparavant ; ce serait une sacrée coïncidence que ça arrive pile au moment où tu es là.

Il m'attrapa par le col. Je n'avais qu'un moyen de lui prouver mon innocence.

— Allez-y, si vous voulez, fouillez mes poches !

Il s'exécuta mais ne trouva rien. Il m'entraîna malgré tout dans le bureau du directeur et lui dit qu'il me soupçonnait d'avoir volé son argent. On appela la police, et autant que je sache, la somme fut retrouvée. Le directeur m'indiqua toutefois qu'étant donné les circonstances, il serait peut-être mieux que je parte. Conscient que je n'étais guère apprécié de mes collègues et que je ne manquerais pas de porter le chapeau au moindre problème à l'avenir, je ne pus que l'approuver.

Je me retrouvai donc une fois de plus à la rue, ne sachant que faire. Pendant le festival de Tralee, la faim me poussa beaucoup trop loin : je tentai de cambrioler une chambre au Mount Brandon Hotel. Alors que je me « promenais » autour de la réception bondée, en quête de sacs à main sans surveillance, je remarquai trois touristes américaines – bien habillées, pleines de bijoux et légèrement ivres – qui montaient dans l'ascenseur. J'attendis de voir à quel étage elles s'arrêtaient ; le dernier. Probablement y avaient-elles leur chambre. Dès que l'ascenseur redescendit, je m'y engouffrai et appuyai sur le bouton du dernier étage.

En sortant de l'ascenseur, je vis un placard ouvert, rempli de linge. Je pris un drap et le mis sur ma tête, comme si je me déguisais en fantôme. Puis, j'avançai dans le couloir en me demandant laquelle des chambres pouvait être celle des riches touristes, et décidai de tenter ma chance. J'ouvris une porte au hasard. Une femme lisait, assise sur son lit. Elle était bien plus vieille que les trois autres et parut totalement pétrifiée en me voyant. Je fis un geste simulant le port d'une arme sous mon drap et m'écriai :

— Ceci est un hold-up, donnez-moi votre argent !

— D'accord, d'accord, prenez-le ! Il est dans mon sac, ici. Prenez tout.

Je m'emparai du sac, le retournai, pris son portefeuille et m'enfuis sans demander mon reste.

Mon plan échoua de peu. La femme n'avait pas vu mon visage, mais en bas, le gardien me reconnut – j'avais travaillé à l'hôtel l'année précédente, quand je lavais les vitres pour l'entreprise de Tommy O'Brien. La police vint me chercher quinze minutes plus tard, à mon grand soulagement. Terroriser une vieille dame dans son lit n'était vraiment pas mon truc.

La lâcheté apparente de cet acte, qui aurait pu coûter la vie à une vieille femme, m'attira les foudres du juge.

— Jeune homme, on vous a donné de nombreuses chances de vous en sortir, mais vous avez refusé de saisir ces opportunités. À cause de votre ingratitude, vous êtes maintenant accusé de vol devant une cour, où vous plaidez coupable. Avez-vous quelque chose à dire pour votre défense avant que je prononce ma sentence ?

Je profitai de cette occasion pour tenter d'expliquer ce qui me rendait l'existence si difficile.

— Monsieur, quand les gens entendent dire que je suis un moniot, ils s'estiment immédiatement supérieurs à moi et s'imaginent que je suis idiot, fainéant et illettré. Quelle chance ont des garçons comme moi en sortant de l'école technique Saint-Joseph, où nous étions battus, affamés et violés par les Frères chrétiens ? C'est à cause de mon étiquette de moniot que je suis aujourd'hui ici. J'ai certes volé, mais je ne suis pas un menteur.

— J'entends ce que vous dites, jeune homme, et votre histoire est bien triste, mais mon devoir est de protéger les gens innocents et leurs biens. Je ne peux pas vous laisser en liberté dans les rues, à terroriser ainsi les habitants de cette ville.

Ne bénéficiant d'aucun accompagnement juridique, je ne répondis rien à cela. Il me condamna à six mois de détention à Saint-Patrick, un centre pour jeunes délinquants de Dublin, mais demanda aussi à ce que divers rapports soient établis avant le début de ma peine.

Les jours suivants, deux médecins vinrent me voir dans ma cellule. Environ deux semaines plus tard, l'ordre du juge était signé ; je pris le train pour Dublin le 14 novembre 1969, menotté par un robuste gardien. Évidemment, on nous regardait beaucoup. À un moment, une vieille dame vint vers moi dans le wagon avec une tasse de thé et des biscuits, et demanda au gardien de bien vouloir retirer mes menottes. L'homme monta alors sur ses grands chevaux et menaça la femme d'arrestation pour entrave à son travail. Elle se fâcha à son tour :

— Ah, on joue les gros bras devant les vieilles dames et les jeunes garçons, c'est ça ? Pourquoi ne vous en prenez-vous pas plutôt à quelqu'un de votre carrure, espèce de brute épaisse ?

Elle se détourna de lui avec une moue dégoûtée et me souhaita bonne chance :

— J'espère que tout s'arrangera pour toi, mon enfant. Dieu te garde.

Le train arriva en gare de Dublin par une soirée humide et venteuse. Une voiture de patrouille ne contenant pas moins de trois hommes en armes vint nous accueillir. Mon Dieu, pensai-je, je dois être un dangereux criminel pour avoir besoin d'une escorte de quatre gardes. J'avais l'impression d'être dans un épisode de ma série télé préférée, *Le Fugitif*.

Institution Saint-Patrick, Dublin

Saint-Patrick ne m'effrayait pas particulièrement. En quelque sorte, j'étais de retour en territoire familier, dans un endroit où je n'avais aucune décision à prendre. Une fois encore, mes journées étaient parfaitement structurées. D'autres allaient décider de l'heure à laquelle je me lèverais, des tâches que j'aurais à accomplir, du moment des repas, et enfin de l'heure à laquelle j'irais me coucher. Quoi de plus simple ? J'avais une cellule à moi, la 28, dans l'aile C. Elle était assez grande, avec, au-dessus de mon lit, des tuyaux qui gargouillaient bruyamment nuit et jour. Sur la porte était épinglée ma fiche, comportant mes nom, prénom, date de condamnation et date de libération. Apparemment, si je me tenais à carreau, je pourrais être libéré au début du mois d'avril 1970. Une fois le verrou refermé sur moi, mes toilettes se limitaient à un seau dans un coin. Je fus affecté à l'atelier du tailleur sans trop savoir ce que j'allais devoir y faire.

Je constatai rapidement que certains autres prisonniers s'intéressaient à moi d'un peu trop près. Il me faudrait être prudent. Quelques jours plus tard, je sortis de l'atelier pour me rendre aux toilettes quand un détenu que je ne connaissais pas m'attrapa le bras.

— Viens par là, toi, je veux te baiser.

Je me débattis et hurlai aussi fort que je le pus. Il me donna quelques coups sur la tête et sur le visage avant que les gardiens de la prison déboulent pour nous séparer.

— T'as plutôt intérêt à fermer ta gueule, si tu ne veux pas le regretter.

On nous emmena tous deux chez le directeur de l'établissement. Mon agresseur n'arrangea pas son cas en me menaçant devant les trois gardiens qui nous accompagnaient. Je fus appelé en premier. Le directeur était un homme de grande taille, que je n'avais jamais vu auparavant. À ses côtés était assis un employé, probablement son adjoint. Ni l'un ni l'autre ne souriait.

— Peut-être aimerais-tu me dire ce qui s'est passé, Michael.

— Monsieur, l'autre prisonnier, dont j'ignore le nom, m'a attrapé dans les toilettes de l'atelier et a dit qu'il voulait me baiser. Comme j'ai refusé, il a commencé à me frapper.

— Es-tu sûr de ne pas l'y avoir encouragé, d'une manière ou d'une autre ?

— Non, monsieur. Je ne le connais même pas.

— Est-ce pour cela que tu as l'œil droit tout gonflé ?

— Oui, monsieur.

— Nous ne sommes jamais rencontrés avant, n'est-ce pas ? Parle-moi un peu de toi.

— Il n'y a pas grand-chose à dire, monsieur. Je suis ici parce que j'ai volé dans des magasins à Tralee.

— Tu ne devais pas être très doué pour ça. As-tu des parents ?

— Oui, monsieur, je suppose, mais je ne sais pas grand-chose à leur sujet.

— Où as-tu été élevé, alors ?

— Dans une école technique, celle de Saint-Joseph, à Tralee.

— Combien de temps as-tu passé là-bas ?

— J'y suis entré en 1959 et j'ai été libéré début janvier 1967. J'ai toujours été à l'assistance, monsieur. Avant Saint-Joseph, j'étais à Sainte-Philomena, à Stillorgan.

— Sais-tu lire et écrire ?

— Oui, monsieur.

— Alors, comment ça se passait, à l'école ?

— Pas très bien, monsieur.

— Comment ça ?

— Eh bien, les Frères chrétiens ne nous traitaient pas très bien.

— C'est-à-dire ?

Mon regard passa du directeur à l'employé. Tous deux attendaient.

— Des choses horribles se passaient. Les frères nous faisaient subir des sévices physiques et sexuels.

Les deux hommes échangèrent un regard. Les traits du directeur se détendirent un peu et il posa les papiers qu'il tenait dans sa main.

— Qu'aimerais-tu faire quand tu sortiras d'ici ?

— Je voulais devenir prêtre, monsieur, mais je ne peux pas parce que je suis un bâtard.

— Qui t'a dit une chose aussi affreuse ?

— Le père O'Neill, à l'école, monsieur.

— Ce n'était pas très gentil de sa part, tu ne crois pas ?

— Non, monsieur, en effet.

Je perdis alors le contrôle et me mis à pleurer comme un bébé.

— Pourquoi pleures-tu ?

— Parce que tout va si mal, monsieur.

Il fit le tour de son bureau et posa un bras sur mon épaule en demandant à son employé d'aller nous chercher du thé. Son geste, tout en douceur, me stressa légèrement, car il me rappela un peu ceux de frère Roberts.

— Allons, allons, Michael. Il y a toujours de la lumière au bout du tunnel. On va trouver une solution.

Il se dirigea vers la porte et demanda aux gardiens de ramener mon agresseur à sa cellule – il le verrait plus tard. Pour ma part, je ne revis jamais ce prisonnier.

L'adjoint revint bientôt avec trois tasses de thé, autour desquelles nous parlâmes pendant presque une heure. Le directeur était décidé à m'aider. Il était la première personne d'autorité à ne pas remettre en question mes déclarations sur les abus sexuels.

— Ne t'inquiète pas, Michael. Tu peux rester dans ta cellule, on t'apportera tes repas. Et je ne pense pas qu'il soit utile que tu retournes à l'atelier du tailleur.

Il demanda à son adjoint de veiller à ce que je n'aie pas besoin de quitter ma cellule, car il estimait que je ne tiendrais pas une semaine au milieu des autres détenus. Après cela, les deux hommes se montrèrent si gentils avec moi que je ne pus m'arrêter de pleurer, décontenancé que j'étais par leur bonté. Quelle ironie du sort que ma troisième expérience d'une authentique gentillesse (après celles de Tommy O'Brien et du commissaire de Tralee), eût lieu à l'institution Saint-Patrick. Je leur en serais pour toujours immensément reconnaissant.

Le directeur vint me voir chaque jour, et me fit le plus beau des cadeaux de Noël quand il m'apprit que j'allais être transféré dans une prison ouverte, Shanganagh Castle, dans la ville de Bray, le 5 janvier 1970.

— Tu seras bien plus heureux et plus en sécurité là-bas.

Le jour de Noël, il vint dans ma cellule avec quelques romans de westerns et de détectives pour m'aider à faire passer le temps. À travers ces pages, je tiens à honorer la mémoire de ce brave homme. C'est grâce à lui que je retrouvai un peu d'espoir pour mon avenir, pour la toute première fois depuis mon départ de Saint-Joseph.

Shanganagh Castle et libération

avril 1970

Shanganagh Castle était un endroit bien tenu et très agréable. Le personnel n'aimait pas employer le mot « prison » pour le désigner. Nous avions le droit de porter des jeans et des sweat-shirts, et pouvions aller nous coucher à l'heure qui nous convenait. Les locaux étaient propres, spacieux et lumineux. Ces quelques détails suffirent à me remonter le moral. Initialement, c'était un lieu de réflexion où les agresseurs avaient du temps et de l'espace pour méditer sur la direction que prenait leur vie. La procédure de sélection reposait sur la probabilité de ne pas récidiver ; l'endroit gagna vite une excellente réputation, car l'immense majorité des garçons qui passaient ici étaient totalement réhabilités en retournant à la vie civile.

Je passais mes journées à lire *The Irish Times* et tous les livres qui me passaient sous la main. La journée n'avait pas de cadre précis. Les surveillants me traitaient avec beaucoup de gentillesse ; comme d'habitude, j'avais cependant beaucoup de mal à répondre à cette gentillesse gratuite. Mais le personnel se montrait très compréhensif et prenait réellement en compte la situation difficile qui avait été la mienne. Chaque surveillant était chargé de quatre ou cinq garçons. Mon superviseur était très encourageant avec moi, et se montra particulièrement patient le jour où, alors qu'il m'offrait une nouvelle chemise avec une cravate, je craignis de les accepter de peur de devoir faire quelque chose en retour. Il ne s'en offensa pas du tout et insista seulement sur le fait que je devais commencer à faire confiance aux figures d'autorité pour aller mieux. Il m'assura qu'avec le temps, j'apprendrais à faire confiance aux bonnes personnes, mais j'en doutais encore. Comment pouvais-je accorder ma confiance à bon escient après tout ce que j'avais vécu ? Malgré les paroles de cet homme, son cadeau resta dans son bureau jusqu'au jour de mon départ de Shanganagh. Le mot « confiance » m'était aussi étranger que celui d'« amour ».

Quelques jours avant ma libération, le directeur m'appela dans son bureau.

— Eh bien, Michael, l'heure de ton départ approche. Ne t'inquiète pas : nous t'avons trouvé un emploi et un logement. Nous sommes convaincus que tu as tiré profit du temps passé avec nous, et que tu n'auras plus jamais affaire au système carcéral. Tu vas travailler pour la compagnie Lep Travel, et tu habiteras avec une certaine Mme Sheridan et sa famille, dans le quartier du North Strand. Ton superviseur t'emmènera là-bas et veillera à ce que tu sois bien installé. S'il y a le moindre problème, n'hésite surtout pas à nous contacter.

Pendant le trajet, mon superviseur m'adressa quelques paroles encourageantes.

— Tu sais, je t'ai observé attentivement pendant ces derniers mois, et je crois sincèrement qu'en prenant les bonnes décisions et avec un peu de chance, tu réussiras dans la vie. Il n'y a pas une once de méchanceté en toi, Michael, et tu es un garçon intelligent. Si tu en as l'occasion, tu devrais essayer de faire des études pour valoriser tout ça. Qui sait, peut-être même iras-tu à l'université un jour ?

Nouveau départ

Nous arrivâmes dans les élégants bureaux de Lep Travel à College Green, où le responsable m'attendait. C'était un homme très religieux, membre de la Légion de Marie et habitué à travailler avec d'anciens détenus. La seule véritable question qu'il me posa visait à savoir si je savais conduire un vélo. Je mentis immédiatement et lui répondis que cela ne me posait aucun problème. Après tout, pensai-je, même les enfants savent faire du vélo. Nous échangeâmes une poignée de main et il me présenta au personnel en leur disant que je commencerais à travailler ici dès le lendemain.

Nous nous rendîmes ensuite chez Mme Sheridan, ma nouvelle logeuse. Je découvris en elle une personne absolument exquise, qui aurait bientôt une influence majeure sur ma vie. Sa gentillesse sans bornes fut probablement la source de toutes les choses positives qui m'arrivèrent ensuite. Il n'y avait jamais de malentendu avec cette femme extraordinaire. Elle était profondément conforme à ce qu'elle dégageait : une âme bonne, sensible, généreuse, qui voyait ce qu'il y avait de bon en chaque personne et ne laissait jamais les erreurs des autres l'aveugler sur leur potentiel. C'est dans cette maison que j'eus un véritable aperçu de ce qu'était une vraie vie de famille. Mme Sheridan portait la culotte. Son mari était un homme discret et aimable, passionné par les chevaux. Ils avaient quatre enfants, une fille et trois garçons. Je me liai rapidement à Jim, le plus vieux ; nous étions du même âge et partagions à peu près les mêmes centres d'intérêt. Comme ce garçon était aimé et gâté par sa mère ! J'étais fasciné par leur relation ; chacun semblait toujours savoir ce que l'autre pensait. Pour elle, Jim faisait toujours ce qu'il fallait. J'imaginai même qu'il bénéficiait peut-être d'un petit supplément de tout ce qui se donnait ici. Ce qui ne signifie nullement qu'elle négligeait les autres, bien entendu. Mme Sheridan avait un discernement très fin des gens, et était aux petits soins pour ceux qu'elle aimait particulièrement.

Elle fut la première « figure maternelle » que je rencontrai, ce qui me fit ressentir plus profondément encore l'absence de mère dans ma vie. Le soir, dans mon lit, je rêvais de retrouver la mienne, ou je lui parlais. À moitié endormi, je ressassais les différentes raisons pour lesquelles elle avait pu m'abandonner. Je savais qu'il existait un lien entre le fait qu'elle ne fût pas mariée et la définition de bâtard que le père O'Neill m'avait octroyée. Curieusement, je ne ressentis jamais le moindre besoin de retrouver mon père – peut-être parce que je projetais sur lui l'image des Frères chrétiens. Il était plus commode de me reposer sur l'idée qu'un élément extérieur était intervenu, empêchant ma mère de me garder malgré ses efforts héroïques dans ce sens. Je refusais de penser qu'une raison sordide puisse être la cause de notre séparation.

Je pris donc mes marques chez Lep Travel comme chez Mme Sheridan, mais, désabusé comme je l'étais, je savais qu'un tel bonheur ne durerait pas. Un soir, en sortant du travail, je sortis ma paye de ma poche pour mettre de côté l'argent de mon loyer. Un coup de vent soudain emporta les billets dans les airs pour les emporter Dieu sait où. Qu'allais-je pouvoir dire à Mme Sheridan ? Quand je me décidai à lui avouer ce qui s'était passé, sa réaction fut totalement inattendue : elle rit aux éclats jusqu'à en avoir les yeux mouillés. Moi qui m'attendais à me faire mettre à la porte – et qui aurait pu lui en vouloir pour cela ?

— Ah, ça faisait longtemps que je n'avais pas autant ri. Ne t'en fais pas, et assieds-toi donc pour prendre ton repas. Contente-toi de ne pas en parler au reste de la famille, d'accord ?

Quelques jours plus tard, elle entra dans le salon où je regardais la télévision, comme souvent.

— Michael, as-tu vraiment envie de passer ta vie devant la télé, à regarder des bêtises ? Je vais te dire quoi faire : viens donc avec moi à l'Institut Technique de Marino, j'ai une idée.

Soucieux de lui faire plaisir, je la suivis de bon cœur. Et avant que j'aie eu le temps de m'en rendre compte, elle m'avait inscrit à des cours du soir, dans l'espoir que cela m'ouvre de nouvelles possibilités dans la vie. Elle paya les frais de sa poche, me sidérant une fois encore par sa générosité.

— Ne commence pas à pleurer, Michael. Suis ces cours sérieusement, et je considérerai cet argent comme bien dépensé.

Je mis un point d'honneur à faire de mon mieux. Tout ce que j'ai pu réussir par la suite dans mes études, je le dois à cette femme fantastique qui discerna mon potentiel et me donna le coup de pouce nécessaire. On ne sait jamais à quel point un simple acte de générosité peut influencer le cours d'une vie.

Malheureusement, je n'étais pas entouré d'autant de bienveillance au travail. D'abord, mon responsable était trop « religieux », au sens où l'Église l'entend. Je le trouvais froid et impersonnel dans sa relation avec moi – peut-être parce qu'il avait du mal à m'imposer ses volontés ou ses opinions. Nous étions tous deux sur la défensive l'un envers l'autre, et le reste du personnel semblait se méfier un peu de moi, sachant que j'étais un ancien détenu. Par conséquent, je me fis virer à la première occasion.

N'ayant jamais appris à conduire une bicyclette, j'effectuais mes courses en courant à côté du vélo. Tout se passa bien, jusqu'au jour où l'on m'envoya aux docks et où j'arrivai trop tard pour passer la commande.

— Tu ne m'avais pas dit que tu savais faire du vélo, Michael ? Le mensonge est une des choses que j'exècre le plus. Il dit beaucoup de choses sur une personne. Je pense qu'il serait préférable que tu te trouves un autre emploi dans les deux semaines à venir.

Fin de la parenthèse Lep Travel. Mme Sheridan vint à mon secours et me parla d'un poste de coursier qui était à pourvoir à la compagnie Dublin Fabrics, sur Dame Street. Dès la moitié de l'entretien, on me donna la place. J'étais très soulagé de ne pas avoir à conduire de bicyclette pour ce poste, et le salaire était meilleur que chez Lep Travel. Pouvais-je commencer immédiatement ? Mon ancien patron fut trop heureux de me laisser partir sans délai et me paya un salaire complet, bien que rien ne l'y obligeât. J'en profitai pour rembourser Mme Sheridan du mois de loyer envolé, malgré sa réticence à l'accepter.

Dublin Fabrics était une petite entreprise de tissu ne comptant que quatre employés, moi inclus. Le directeur était un homme aimable d'une petite cinquantaine d'années ; sa secrétaire, sensiblement du même âge, portait bijoux et parfum fleuri sans parcimonie. Le directeur adjoint, en revanche, était d'une autre trempe. Il transpirait abondamment et trouvait toujours quelque chose à redire à mon travail. Je devais faire très attention avec lui, car je ne voulais pas perdre cet emploi. Je pense qu'il croyait que j'avais des ambitions plus élevées que d'être un simple coursier. Une des choses qui l'irritait particulièrement était que je lisais un journal différent du sien – habituellement l'*Irish Times*, alors qu'il appréciait les tabloïds, les « journaux des travailleurs », comme il aimait les appeler. Peu à peu, il se montra fort curieux de mes origines et me posa de nombreuses questions très personnelles. Il insista particulièrement sur le sujet de ma mère. Lorsque je lui demandai pourquoi il me posait toutes ces questions, il parut très embarrassé et n'insista pas davantage, mais quelque chose me disait qu'il en savait plus que ce qu'il avouait.

— Comment pourrais-je savoir quoi que ce soit sur ta mère ? Je te connais depuis si peu de temps.

Environ deux semaines plus tard, il m'appela dans son bureau.

— Le chef part en vacances la semaine prochaine, je vais avoir besoin que tu tiennes l'accueil et que tu reçoives les clients.

— Mais je ne suis que coursier.

— Et tu veux rester coursier toute ta vie ?

— Non, je ne pense pas.

— Alors habille-toi bien demain et on verra comment tu te débrouilles.

Le lendemain, j'arrivai au travail sur mon trente-et-un. Visiblement stressé, l'adjoint faisait les cent pas et tripotait nerveusement les tissus, un crayon dans la bouche. Soudain, la porte s'ouvrit et deux femmes entrèrent.

— Occupe-toi d'elles, Michael. Je serai derrière, à te regarder.

Un peu anxieux, je me tournai vers les clientes. La plus grande des femmes semblait pleurer et s'essuyait les yeux avec un mouchoir jaune. La plus petite dégageait une détermination froide et avait les doigts tachés par le tabac. Elle ne me plut pas du tout. La façon dont elles manipulaient les tissus foncés me fit penser qu'elles venaient de perdre un proche et qu'elles voulaient lui acheter un costume pour l'enterrement. Au bout d'une dizaine de minutes, elles se tournèrent comme pour partir.

Soudain, la plus grande des deux attrapa ma main et la serra très fort pendant quelques instants en laissant échapper de gros sanglots. Sa compagne lui demanda sévèrement de se ressaisir alors qu'elles passaient la porte. *Elle devait beaucoup aimer son mari pour pleurer ainsi devant un inconnu*, pensai-je. Le directeur adjoint se rua vers moi.

— Alors, Michael, ont-elles acheté quelque chose ?

— Non. Elles faisaient une drôle de paire, et la grande n'arrêtait pas de pleurer.

— Tu veux bien t'occuper du magasin ? Je vais les rattraper pour voir si tout va bien.

— Je n'y suis pour rien, vous savez. Elle pleurait déjà quand elle est entrée dans le magasin. Ce n'est pas ma faute.

Il s'absenta pendant une demi-heure. À son retour, il ne me dit rien de particulier et disparut dans son bureau.

Peu après cet incident, je décidai de commencer à chercher ma mère. L'église où j'avais été baptisé, Saint-Nicolas-de-Myre, sur Francis Street, s'imposait comme point de départ. Après en avoir demandé le chemin à mon chef, je me rendis à Francis Street pendant mon heure de déjeuner et sonnai à la porte du presbytère. Un curé quinquagénaire m'ouvrit alors.

— Mon père, je pense que j'ai été baptisé ici en novembre 1950, et je me demandais…

— Entre, entre, on va regarder ça.

Il m'emmena dans un salon.

— Assieds-toi, mon fils.

Il se rendit dans une autre pièce et en revint avec un grand livre vert.

— Très bien. Alors, quel est ton nom?

— Michael Clemenger, mon père.

— Ce n'est pas un nom banal. Je ne crois pas l'avoir déjà entendu.

Il s'arrêta sur une page et son doigt glissa le long d'une liste quand le téléphone sonna.

— Excuse-moi un instant, je vais répondre.

Sans réfléchir, je retournai le livre dès qu'il eut le dos tourné; et là, je vis toutes les informations que je cherchais:

Mary Clemenger: non mariée
Adresse: -, Crumlin, Dublin 8
Père: inconnu

Fils né le 1er novembre 1950, Michael Francis Clemenger

Baptisé le 6 novembre 1950

Dieu, quel choc de voir cela inscrit noir sur blanc ! J'étais donc bien le fils de quelqu'un, et non un moins que rien « qui ne devrait même pas avoir le droit de respirer l'air des gens comme il faut », comme aimait à le dire frère Lane. Ainsi, il était vrai que ma mère n'était pas mariée à mon père. Le terme de « bâtard » employé par le père O'Neill était donc fondé. Était-ce la raison pour laquelle on s'était débarrassé de moi ? J'avais jeté l'opprobre sur la famille – mais quelle famille ? Le retour du curé vint interrompre le flot de mes pensées.

— Excuse-moi, j'attendais cet appel. Ah, oui, tu voulais savoir si tu avais été baptisé dans cette église.

— Oui, mon père.

— Quelle année as-tu dit ?

— Novembre 1950, mon père.

— En effet, je vois que tu as été baptisé ici le 6 novembre 1950, mais c'est tout ce que je peux te donner comme information.

— Pourquoi, mon père ?

— Eh bien, c'est un peu compliqué.

De toute évidence, il était embarrassé par ce qu'il venait de lire.

— Pourrais-je en avoir une copie, mon père ?

— Non, je crains que ce ne soit pas possible. Bien, je dois aller voir quelqu'un, maintenant, nous allons devoir mettre fin à cette conversation.

Il me souhaita bonne chance avant de refermer la porte derrière moi.

Jim Sheridan

Je n'avais jamais eu de meilleur ami depuis Jimmy, à Sainte-Philomena, mais dès que j'emménageai chez les Sheridan, je devins rapidement très proche de Jim. Comme je l'ai dit, nous étions à peu près du même âge et aimions les mêmes choses. De plus, il me traitait vraiment en ami. Il m'incluait toujours aux discussions, à table, et nous avions le même goût pour les débats d'opinion. Par ailleurs, il dirigeait un petit atelier de théâtre en soirée. S'il en était clairement le leader, il excellait surtout à donner aux autres l'énergie de progresser. Son credo était simple : on peut tout faire à partir du moment où on en a vraiment envie. C'est au sein de ce groupe que je commençai à envisager la possibilité de rejoindre un jour les bancs de l'université. Jim trouvait l'idée très bonne. Un samedi matin, il m'emmena dans une réunion étudiante. Dès que j'entrai dans le bâtiment, je ressentis un tel frisson que je sus instantanément que je voulais intégrer ce milieu. Frappant la table avec son enthousiasme habituel, Jim me martelait que je pouvais devenir ce que je voulais. Je n'avais pas le cœur de le contredire, surtout maintenant que j'avais abandonné mon ambition d'entrer au séminaire.

Un soir, il me fit part d'une idée qui lui trottait dans la tête.

— Michael, tu devrais te trouver une copine.

Il me prit de court. À cette époque, j'étais encore incertain de ma sexualité, et je redoutais que mes expériences avec les Frères chrétiens n'aient fait de moi un homosexuel. Mais je fus vite rassuré lorsque je vis la chanteuse Dana interpréter «*All kinds of everything*» à la télé, prenant conscience de ce qui se passait au niveau de mon bas-ventre et des pensées qui m'excitaient chaque fois que je voyais une photo d'elle.

Un jour, Jim m'invita à Galway, où il jouait une pièce sur Eyre Square. Ce soir-là, je finis au lit avec l'une des comédiennes, et à ce jour encore, je suis convaincu que Jim y a été pour quelque chose. C'était une fille charmante, dans son apparence comme dans sa personnalité, avec de longs cheveux roux épais. Naturellement, j'étais très nerveux, mais elle me mit rapidement à l'aise. Probablement n'était-elle pas au courant que j'étais vierge. Finalement, après de nombreux tâtonnements dans le noir, les choses finirent par s'emboîter comme il fallait, et après un court mais intense moment d'agitation, l'acte fut pleinement consommé. J'avais eu grand peur que les bruits que faisait cette jeune fille n'aient rameuté toute la troupe derrière notre porte.

Longtemps après qu'elle s'était endormie, je restai allongé près d'elle, frappé d'étonnement. Les mystères de l'amour physique n'étaient-ils donc que cela ? J'en vins à la conclusion que cette affaire était largement surestimée. Faire des va-et-vient les fesses à l'air en disant bonjour à la lune n'était guère romantique, à mon humble avis. Le lendemain matin, au petit déjeuner, Jim m'accueillit avec un visage radieux, comme s'il était fier de moi autant que de lui-même. Mission accomplie.

Troisième partie

Une famille ?

Rencontre avec la famille Clemenger

Trois mois plus tard, alors que je sortais d'un magasin sur O'Connell Street, je décidai sur un coup de tête de prendre un bus pour Crumlin. Un chauffeur m'indiqua quelle ligne me laisserait à l'adresse souhaitée. Sans réfléchir à ce que j'étais en train de faire, je sautai dans le premier bus qui arriva. J'avais la bouche sèche et le cœur battant en regardant par la fenêtre. Ma mère voudrait-elle faire ma connaissance ? Serait-elle très vieille ? Je n'avais jamais songé auparavant qu'elle puisse être mariée et avoir d'autres enfants. Si tel était le cas, aurait-elle parlé de moi à son mari ? Une foule de questions s'agitaient dans ma tête.

Les jambes un peu tremblantes, je descendis bientôt à l'arrêt qu'on m'avait indiqué. Là, devant moi, se trouvait la maison de ma mère. Un vertige me saisit. On n'y voyait aucun signe de mouvement, même si les rideaux étaient ouverts, ainsi qu'une petite fenêtre en façade. Je dus faire les cent pas devant le bâtiment pendant plus de dix minutes, en plein désarroi. Le courage me manquait, et je n'arrivais pas à aller frapper à cette porte. De l'extérieur, la maison semblait très propre ; une petite voiture verte était garée dans l'allée. Soudain, la porte d'entrée s'ouvrit et un homme entre deux âges sortit sur le seuil.

— Tu es perdu ? Tu as l'air de chercher quelqu'un. Je peux t'aider ?

Je jouai le tout pour le tout. C'était maintenant ou jamais.

— Je m'appelle Michael Clemenger. Je cherche Mary Clemenger, je crois qu'elle est ma mère. Habite-t-elle ici ?

Le pauvre homme me dévisagea, pétrifié. L'espace d'un instant, je crus que je l'avais tué sur place ; son visage était blanc comme un linge. Je le retins par le bras, craignant qu'il ne s'effondre.

— Ça va, monsieur ? Je suis désolé. Je ne voulais pas vous faire peur.

Il reprit rapidement sa contenance et le contrôle de la situation.

— Ça va. Tu m'as juste donné un sacré choc, c'est tout. Viens, entre un peu dans la maison.

Je le suivis à l'intérieur. Le salon était propre et bien rangé, quelques photos étaient accrochées au mur. Une jeune fille d'environ dix-huit ans leva les yeux vers moi.

— Oh, non ! Pas toi !

Elle sut immédiatement qui j'étais. Comment, je l'ignore. C'était tout simplement ahurissant.

— Je ne veux faire de mal à personne. Je cherche juste Mary Clemenger, qui doit être ma mère.

Ils échangèrent un regard.

— S'il vous plaît, donnez-moi seulement un papier et un crayon pour que j'écrive mon adresse. Peut-être pourrait-elle me contacter ?

Tous deux restèrent immobiles, comme frappés par la foudre. À ce moment-là, j'entendis la porte s'ouvrir derrière moi et une autre jeune fille entra. Je craignis une nouvelle réaction de choc, mais ce ne fut pas le cas. Elle aussi sembla tout de suite savoir qui j'étais, et elle s'adressa à moi avec calme :

— Je m'appelle Catherine. Veux-tu une tasse de thé ?

— Non, merci. Je crois que j'ai fait assez de dégâts comme ça.

La première jeune fille revint dans le salon avec un papier et un crayon. Je m'assis sur une chaise et inscrivis mon nom ainsi que l'adresse de Mme Sheridan, puis tendis la feuille à Catherine. Elle me proposa de nouveau une tasse de thé, mais je lui répondis que je préférais y aller. Elle m'accompagna jusqu'à la porte.

— Comment es-tu venu ?

— En bus.

— Pour le prendre dans l'autre sens, il faut que tu descendes quelques maisons plus loin, par là.

Je la remerciai, et elle ferma la porte derrière moi. J'étais heureux de m'enfuir vers l'arrêt de bus et de me retrouver seul avec mes pensées. C'était vraiment étonnant que Catherine n'ait pas eu l'air surprise par ma visite… Aurais-je un jour de leurs nouvelles ?

Le soir même, je prenais un bain quand on frappa lourdement à la porte.

— Michael, tu es là ?

— Oui, madame Sheridan.

— Tu ferais bien de t'habiller rapidement. Je veux avoir une petite discussion avec toi.

Quand Mme Sheridan voulait « avoir une petite discussion », il s'agissait en général d'un recadrage quelconque. *Bon sang, qu'est-ce que j'ai fait ?* Je détestais contrarier cette femme qui était si bonne avec moi. J'étais dans ma chambre, à m'habiller, quand elle y fit irruption, tout excitée.

— Michael, tu m'as bien dit que tu étais orphelin et que tu avais grandi dans une école technique tenue par des frères ?

— Oui, c'est bien ça.

— Eh bien, dans ce cas, prépare-toi à une grosse surprise. Fais-toi beau, tu as des visiteurs au salon.

Je n'avais jamais eu de visiteurs de toute ma vie. Je compris brusquement de qui il s'agissait, et, paniqué, déballai tout de go à Mme Sheridan ce que j'avais fait le matin même, m'en excusant. J'avais envie de sauter dans mon lit et de me cacher sous les couvertures.

— Eh bien, fiston, il est trop tard pour y changer quoi que ce soit. Il va falloir aller les voir, maintenant.

Je descendis l'escalier, les jambes flageolantes et le cœur battant à tout rompre. Mme Sheridan ouvrit alors la porte du salon, et je vis trois femmes assises sur le canapé. Je reconnus tout de suite la jeune fille, mais pas les deux autres. Elles se levèrent pour m'accueillir, puis la plus petite des trois prit la parole :

— Bonjour, Michael, je suis ta tante Josie. Voici Kate, ta marraine, et Miriam, ta plus jeune sœur, que tu as déjà vue. L'homme que tu as rencontré est mon frère, ton oncle Paddy.

L'espace d'un instant, je crus qu'elle avait dit que Kate était ma mère. Je n'étais pas certain de ce qu'était une « marraine », mais le mot m'avait fait bondir le cœur. Je regardai Kate avec incrédulité.

— Êtes-vous ma mère ?

— Oh, non, mon petit. Je n'ai fait que t'accompagner à ton baptême. C'est le rôle d'une marraine.

J'étais sans voix. Tout le monde pleurait dans la pièce, y compris Mme Sheridan. Miriam s'assit près de moi et me donna une boîte de chocolats. Toujours incapable de parler, je restai médusé sur mon fauteuil. Cinq minutes plus tôt, j'étais orphelin, et maintenant j'avais une tante, un oncle, une marraine et une petite sœur. Mme Sheridan était aux anges et exprima son admiration pour le courage que j'avais manifesté pendant mon existence. Personne n'étant en mesure de faire la conversation, elle commença à faire mon éloge, surtout au regard de toutes les épreuves que j'avais traversées pendant mes années à Saint-Joseph. Remarquant que Miriam, *ma sœur*, semblait bouleversée par ses mots, je changeai rapidement de sujet. Mme Sheridan le comprit immédiatement et cessa de parler.

— Ne nous sommes-nous pas déjà rencontrés ? demandai-je à Josie.

Josie répondit négativement, mais je me permis d'insister.

— Mais si, mais si. Nous nous sommes vus à Dublin Fabrics, quand vous êtes venues voir les tissus.

Ma marraine prit alors la parole.

— C'est vrai, Michael, nous étions venues pour te voir. Vois-tu, l'adjoint de ton chef est marié à quelqu'un de notre famille, et nous savions tout ce que tu faisais depuis ce temps-là.

Je n'arrivais pas à y croire : cet homme savait tout et ne m'avait rien dit. Qu'il attende un peu lundi prochain, que tout ça soit mis au clair ! Les trois femmes restèrent près d'une heure, et c'est Josie qui parla le plus. Mes sœurs vivaient avec elle et oncle Paddy à Crumlin, et d'autres membres de la famille habitaient le quartier. Apparemment, ma mère vivait ailleurs, ce qui me parut un peu étrange. Personne n'évoqua l'éventualité que je la rencontre, et je sentis que je ne devais pas encore pousser dans ce sens. Pour l'heure, j'avais déjà beaucoup d'autres gens à rencontrer.

Josie prit des dispositions pour que son autre frère, mon oncle Michael, vienne me chercher à midi le lendemain, pour le déjeuner dominical. Sur ce, elles nous dirent au revoir. Tante Kate me serra fort dans ses bras.

— Voilà, Michael, c'est ça que je voulais faire dans le magasin de Dublin Fabrics, l'autre fois. Mais tu avais l'air bien établi, alors j'ai pensé qu'il valait peut-être mieux laisser les choses comme elles étaient.

— Vous voulez dire, ne pas rechercher ma mère, tante Kate ?

— Oui, j'imagine.

— Mais pourquoi ?

— Parfois, le temps ne suffit pas à arranger les choses.

Tante Josie demeura silencieuse et ne trahit aucune émotion, à la différence de ma marraine.

— Regarde comme tu es grand, maintenant. Quand je pense que la dernière fois que je t'ai pris dans mes bras, tu avais cinq jours.

— Mais tante Kate, j'aimerais retrouver ma mère, un jour. Vous ne me refuserez pas ça, n'est-ce pas ?

— Non, Michael, bien sûr que non, mais chaque chose en son temps. De toute façon, nous en reparlerons. On se voit demain.

Miriam me dit au revoir à son tour. Je voyais bien que la situation l'éprouvait, et qu'elle avait hâte de rentrer pour poser des questions. Mme Sheridan poussa un profond soupir en refermant la porte sur elles.

— Oh, Michael, je ne veux plus jamais revivre un moment pareil. Je ne sais même pas quoi dire. Allez viens, on va manger un morceau, juste toi et moi. Et puis tu iras directement au lit après manger. Je suis sûre que tu auras plein de choses auxquelles réfléchir avant demain, mais il faudra essayer de dormir quand même.

Je ne parvins pas à dormir. J'avais énormément de mal à intégrer l'idée que je possédais maintenant une grande famille. Depuis tout ce temps, je ne songeais qu'à ma mère, et voilà que j'avais soudain des tantes, des oncles et deux sœurs. C'était choquant, d'une certaine manière. Du coup, cela signifiait-il que je n'étais plus un bâtard ? Je me demandais aussi à quoi ressemblait cet oncle Michael, et dans combien de temps j'allais pouvoir rencontrer ma mère.

Je me levai de bonne heure le lendemain matin, après une nuit blanche. Mme Sheridan fit de son mieux pour m'aider à me détendre. Après le petit déjeuner, je me rendis en ville pour acheter mes journaux, comme je le faisais chaque dimanche matin. Le reste de la matinée me parut interminable. À onze heures et demie, Mme Sheridan me dit d'aller me préparer. La maison était silencieuse, car tout le monde traînait au lit. Soudain, à midi moins dix, la sonnette de la porte retentit. Mme Sheridan alla répondre, et j'entendis un homme dire qu'il venait chercher son neveu, Michael. Elle l'invita à entrer mais il déclina l'offre en expliquant que nous devions être à Crumlin pour le déjeuner, à une heure.

— Viens, Michael, viens voir ton oncle.

Je vis que l'homme était troublé par la situation et qu'il essayait de donner le change. Mais je n'étais pas moins nerveux que lui. Je regardai Mme Sheridan, qui me poussa gentiment vers la porte.

— Allez, Michael, à tout à l'heure. Bonne chance, mon petit.

C'est sans un mot que mon oncle et moi avançâmes jusqu'à la voiture. Dès que nous y fûmes entrés, il alluma la radio, le silence étant devenu pesant. Au bout d'un moment, il parvint à dire quelque chose.

— Tu es au courant que tu ne peux pas épouser tes sœurs, n'est-ce pas, Michael ?

— Bon Dieu, je viens juste de les rencontrer et je n'ai aucune intention de les aimer de cette manière ! répliquai-je avec colère.

— Comment étais-tu traité par les frères, là-bas ? me demanda-t-il.

— Malnutrition, sévices physiques et sexuels, vous voulez que je continue ?

— Quels sévices sexuels ?

Je commençai à lui fournir des détails quand il s'écria :

— Ça suffit, Michael, c'est bon. Je ne veux plus entendre ça !

Je sentis qu'il était dégoûté par les détails, sans forcément me croire.

Je m'attendais à voir ma mère en arrivant à Crumlin. De nombreux membres de ma famille étaient présents – tante Josie, oncle Paddy, mes deux sœurs, le petit ami de la plus âgée des deux, la femme de l'oncle Michael, tante Kate et son mari – mais pas ma mère. Je parlai aussi pour la première fois au téléphone avec l'oncle Tim, qui vivait à Wembley en Angleterre. Je me demandais pourquoi mes sœurs ne vivaient pas avec notre mère.

Plus tard dans l'après-midi, alors que j'étais encore chez tante Josie, je me sentis déstabilisé par toutes les émotions que je ressentais. Avant tout, j'étais envahi par l'idée que j'aurais dû avoir le droit de grandir ici, dans le confort d'un environnement familial normal. Mon rêve de devenir prêtre aurait alors certainement pu se réaliser. En fait, c'est tout mon avenir qui aurait alors été grand ouvert. Peut-être aurais-je changé de projet de carrière et préféré devenir enseignant, médecin, notaire ou Dieu sait quoi. Les larmes me montèrent aux yeux alors que je songeais à toutes ces possibilités perdues. Mon chagrin monta d'un cran lorsque j'aperçus les photos encadrées sur les murs : il n'y en avait aucune de moi bébé ou enfant. Je fus alors frappé par l'idée qu'il n'existait aucune trace de toute ma vie jusqu'à ce jour. Voilà ce que c'était que de ne pas avoir de famille : nul ne se souciait assez de vous pour vous prendre en photo. Quand je sortis dans le petit jardin, je songeai une fois encore que cet endroit aurait dû être mon premier terrain de jeu, loin des brutes et du regard concupiscent des frères.

Et puis, j'avais des sœurs. L'idée d'avoir des frères ou des sœurs ne m'avait jamais effleuré. J'étais tellement envieux de leur sort. Apparemment, on s'était bien occupé d'elles, elles avaient grandi dans l'amour et la tendresse constante, qui, je le croyais fermement, procuraient cette confiance en soi qui me ferait toujours défaut. Grâce aux bons soins de tante Josie et d'oncle Paddy, elles savaient qui elles étaient et d'où elles venaient. Ne pas savoir qui l'on est vraiment est une chose bien étrange et difficile à vivre.

Quand je fus rentré chez Mme Sheridan, ce soir-là, complètement dépassé par le vide de mon existence en comparaison de celles de mes sœurs, je pleurai longuement dans mon lit. Je ne pouvais m'en empêcher ; mon amertume était trop forte.

Mes sœurs étaient très différentes, tant dans leur apparence que dans leur personnalité. Catherine avait deux ans de plus que moi, étant née en 1948. Elle fut d'abord élevée par tante Josie, laquelle ne se maria jamais. Leur lien était très fort. Quand elle parlait à Catherine, Josie laissait tomber ce « masque d'invincibilité » qu'elle arborait avec les autres. Catherine semblait être l'enfant qu'elle avait toujours voulu avoir. D'après ce que je pus en voir, leur relation était très différente de celle que Mme Sheridan entretenait avec son fils Jim. Lors de leurs fréquents affrontements, c'était généralement Catherine qui l'emportait, même si tante Josie aimait la titiller avant de finir par l'approuver.

Je ne pense pas que Catherine et moi nous serions bien entendus. Nos personnalités étaient complètement différentes ; elle aimait trop n'en faire qu'à sa tête et n'aurait jamais accepté de passer en deuxième place, même sur un terrain de jeu. J'aurais été un obstacle pour elle. Peut-être le savait-elle aussi ; nous nous serions sûrement entre-tués. Tout comme notre tante, elle en vint rapidement à croire que je ressemblais beaucoup trop à notre mère à son goût.

Ma petite sœur Miriam était née en 1952. Son tempérament était plus proche du mien, et nous nous ressemblions beaucoup. Maman a toujours dit que nous avions le même père. Bien plus calme que Catherine, elle préférait rester en retrait et témoigner un simple respect à tante Josie, laquelle parlait pendant que Miriam écoutait. Elle était douce et gentille avec tout le monde, et pouvait illuminer une pièce de son sourire. En apprenant à la connaître, je regrettai de ne pas avoir été présent pour elle pendant son enfance. À nous deux, nous aurions pu affronter efficacement le duo tante Josie-Catherine, j'en suis certain. J'imaginai qu'elle n'avait pas bénéficié du même degré d'affection que sa sœur aînée. Catherine semblait en effet monopoliser l'attention de tante Josie, de sorte qu'il ne devait guère en rester pour Miriam ; mais peut-être essayais-je seulement de créer encore plus de similitudes entre nous, pour rattraper toutes ces années où nous ne connaissions même pas l'existence de l'autre.

Pendant les quelques mois qui suivirent, je passai tous mes dimanches après-midi dans la maison familiale de Crumlin. Ces après-midi étaient infiniment plus relaxants lorsqu'il n'y avait que moi, Miriam et oncle Paddy. Nous nous installions tous les trois devant la télévision avec des tasses de thé et des assiettes de gâteaux pour regarder un vieux film en noir et blanc. Nous nous laissions emporter par l'histoire sous la lumière fluctuante du petit écran. Nous étions trois sentimentaux et nous pleurions facilement devant un film triste ou romantique.

Un soir, Catherine rentra à l'improviste et alluma brusquement toutes les lumières. Elle n'essaya même pas de dissimuler son dégoût.

— Bande de minables, en train de chialer devant la télé comme des bébés, et devant *lui*, en plus !

Paddy explosa de colère.

— « Lui » ? Je te signale que c'est de ton frère que tu parles, et qu'il s'appelle Michael !

Miriam quitta la pièce en pleurant. La conversation fut mince pendant le souper, ce soir-là. Quand Josie eut vent de l'incident, elle ne fut pas contente, mais ne dit rien.

Je découvrais peu à peu que faire partie d'une famille était plus compliqué que je ne l'aurais pensé.

Un dimanche, Paddy m'invita à monter dans sa chambre, ce qui surprit Miriam.

— Nom d'un chien, d'habitude personne n'a le droit d'y entrer !

Il sortit une vieille boîte à chaussures de sous le lit.

— Tu n'as pas de photos de tes sœurs, Michael. Aimerais-tu en avoir quelques-unes ?

— Oh, oui, s'il te plaît. Est-ce que je pourrais aussi en avoir une de toi ?

Il parut agréablement surpris.

— Assieds-toi donc sur le lit. Je vais te parler un peu de notre famille – de la tienne et de la mienne.

Quel doux sentiment d'appartenance… Il faisait cela en pleine conscience de son acte, et je regrettai que cet homme ne soit pas mon père. Un lien profond se nouait entre nous, et je suis sûr que nous le savions tous deux.

— Bien. Alors, mon père, c'est-à-dire ton grand-père, s'est marié deux fois et a eu huit enfants en tout. Ta tante Frances, l'aînée de ses enfants, est née en 1916. Mais sa mère, ta grand-mère, est morte en lui donnant naissance. C'est triste, mais ça arrivait souvent à cette époque. Ton grand-père s'est donc remarié et a eu sept enfants de plus. Ce sont tes oncles : Michael, John, Tim, qui vit en Angleterre et moi ; ta mère, Mary, et tes tantes Josie et Kate.

J'avais du mal à retenir tous ces noms, qui me faisaient l'effet d'une foule après vingt années comme orphelin. Tout cela me dépassait. Si j'avais tant d'oncles, de tantes, et de sœurs, pourquoi personne n'avait-il jamais tenté de me retrouver ? Après tout, ça n'était pas bien difficile. Ils auraient au moins pu essayer.

— Qu'est-il arrivé à mes grands-parents ?

— Ton grand-père est parti se battre en Afrique du Nord pendant la Seconde Guerre mondiale, et il est mort de ses blessures en janvier 1946. Il est enterré en Angleterre.

Cela me surprit beaucoup.

— Pourquoi n'est-il pas enterré en Irlande ?

— C'est une question de coût, Michael. Nous ne pouvions pas nous permettre de rapatrier son corps. N'oublie pas que c'était pendant la guerre. Personne n'avait d'argent.

Sa voix trembla un peu et il regarda quelques instants par la fenêtre avant de reprendre ses esprits.

— Ta grand-mère, par contre, a vécu bien plus longtemps. Elle est morte il y a seulement cinq ans.

— Peux-tu me parler de ma mère ?

Il devint soudain plus tendu et sembla peser ses mots.

— Eh bien, Michael, je dirais que ta mère n'est pas une personne facile. Elle est très nerveuse, et est même malade des nerfs. Cela remonte au jour où elle est tombée de l'arrière d'un camion et s'est cogné la tête sur la route. Elle n'a jamais été bien après ça.

Il me montra alors une photo d'elle, en noir et blanc. La ressemblance avec moi était nette. J'en enregistrai immédiatement les moindres détails. Assise dans un jardin, elle était plutôt petite, avec des cheveux courts. Au lieu de sourire au photographe, elle arborait un air morose.

— Malheureusement, je ne peux pas te donner cette photo, au cas où Josie s'en apercevrait. Mais tu rencontreras bientôt Mary. Tout ce que je peux te dire, c'est que l'amour entre ta mère et tante Josie est intact.

— Et mon père?

— Ah, Michael, tu poses trop de questions. Prends ton temps, ne sois pas si pressé. C'était un brave garçon, voilà ce que je peux en dire pour le moment.

— D'accord. Est-ce que je lui ressemble?

— Non, vraiment pas. Tu as vu la photo; tu ne trouves pas que tu es le portrait craché de ta mère?

— Oui, on dirait. Aurais-tu des photos de lui?

— Non, il n'y en a pas. Pour être honnête, nous ne l'avons pas vu depuis des années. Si ça se trouve, il est mort, et nous ne le savons pas. Mais ne t'inquiète pas; tu verras ta mère très bientôt. Quand le moment sera venu. Tu sais, je suis toujours sous le choc que tu m'as fait en débarquant, le matin où je t'ai demandé si tu étais perdu. Tu t'en souviens?

— Tu savais qui j'étais?

— Et voilà. C'est reparti pour les questions!

Le grand débat

Six mois plus tard, sur mon insistance, tante Josie et oncle Michael organisèrent une réunion de famille au sujet de mon désir de voir ma mère, ce qui me permit de rencontrer pour la première fois son jeune frère John et sa femme Sarah. Oncle John m'accueillit à bras ouverts.

— Comment tu vas, fiston ? La forme ? Bon Dieu, qu'est-ce que tu ressembles à ta mère !

Une fois la conversation engagée, il apparut que tante Josie et oncle Michael étaient tout à fait opposés à cette idée, ce qui rendit furieux mes oncles Paddy et John. Paddy s'insurgea immédiatement.

— Pourquoi est-ce que vous rendez toujours les choses plus compliquées, vous deux ?

Oncle Michael commença à dire que les choses n'étaient pas si simples, et que savions-nous de ce garçon, quand John l'interrompit brutalement.

— Putain, mais pourquoi n'appelles-tu pas « ce garçon » par son nom ? Est-ce parce qu'il porte le même que toi ?

Josie essaya de calmer le jeu.

— S'il te plaît, ce n'est pas la peine de parler sur ce ton. Ce n'est pas ça qui fera avancer les choses.

Oncle John recentra le débat.

— Michael veut seulement rencontrer sa mère. Quel est le problème ?

— Eh bien, pour commencer, Michael a fait de la prison il n'y a pas si longtemps.

Je me décomposai, choqué que cela fût dit ici, surtout devant mes sœurs. Le silence se fit, et tout le monde me regarda. Ne sachant où me mettre, je fixai la moquette usée jusqu'à ce que John suggère que nous fassions une pause. Il m'invita à le suivre dehors pour fumer une cigarette. J'acceptai, trop heureux d'échapper à tous ces regards inquisiteurs.

— Bon, Michael, je voudrais que tu me dises aussi clairement que possible ce que tu as fait pendant toutes ces années.

Je lui parlai succinctement des sévices que j'avais subis à Saint-Joseph et de mes difficultés à conserver un emploi depuis ma sortie de l'école. Je lui expliquai également comment j'avais fini en prison. En quelques minutes, il avait un tableau bien plus net de ma situation.

— Eh bien, dis donc, tu n'as pas eu une vie facile, hein ?

— Non, en effet.

Je sentis les larmes me monter aux yeux. Il tira avec force sur ce qu'il restait de sa cigarette.

— Tes sœurs ont eu bien de la chance, en comparaison. Bon, retournons voir les autres.

À notre retour, je pense qu'oncle Michael et tante Josie s'attendaient à ce que John ait changé d'avis, mais ils se trompaient.

— Bien, j'ai entendu ce que Michael avait à dire. Ses sœurs ont eu beaucoup, beaucoup de chance de ne pas avoir à vivre ce qu'il a subi. Maintenant, je suis d'autant plus convaincu qu'il doit voir sa mère. De toute façon, si elle apprend que son fils est revenu et que vous n'avez pas voulu le lui dire, je vous souhaite bon courage. Elle est capable de venir ici jeter des briques par les fenêtres et terroriser les voisins. Vous avez vraiment envie que tout le monde la voie encore se faire arrêter ?

Dieu du ciel ! Quoi ? Maman, arrêtée ? Qu'est-ce que c'est que cette histoire ?

Je me tournai vers Josie.

— Elle est en prison ?

Au lieu de répondre, elle s'en prit à John.

— Bravo, tu es content ? Tu as traumatisé cet enfant !

Cette remarque fit sortir mon oncle de ses gonds.

— Cet enfant ? Quel enfant ? Non mais, est-ce que tu l'as regardé, nom de Dieu ? Il a vingt ans ! Ce n'est plus un enfant !

Je sentis que la dispute prenait une tournure qui n'avait plus rien à voir avec moi. Je commençais à comprendre que les familles recèlent beaucoup de colère, et décidai de me lever pour leur rappeler pourquoi nous étions là.

— Tante Josie, je veux vraiment rencontrer ma mère. S'il te plaît.

La bataille fut perdue pour elle après cela, malgré les appels à la prudence réitérés de l'oncle Michael. Hors de lui, son frère lui beugla dessus :

— Oh, ferme-la donc, toi !

L'oncle Michael se rassit rapidement sur sa chaise. Je regardai John avec admiration. Quelle chance d'avoir un tel champion de mon côté ! Je profitai de l'occasion pour frapper à mon tour, et dis innocemment à oncle Michael qu'il n'avait pas été très gentil avec moi lors de notre première rencontre. John le foudroya du regard. Bien sûr, j'étais en train de répéter un comportement que j'avais appris pendant mon enfance ; c'était ainsi que j'avais appris à me protéger à Saint-Joseph. J'avais réalisé qu'il était important d'avoir quelqu'un de fort de mon côté, prêt à se battre pour ma cause. Et l'une des façons de renforcer le lien avec cette personne était de lui rapporter comment quelqu'un d'autre m'avait mal traité. Voilà pourquoi j'éclatais en sanglots devant frère Price quand frère Lane entrait dans la cour, bien des années auparavant.

— Tiens, tiens, comment se fait-il que ça ne me surprenne pas ? dit John.

Enhardi par ce soutien, je poursuivis.

— Il m'a dit que je ne pouvais pas me marier avec mes sœurs. Apparemment, il doit me prendre pour un débile, ou je ne sais quoi.

Cette remarque fit sursauter Paddy, qui n'avait rien dit depuis un moment.

— Toujours en train d'essayer de faire la loi, hein. Espèce d'imbécile !

Personne ne sut que dire après cela, tant le niveau d'hostilité était élevé autour de la table. Ma sœur Catherine semblait choquée qu'oncle John s'oppose à tante Josie, et Miriam était choquée par la colère d'oncle Paddy. À dire vrai, je trouvais quant à moi ce spectacle assez fascinant.

C'est donc ça, la vie de famille, pensai-je. *Est-ce ainsi dans tous les foyers ?*

Je me remémorai mes marches dans les rues de Tralee, quand je rêvais d'appartenir à l'une de ces maisons ; ce genre de guérilla avait-il lieu derrière tous les jolis rideaux accrochés aux fenêtres ? J'avais l'impression que ce n'était guère différent des tensions et des jalousies qui existaient entre les frères Price et Roberts. Et il m'était impossible de ne pas prendre parti. Bien entendu, j'étais du côté des oncles John et Paddy, et contre tante Josie et oncle Michael. Pendant ce temps, Miriam et tante Sarah décidèrent d'aller préparer thé et sandwiches pour les différents adversaires.

Après deux heures de conflit supplémentaires, où aucune équipe n'acceptait de lâcher du lest, j'émis une suggestion :

— Pourquoi ne pas me donner son adresse, et j'irai moi-même frapper à sa porte ?

Les deux camps se mirent enfin d'accord sur un point : ce n'était pas du tout une bonne idée.

Oncle Paddy était inquiet pour ma mère, de la réaction qu'elle pourrait avoir envers moi et des conséquences possibles sur ses nerfs. Lorsque je m'enquis de son état exact, tout le monde demeura évasif. Mes sœurs se montrèrent préoccupées pour moi à l'idée que les choses dérapent en présence de ma mère. Plus tard, dans la cuisine, ma tante Sarah, avec qui j'avais immédiatement eu des atomes crochus, passa ses bras autour de moi et me recommanda d'être prudent.

Les circonstances de mon abandon avaient-elles un rapport avec la maladie nerveuse de ma mère ? Depuis le début, je nourrissais l'idée romantique que je lui avais été enlevé contre son gré. Étais-je en partie responsable de son trouble ? Était-ce la raison pour laquelle on m'avait écarté, et non mes sœurs ? Personne ne voulut m'en dire davantage sur ma mère. La seule information nouvelle que je détenais était cette histoire de lancer de briques et l'arrestation qui en avait découlé. Cet incident avait-il quelque chose à voir avec moi ?

Finalement, on proposa que les oncles Michael et John viennent me présenter à ma mère. John regimba immédiatement.

— Pas question ! Je ne mettrai pas un pied dans ce merdier !

L'oncle Michael et moi irions donc seuls rendre visite à ma mère la semaine suivante. Avant de partir, John m'attrapa par le bras et me fit promettre de l'informer si Michael se montrait de nouveau désagréable avec moi. Sur ce, la réunion – ou plutôt, la bataille – prit fin. Nous y étions : après vingt ans d'absence cruelle, j'allais rencontrer ma mère pour la toute première fois.

Maman

L'oncle Michael m'avait donné rendez-vous devant le poste de police de Kevin Street. La semaine venait de s'écouler dans un brouillard total. Je tremblais d'excitation en me rendant au point de rendez-vous, où mon oncle m'attendait, raide comme un piquet.

— Tu vois cet ensemble d'immeubles de l'autre côté de la route ? C'est là que ta mère habite.

La vue des bâtiments me donna la chair de poule. L'endroit était dénué de toute couleur et ressemblait en tous points à une maison de correction. L'intérieur de l'enceinte me rappela Saint-Joseph par son ambiance laide et glauque. Je demandai à Michael pourquoi ma mère vivait ici et non à Crumlin, mais il se contenta de marcher en regardant droit devant lui. Nous passâmes devant plusieurs blocs avant de nous arrêter devant l'un d'eux, au bout d'une allée.

— Voilà. Elle habite ici.

Quel taudis ! Une forte odeur d'urine régnait dans l'entrée, et l'escalier était très mal éclairé. À mi-chemin, Michael s'arrêta subitement.

— Tu es sûr que tu veux faire ça ? Une fois que j'aurai frappé à la porte, on ne pourra plus faire marche arrière. Tu comprends bien ?

— Oui, oui, je veux la voir, quoi qu'il arrive.

Il poussa un profond soupir et poursuivit son ascension.

— Dans ce cas, toutes mes condoléances.

J'en restai ébahi. Ne pouvait-il donc pas se réjouir un peu pour moi ? Quel était son problème ?

Il monta le reste des marches tel un homme se rendant à la potence. J'étais tellement énervé que je pressai le pas pour essayer de parvenir en haut de l'escalier avant lui.

— Comment ça, « toutes mes condoléances » ?

— Écoute, je t'ai dit que ce serait compliqué.

En arrivant devant la porte, je m'apprêtai à frapper.

— Ne t'approche pas de la porte, Michael, laisse-moi faire.

Il me demanda encore si j'étais bien sûr de vouloir le faire, cette fois en chuchotant. À vrai dire, il avait l'air d'avoir peur. Tout cela devenait vraiment ridicule.

— Bon sang, oncle Michael !

— Bon, d'accord, d'accord. Parle moins fort.

Il prit une grande inspiration et frappa à la porte. Pas de réponse. Je craignis qu'elle ne soit pas chez elle. Il essaya de nouveau, un peu plus fort cette fois. Une voix – la voix de ma mère – s'éleva alors pour demander qui était là.

— Mary, c'est ton frère Michael.

— Qu'est-ce que tu veux ?

— Je veux juste te parler un instant, s'il te plaît.

Il y eut une seconde de silence, puis elle répondit :

— D'accord.

Lorsque la porte s'ouvrit enfin, un nuage de fumée s'échappa de l'intérieur et nous enveloppa. Mon oncle murmura du bout des lèvres :

— Bon Dieu, je déteste la fumée de cigarette.

Quand le nuage se dissipa, je fus presque déçu. Je devais m'attendre à quelqu'un de différent, peut-être comme la grande femme au chignon qui venait rendre visite à Jimmy. Ma mère ne ressemblait en rien à la photo qu'oncle Paddy m'avait montrée. À la place, j'avais devant moi une petite femme maigre et émaciée, sans cheveux sur la tête ni dents dans la bouche. Ses doigts étaient jaunis par le tabac, et elle avait grand besoin de prendre un bain. Était-ce vraiment ma mère ? Et que diable avait-il donc pu lui arriver pour qu'elle soit dans cet état ? Je me sentis aussitôt extrêmement triste pour elle.

L'oncle Michael et ma mère se considérèrent avec méfiance. Il était évident qu'il aurait préféré se trouver n'importe où sur terre plutôt qu'à cet endroit. Il se racla la gorge avec nervosité.

— Mary, connais-tu ce garçon ?

Elle me regarda attentivement pendant un moment. Lorsque je croisai son regard, elle se détourna brusquement et cria à son frère :

— Non ! Je ne l'ai jamais vu de ma vie.

— Tu en es sûre ?

Je me sentais comme un colis perdu que personne ne veut réclamer.

— Regarde-le bien, Mary. Regarde-le de plus près.

S'il te plaît, maman, priai-je intérieurement, *reconnais-moi et accepte-moi.*

Elle prit cette fois son temps et me tourna autour pour me contempler de profil. Elle commença à hocher la tête.

— Oui, je l'ai peut-être déjà vu quelque part.

— Où penses-tu l'avoir vu ?

— Je ne sais pas, peut-être dans la rue.

Le suspense me donnait envie de hurler.

— Alors, c'est qui ?

Lentement, Michael posa une main sur mon épaule.

— C'est ton fils, Mary. C'est Michael, ton fils. Il voulait te rencontrer.

Elle me fixa sans dire un mot pendant une dizaine de secondes. J'étais cloué au sol, incapable de bouger et terrifié à l'idée qu'elle refuse de croire son frère. Soudain, un cri jaillit de sa gorge et elle porta les mains à sa bouche.

— Oh, mon Dieu ! Oh, mon Dieu ! C'est vraiment mon fils ? C'est bien mon fils ?

Je restais bêtement planté là, oubliant que j'avais aussi un rôle à jouer. Michael me poussa légèrement.

— Réponds à ta mère.

— Oui, mère. Je suis Michael Clemenger.

— Il n'y a pas d'erreur possible ?

— Non, Mary, aucun doute. C'est bien lui.

Il y eut un moment de flottement, puis ma mère passa devant oncle Michael et me sauta au cou pour me serrer dans ses bras, m'embrasser et passer ses mains dans mes cheveux.

— Il te ressemble beaucoup, tu ne trouves pas ?

Trop occupée à m'embrasser, elle ne lui répondit pas.

— Mon fils, mon fils !

Elle avait une sacrée poigne pour une si petite femme. La première chose qui me vint à l'esprit fut de lui demander ce qui était arrivé à ses cheveux.

— Oh, ils sont tombés.

Elle rit nerveusement, révélant une bouche édentée.

— Mon fils, je savais que tu reviendrais un jour. Je le savais !

Elle lança un regard de défiance à son frère.

— Aucun d'entre vous ne voulait me croire, aucun. Alors, qu'as-tu à dire maintenant, hein ? Oh, mon fils est revenu, Dieu soit loué ! Michael, mon tout-petit !

Nous étions toujours dans le couloir. Elle s'agrippait à moi comme si elle craignait que je ne m'envole, ou de se réveiller au milieu d'un rêve. Michael jeta un œil inquiet autour de nous.

— Rentrons donc, Mary. Le bruit va déranger tes voisins.

— Pff ! Mon fils Michael est revenu. Je me fiche bien d'eux.

Je la guidai doucement à l'intérieur.

La pièce principale était dans un indescriptible chaos. Il y avait des objets éparpillés partout, dont une incroyable quantité de paquets de cigarettes et de boîtes d'allumettes sur le sol, la cheminée et le lit. À elles deux, les chambres du père O'Neill et du frère Burke ne rivalisaient pas avec un tel capharnaüm. Près de la fenêtre se trouvaient une petite table et une unique chaise, et dans le coin à côté de la porte, une vieille télévision surplombée d'une antenne télescopique. Aucune image ni photo n'égayait les murs. Près de la télé, une petite vitrine contenait les divers bibelots qui devaient constituer son seul luxe. On apercevait un gros réservoir à charbon et un évier derrière son lit. C'était loin d'être un palais. Ma mère avait dû connaître de sérieux ennuis pour en être réduite à ce train de vie.

Elle voulut faire du thé, mais l'excitation lui faisait trembler les mains et l'empêchait de tenir correctement quoi que ce soit. L'oncle Michael s'assit sur le lit avec rigidité, craignant de bouger.

— Laissez, mère, je me charge de faire le thé.

— Tu es gentil, mon fils.

Elle me montra où se trouvait le nécessaire. Je me déplaçai dans la pièce avec une confiance apparente. Je ne voulais pas que mon oncle croie que cette rencontre avec ma mère me bouleversait outre mesure. Je sentis qu'elle n'aimait pas son frère, et cela renforça ma confiance en moi, surtout quand ce vieux salaud refusa le thé que je venais de préparer. L'antipathie de ma mère pour lui fut l'une des premières choses que je nous trouvai en commun.

— Quand es-tu revenu, mon fils ?

D'instinct, je restai vague. À ce stade, je ne voulais pas que maman sache que j'avais intégré sa famille depuis six mois déjà.

— Qu'as-tu donc fait de tante Josie ?

Par-dessus son épaule, je lus la crainte dans les yeux de mon oncle. *Fais attention*, pensai-je, *ne lui donne pas l'impression de trop aimer tante Josie.*

Des échos des frères Price et Roberts ! Dieu sait ce que ma mère aurait fait si j'avais fourni la « mauvaise réponse ». Les fenêtres de Crumlin auraient probablement été en danger de mort. L'oncle Michael se détendit quand il comprit que son neveu n'était pas un abruti total et qu'il était conscient des signaux d'alerte.

— Il va bientôt falloir y aller, Michael.

— Aller où ? Où est-ce que tu l'emmènes ? aboya-t-elle soudain.

— Tout va bien, mère. Oncle Michael voulait dire qu'il est temps pour nous tous de partir pour Crumlin.

Une fête y est organisée pour moi, et vous êtes invitée. Alors allez vous préparer, si vous le voulez bien.

La pièce était bien encombrée avec trois personnes entre ses murs. Elle aurait fait un excellent confessionnal. Quelques minutes plus tard, maman réapparut de derrière le lit, l'air beaucoup plus présentable.

— Bon sang, mais où avez-vous dégoté ces cheveux ?

— C'est ma perruque, mon petit. Je n'ai plus qu'à mettre mes dents et je suis prête.

Ainsi arrangée et maquillée, ma mère avait l'air beaucoup plus jeune et était même presque jolie. Je perçus le soulagement d'oncle Michael lorsque nous quittâmes l'immeuble pour revenir enfin à la civilisation. Rayonnante, ma mère marcha dans les couloirs au bras de son fils tandis que son frère nous suivait docilement.

Lorsque nous arrivâmes à Crumlin, tout le monde nous attendait : tante Josie, mes sœurs, les oncles John et Paddy, les tantes Kate et Sarah ainsi que quelques cousins. Tante Josie paraissait relativement terrifiée, et je dus m'interposer subtilement quand ma mère exprima à plusieurs reprises son envie de gifler sa sœur. De temps à autre, elle se défoulait en braillant à toute la famille :

— Vous voyez bien, bande de cons ! Je vous avais dit que mon fils reviendrait un jour. Personne n'a jamais voulu me croire. Alors, vous me croyez maintenant, hein ?

— Mère, soyez gentille, s'il vous plaît. Tout va bien, maintenant. Je suis là, et je reste.

Tout le monde fut surpris et soulagé que je ne réagisse pas comme elle, en ressassant le passé avec des mots vulgaires et agressifs. De temps à autre, j'apportais un verre à Josie en essayant de ne favoriser personne. Elle ne savait plus comment se comporter avec moi. J'avais l'impression qu'elle se sentait piégée, comme son frère Michael, quand elle était dans une situation dont le contrôle lui échappait. Je passai cependant une bonne soirée avec Paddy, John, Sarah et tante Kate. Mes pauvres sœurs semblaient perdues. Elles s'agrippaient à tante Josie comme des poussins effrayés à une mère poule. Aucune d'entre elles n'avait envie de se retrouver en compagnie de maman. Il me sembla que Catherine, en particulier, se faisait un devoir de protéger Josie des assauts imprévisibles de notre mère.

Je me rendis compte que, si Josie et oncle Michael faisaient habituellement la loi dans la famille, tous deux étaient réduits à l'état de chiffes molles dès que ma mère était présente. Quelque chose avait dû se produire autrefois, et je ne devais pas y être pour rien. Au cours de la soirée, j'appris enfin comment j'avais atterri chez les nonnes.

Apparemment, après la naissance de Catherine, la famille – c'est-à-dire tante Josie et oncle Michael – décida de la garder. À contrecœur, certes, mais de la garder tout de même. À cette époque, avoir un enfant hors mariage jetait l'opprobre sur la famille. Les principes de l'Église pesaient si lourd que ces « fruits du péché » étaient généralement dissimulés à la vue des honnêtes gens. Catherine eut donc beaucoup de chance. Mais malheureusement pour moi, quand maman tomba enceinte pour la deuxième fois, la famille voulut recueillir l'avis du curé de la paroisse locale. La peur était grande que la maison ne devienne un repaire de « bâtards ». Je fus donc laissé entre les mains des autorités paroissiales après un rapide baptême au sein de l'Église catholique. Après cela, la famille espéra que maman ne tomberait plus enceinte. Ce qui arriva pourtant de nouveau, et dix-huit mois plus tard naissait une autre petite fille. La raison pour laquelle ils ont gardé Miriam n'est pas tout à fait claire pour moi ; peut-être s'étaient-ils dit que Catherine avait besoin de compagnie. On ne m'expliqua jamais pourquoi on s'était débarrassé de moi aussi facilement. Pis encore : ma mère me dit qu'elle avait proposé à la famille de me reprendre. J'ignore si c'est exact, mais tout ce que je sais, c'est que j'aurais aimé connaître mes sœurs pendant notre enfance.

Tout le monde me disait de ne pas le faire.

— Tu le regretteras toute ta vie. Personne ne peut vivre avec ta mère. Elle est malade des nerfs. Cela signifie qu'elle peut péter les plombs à n'importe quel moment, et Dieu sait ce qu'elle est alors capable de faire.

Je ne voulais pas en tenir compte.

— Bon sang, mais regardez-la un peu ! Ce n'est qu'un tout petit bout de femme. Elle ne ferait sûrement pas de mal à une mouche.

J'étais tiraillé entre les conseils que me prodiguaient mes tantes, mes oncles et ma sœur Catherine, et la profonde tristesse que m'inspirait la condition misérable de ma mère.

Bien sûr, je laissai le cœur l'emporter sur la raison ; je me sentais responsable d'elle. Pourquoi ? Je ne sais pas. Après tout, je venais juste de faire sa connaissance, mais elle était tout de même ma mère et moi son fils. Peut-être la froideur de tante Josie et d'oncle

Michael jouèrent-ils aussi un rôle dans ma décision finale. Leur hostilité ouverte envers elle, leurs airs de supériorité et de condescendance quand ils disaient que je faisais trop de sentiment avec elle me rendaient fou. Comme mon oncle John, je me demandais qui ils étaient pour se permettre de juger ainsi *ma* mère ? Je me sentis par conséquent investi du devoir de la protéger.

Je quittai bientôt mon poste chez Dublin Fabrics. Il était dur pour moi d'y rester, sachant maintenant que mon supérieur était marié à une parente et ne m'avait rien dit pendant plus d'un an. Cependant, je ne partis pas sans lui faire connaître ma façon de penser. Le directeur et la secrétaire ne se montrèrent guère surpris par son attitude, et tous deux me souhaitèrent bonne chance. Je décidai également de prendre congé de Mme Sheridan. Cette décision fut beaucoup plus difficile à prendre, car elle m'avait donné un premier aperçu de ce que pouvait être l'amour maternel et je l'aimais énormément. Elle me conseilla de rester chez elle encore un moment et de rendre visite à ma mère tous les week-ends pour voir comment nous nous entendions. C'est elle qui me dit ouvertement ce que ma famille n'osait formuler clairement.

— Tu sais, Michael, ta mère n'est pas bien dans sa tête. Elle est très, très nerveuse, et très impulsive. Ce qui veut dire qu'elle peut faire n'importe quoi, vraiment n'importe quoi.

Tante Josie avait dû parler à Mme Sheridan. Je lui expliquai que ma décision était prise, et que je sentais que ma mère avait besoin de moi. Je la remerciai pour tout ce qu'elle avait fait pour moi, y compris pour les cours du soir. Elle sut alors qu'elle ne pourrait pas me retenir.

— Très bien. Si tu dois partir, fais-le. Promets-moi seulement d'être très prudent, car tu pourrais vraiment te retrouver en danger.

Elle me serra fort dans ses bras, et je refermai la porte rouge derrière moi pour la dernière fois. Ce serait également la dernière fois que je verrais Mme Sheridan, mais je n'oublierais jamais sa générosité ainsi que le tournant décisif qu'elle donna à mon éducation.

Maman était très excitée à l'idée que je vienne vivre chez elle. Je devais être discret, car elle n'avait pas le droit d'héberger qui que ce soit. Elle m'acheta un matelas et des couvertures, que j'installai sur le sol. Je trouvai un travail à proximité, comme agent d'entretien à l'hôpital voisin. J'aimerais écrire que tout se passa bien ensuite et que nous fûmes heureux ensemble. Mais ce ne fut pas le cas. Ce fut même un désastre total.

Le premier problème était sûrement l'exiguïté de la pièce de vie, qui ne nous laissait aucune intimité. Le deuxième était que maman ne comprenait pas vraiment que j'avais vingt ans. Je crois qu'elle voulait que je me comporte comme un bébé, afin de pouvoir s'occuper de moi comme d'un enfant. Apparemment, elle m'avait gardé un moment après ma naissance. Nous vivions alors près de Stephen's Green avec les nonnes, chez lesquelles elle s'occupait du linge. Un soir, en rentrant, elle découvrit des brûlures sur mes fesses. Apparemment, maman agressa la révérende mère, fut arrêtée et séparée de moi. Ce fut la dernière fois qu'elle me vit – jusqu'à maintenant. Le troisième problème était que nous n'avions absolument rien en commun. J'adorais la lecture, quand elle passait des heures à tricoter Dieu sait quoi. Elle ne terminait jamais rien et préférait entreprendre autre chose. Ainsi, le manque d'espace, le fait que je sois un adulte et surtout que nous soyons, en fin de compte, de parfaits étrangers, finit rapidement par rendre la situation très stressante. Ce n'est qu'alors que j'appris ce qui arrivait à ma mère quand elle était stressée : la paranoïa commençait à s'emparer d'elle.

Elle devenait suspicieuse dès que je disais bonjour à quelqu'un dans la rue, surtout s'il s'agissait d'une fille. Elle s'immisçait souvent dans les services où je travaillais et me faisait des scènes impossibles. Quand je rentrais à la maison, elle fouillait mes poches en quête de drogue. J'avais beau m'en défendre, rien n'apaisait son obsession sur ma prétendue addiction à la drogue.

— Avoue-le, Michael, tu es un drogué.

Mon déni ne faisait qu'empirer les choses. Elle collectait des particules de poussière dans des enveloppes en guise de preuves et les envoyait au poste de police de Kevin Street pour les faire analyser. Lorsque les résultats – négatifs – arrivaient, elle était toujours très déçue. J'appris qu'elle était bien connue à Kevin Street, et que les officiers se moquaient d'elle en lui envoyant une fausse note sur le résultat des tests.

— Je ne suis pas dupe, Michael. Je finirai bien par t'avoir.

La tension alla croissant, jusqu'à ce que j'aie trop peur pour réussir à dormir la nuit. Ses fréquents accès de rage étaient terrifiants. C'est alors qu'elle était le plus imprévisible. Un jour, elle essaya même de mettre le feu à mes cheveux en glissant un briquet et une feuille de papier sous mon oreiller. Au bout d'un moment, la situation atteignit un point critique et je lui annonçai que j'allais partir.

— Oh, non, tu ne vas pas filer comme ça. J'appelle la police. Tu es un drogué et un dealer !

Alors que je me levais pour partir, elle me bloqua le passage en brandissant un couteau à pain. Puis, elle se jeta sur moi.

Je parvins à la repousser, mais elle tomba et se cogna la tête contre la cheminée avec un bruit mat. Le sang se mit à couler, et elle ne bougea plus. *Dieu tout-puissant, je l'ai tuée !* Je me précipitai chez le plus proche voisin, qui appela la police. Les hommes arrivèrent quelques minutes plus tard. Elle avait repris connaissance et explosa en les voyant.

— Arrêtez-le, c'est un drogué et il a essayé de me tuer !

Un officier aux mains immenses et bâti comme un rugbyman me souleva alors du sol et me jeta sur le lit. Il me décocha plusieurs coups sur la poitrine et quelques autres plus bas.

— Alors comme ça, tu aimes frapper les femmes ? Même ta propre mère ? Eh ben, mon gars, tu ne vas pas tarder à le regretter.

Il me balança sur son épaule et partit dans l'escalier. Ma mère le suivit, un rictus aux lèvres.

— Très bien, mon brave. Donnez-lui une bonne correction. C'est un drogué !

— Comptez sur moi, madame Clemenger. Ne vous en faites pas, il ne reviendra pas vous embêter, j'y veillerai personnellement.

Alors qu'on m'emmenait sans cérémonie jusqu'au poste de police, je me rappelai l'impatience heureuse avec laquelle, quelques mois auparavant, j'avais gravi ces mêmes marches pour découvrir le visage de ma mère. Les mots d'avertissement de mon oncle Michael résonnèrent à mes oreilles : *Tu es sûr que tu veux faire ça ? Une fois que j'aurai frappé à la porte, on ne pourra plus faire marche arrière. Je t'ai dit que ce serait compliqué.*

Au tribunal

L'officier qui m'avait arrêté était immense. Je suppose qu'il jouait de sa taille pour terroriser les prisonniers jusqu'à ce qu'ils fassent dans leur pantalon. Cela ne fonctionna pas avec moi. J'avais survécu à frère Lane ; il ne devait pas pouvoir être pire ?

— Quel est ton nom ?

— Michael Clemenger, monsieur.

— Quel est ton lien avec madame Clemenger ?

— Je suis son fils.

— Ah, oui. Et donc, tu aimes frapper ta mère ?

— Non, monsieur. Je l'ai frappée uniquement parce qu'elle s'est jetée sur moi avec un couteau.

— Bien sûr, bien sûr. Arrête tes bobards, tu veux ? Elle a dit que tu étais drogué ; c'est vrai ?

— Non, monsieur.

— Quel âge as-tu ?

— Vingt ans.

— C'est bon, mon gars, viens avec moi aux cellules. Ne t'en fais pas, je reviendrai bientôt m'occuper de ton cas.

Il claqua la porte derrière moi, et j'écoutai le bruit de son pas lourd s'évanouir dans le couloir. La cellule contenait un unique élément de mobilier : un lit en fer, sans le moindre drap ou couverture. Ayant très mal dans le bas du dos, je décidai de m'allonger sur le sol. Il était quatre heures et demie, et tout cela m'avait épuisé. Je ne pouvais même pas me rappeler ma dernière bonne nuit de sommeil. Je piquai rapidement du nez et m'endormis, jusqu'à ce que le bruit d'une clé dans la serrure me réveille, environ quatre heures plus tard. L'officier était de retour, comme promis. Je me demandai brièvement quand on allait me donner quelque chose à manger.

Il était seul, et ferma la porte derrière lui avec un air mauvais. Je compris immédiatement ce qu'il comptait faire. Et en effet, il m'assena une raclée que les Frères chrétiens n'auraient pas reniée.

— Alors tu aimes cogner ta mère, hein ? Petit fumier !

Tous les coups visaient mon dos, mes fesses et mes jambes. Il prenait bien soin de ne pas me frapper au visage. Je finis inerte sur le sol, comme je l'avais été avec frère Lane des années auparavant. En sortant de ma cellule, il m'informa que je passerais devant le juge le lendemain matin.

— La prison t'attend, mon pote.

Inutile de dire qu'on ne me donna ni à manger ni à boire avant de m'amener sur le banc des accusés.

Le lendemain matin, je fus effectivement conduit devant le juge, sans le moindre accompagnement.

— Accusé, levez-vous s'il vous plaît, je ne vous vois pas.

— Je suis déjà debout, monsieur.

— Ah. Quelqu'un pourrait-il lui fournir une caisse pour que je le voie mieux ? Merci. Ah, voilà qui est mieux. Alors, quel est votre nom ?

— Michael Clemenger, monsieur.

— Quel âge avez-vous?
— Vingt ans, monsieur.
— Savez-vous pourquoi vous êtes ici?
— Oui, monsieur.
— Très bien, alors commençons.

Sur ce, l'officier entra dans le box et délivra à la cour une litanie de charges contre moi, qu'il lut dans son carnet noir. Bien entendu, il ne mentionna pas le passage à tabac qu'il m'avait fait subir. Il se montra fort convaincant au moment de détailler ses efforts héroïques pour appréhender un criminel endurci, violent et dangereux. Cependant, sa confiance parut le quitter lorsque le juge lui demanda de clarifier certains points concernant mon arrestation. Quand il eut terminé, le juge me regarda attentivement. Croyait-il vraiment que j'étais un criminel endurci, une menace pour la société et un danger pour toutes les femmes et les enfants d'Irlande? Je sentis que non à la façon dont son regard oscillait entre moi et l'officier. Il paraissait même légèrement amusé. Je décidai de profiter de ce dilemme pour intervenir.

— Monsieur, j'aimerais dire quelque chose, s'il vous plaît.

Son attitude me donnait l'impression qu'il mettait en doute la parole du policier. Peut-être mon petit mètre soixante en était-il la cause.

— Puis-je sortir du box, monsieur?
— Pourquoi?
— Je souhaite vous montrer quelque chose.

L'un des gardes avança vers moi.

— Laissez-le. Regardez la taille qu'il fait. Je ne pense pas qu'il s'en prenne à moi de là où il se trouve, n'est-ce pas?

— En effet, monsieur, je n'ai aucune intention de la sorte.

Je relevai alors ma chemise et baissai mon pantalon.

— Que vous est-il arrivé, jeune homme ?

Je désignai l'officier de police.

— Cet homme m'a battu dans ma cellule, monsieur. De plus, je n'ai rien eu à manger depuis mon arrestation hier après-midi.

Les yeux de toute la cour se braquèrent sur mon accusateur, qui blêmit et posa ses mains sur la rambarde devant lui pour se soutenir.

Il commença alors à bredouiller quelques explications pour justifier les violences qu'il m'avait infligées.

— Il a opposé de la résistance et a essayé de s'enfuir.

— C'est faux, monsieur.

— J'ai été obligé d'employer la force pour maîtriser le prisonnier.

Le dégoût se lut sur le visage du juge.

— Assez ! C'en est assez, maintenant.

Mais l'officier insista, ne faisant que s'enfoncer davantage. Je passai les membres de la cour en revue et sentis qu'un courant de sympathie se créait à mon endroit – et, plus important encore, que le juge lui-même ne croyait plus l'officier.

— Allons, regardez un peu l'accusé. Voulez-vous vraiment me faire croire qu'il serait capable de vous opposer de la résistance ?

— Mais il a frappé sa mère.

— Bien, cela suffit. Jeune homme, rhabillez-vous et venez par ici.

« Je ne vais pas vous envoyer en prison, mais je ne peux pas non plus vous libérer dans ces circonstances. Par conséquent, vous serez astreint à deux semaines en évaluation. Si vous en êtes d'accord, je veux que vous passiez ces deux semaines à l'hôpital de Saint-Brendan's.

— D'accord, monsieur.

— Parfait.

Il se tourna vers l'officier.

— Faites en sorte que ce garçon ait un bon petit déjeuner, immédiatement.

Et l'affaire fut close.

Saint-Brendan's, Grangegorman, 1971

J'ignorais totalement que Saint-Brendan's était un hôpital psychiatrique jusqu'à mon arrivée, ce mercredi soir. Je devais plutôt croire que l'on m'envoyait à l'hôpital suite aux blessures que l'officier m'avait infligées. J'entendis bientôt le cliquètement d'un trousseau de clés, et une porte être déverrouillée. Dès que je fus entré, je compris que tous les patients de la salle 10 – il y en avait là entre vingt et trente – souffraient de différents troubles mentaux. Je ne pus m'empêcher de songer que ma mère aurait été parfaitement à sa place parmi eux. Les infirmiers, qui étaient principalement des hommes, portaient des blouses blanches.

— Asseyez-vous sur cette chaise et ne bougez pas.

Ce fut la seule conversation que j'eus avec les infirmiers, qui ne plaisantaient pas. Mais il y avait une télé sur le mur en face de moi, et je n'étais pas mécontent de mon sort, car l'heure de mon émission favorite approchait justement. C'est alors qu'un infirmier arriva derrière moi.

— Tenez, buvez ça.

Je m'exécutai sans résister. L'homme n'avait pas l'air commode, et c'était un costaud.

Mon prochain souvenir après cela est de m'être éveillé à huit heures dix le vendredi matin, comme me l'indiqua la pendule accrochée en face de mon lit.

Un infirmier – du moins le pensais-je – était penché au-dessus de moi en tâtant ma main avec une certaine nervosité. Dès que j'ouvris les yeux, je sentis une faim cruelle me tirailler l'estomac.

— J'ai très faim. Puis-je avoir un morceau de pain, s'il vous plaît?

Cette homme se révéla en fait être un médecin. Il était bien plus âgé que les infirmiers que j'avais vus et parlait avec douceur. Il lâcha ma main et demanda à un infirmier de m'apporter un petit déjeuner. Probablement les médicaments étaient-ils la cause de cette faim dévorante.

— Je suis le docteur Noel Browne. Vous pouvez m'appeler docteur.

— Docteur, je vous assure que je ne suis pas fou. Je n'ai rien à faire ici. Apparemment, cet hôpital est pour les fous, pouvez-vous me dire ce que je fais ici?

Il ne répondit pas à cette question et me demanda seulement si j'avais besoin d'autre chose.

— Non, merci docteur, mais pourriez-vous juste me faire sortir de cette pièce fermée à clé?

— D'accord, je m'en occupe. Je vous revois bientôt, et nous pourrons peut-être discuter un peu.

— Merci docteur.

Aux alentours de midi, ce vendredi, je fus transféré dans une grande salle un peu plus agréable, et, surtout, qui n'était pas verrouillée. De plus, le personnel semblait y être un peu moins antipathique et ne portait pas de blouse blanche. Je ne revis le Dr Browne que le lundi soir, quand, à sa demande, une infirmière m'accompagna à son bureau. Comme elle s'apprêtait à partir, il lui demanda de nous apporter du thé et des biscuits.

— Michael et moi allons en avoir pour un petit moment. Merci.

L'infirmière me regarda, intriguée. Le Dr Browne connaissait mon nom. Je devais être important s'il voulait me voir sans la présence d'un infirmier. Au moins devait-il croire que je n'étais pas dangereux. En fait, il avait beaucoup de questions à me poser.

— Savez-vous quel genre de docteur je suis ?

— Non, monsieur, pas vraiment.

— Je suis un psychiatre. Je suis spécialisé dans le traitement des gens ayant des problèmes mentaux.

— Vous voulez dire, comme moi ?

— Peut-être.

Il sortit une feuille de papier du tiroir de son bureau et prit un stylo.

— Eh bien, Michael, vous n'avez pas l'air d'avoir peur de moi, je me trompe ?

— Non, docteur, en effet. Pourquoi devrais-je avoir peur ?

— Très bien, alors parlez-moi de vous. Commencez par le tout début.

Ce que je fis. Les premières secondes, il se contenta d'écouter ; mais il commença bientôt à prendre frénétiquement des notes.

— Vous avez traversé bien des épreuves. J'aimerais en savoir plus sur votre période à Saint-Joseph. Vous prétendez avoir été violé par plusieurs frères ?

Je l'interrompis.

— Docteur Browne, je ne « prétends » pas avoir été violé, *j'ai* été violé. Pourquoi mentirais-je sur un tel sujet ?

— Avez-vous déjà rapporté ces incidents à la police ou à d'autres autorités, comme l'Église ?

— Oui, mais personne ne m'a cru.

— Qu'avez-vous ressenti face à cela ?

— De la colère, de la frustration. Et vous, est-ce que vous me croyez, docteur ?

— Franchement, je ne sais pas.

— Vous voyez, docteur : quelle que soit l'autorité à laquelle je rapporte ces faits, personne ne veut me croire. C'est bien là qu'est le problème. J'ai du mal à comprendre pourquoi les gens pensent que je mens. Pourquoi irais-je inventer de pareilles histoires ? Pourquoi ?

Je poursuivis mon récit, le visage plein de larmes. L'intérêt du Dr Browne pour ce sujet sembla s'amenuiser à mesure que je lui fournissais plus de détails. À vrai dire, plus je parlais, plus il paraissait prendre de la distance.

Il n'aborda plus jamais ce sujet avec moi, et me plaça entre les mains d'un de ses confrères, que j'appellerai le « docteur Zavier ». À cette époque, je n'étais pas au courant de la renommée nationale du Dr Noel Browne. Autant que je sache, il ne mentionna même pas la question de l'abus sexuel dans mon dossier, ce qui m'a toujours beaucoup attristé. Curieusement, il ne fit qu'une vague référence à l'incident avec ma mère qui m'avait amené à Saint-Brendan's, ce qui me surprit plus encore.

Le Dr Zavier ne possédait pas la douceur de son collègue. Peut-être s'était-il entretenu au préalable avec le Dr Browne, ce qui avait pu influencer son comportement envers moi. Je trouvai l'homme très formel, rigide et quelque peu distant. En raison de ce qui m'apparaissait comme des airs de supériorité et de condescendance quand il s'adressait à moi, je refusai tout d'abord de coopérer avec lui. Peut-être trouva-t-il toutefois mon cas intéressant à étudier.

— Vous avez lu les notes du Dr Browne à mon sujet, je suppose, alors pourquoi me posez-vous les mêmes questions sur ma mère ? Vous en connaissez déjà les réponses. Si c'est comme ça, allez plutôt lui poser les questions, à elle.

— Oh, mais je l'ai fait, Michael, et sa version est bien différente de la vôtre.

Exaspéré par son attitude, je ne pus m'empêcher de hausser le ton.

— C'est elle qui est folle, pas moi !

— Peut-être bien, Michael, mais c'est vous qui êtes là, et pas elle. Vous avez été envoyé ici pour une évaluation psychiatrique.

— Comment ça, docteur ? Voulez-vous dire que je suis fou ?

— Non, pas forcément.

— Mais dites-moi, est-ce que vous croyez que je le suis ?

— Eh bien, je n'ai pas encore posé mon diagnostic final à ce sujet.

— Excusez-moi, mais je ne comprends pas ce que cela veut dire.

— Quoi donc ?

— Diagnostic final.

— Cela veut juste dire que je n'ai pas encore d'avis arrêté.

— Et quand aurez-vous un avis arrêté, docteur ?

Le médecin semblait agacé par ma façon de me défendre. (Je n'appris que plus tard que le Dr Zavier avait en fait posé son diagnostic ce matin-là, selon lequel je n'étais pas fou.)

— Écoutez, Michael, seriez-vous d'accord pour participer à une réunion vendredi matin à dix heures ? C'est une réunion importante ; il y aura beaucoup de monde.

— Vous voulez dire, d'autres docteurs ?

— Oui, pour la plupart, mais il y aura également des psychologues.

— Des psychologues ? Que font-ils, ceux-là ?

— Un psychologue est quelqu'un qui étudie l'esprit.

— Quelle est la différence entre un psychologue et un psychiatre ?

— Eh bien, la différence principale est que le psychiatre est un docteur en médecine, ce que n'est généralement pas le psychologue. Vous posez beaucoup de questions, Michael, c'est une bonne chose. N'ayez pas peur de poser toutes celles qu'il vous plaira à la réunion de vendredi.

Ce vendredi matin, on me conduisit dans une pièce remplie de docteurs et de psychologues, hommes et femmes. L'endroit était petit et relativement chaleureux. Une trentaine de personnes en tout devaient être présentes, mais je ne connaissais que deux d'entre elles – les Drs Browne et Zavier. Il aurait été naturel de me sentir intimidé par cet environnement inhabituel et par le nombre de personnes intelligentes rassemblées dans cette pièce. Je pensai que j'allais devoir mobiliser toute ma matière grise pour faire face à cette bande d'intellectuels. D'après ce que je pouvais voir, le Dr Noel Browne se comportait comme s'il ne m'avait jamais rencontré auparavant. J'étais seul, et conscient de l'être. L'atmosphère était très formelle.

Le Dr Zavier ouvrit la réunion en souhaitant la bienvenue à tout le monde et en me remerciant d'être présent. Il se tourna ensuite vers moi et me demanda de sortir pendant quelques minutes.

— Je désire parler à l'équipe uniquement.

Tu parles d'une équipe ! À eux tous, ils avaient l'air assez féroce pour décapiter quelqu'un, et j'allais faire ce qu'il faudrait pour que ce ne soit pas ma tête qui tombe, tout psychiatres ou psychologues qu'ils étaient. Je n'étais pas du tout impressionné, et je fis de mon mieux pour écouter le laïus d'introduction par le trou de la serrure, puisqu'il devait s'agir de moi. Hélas, je ne pus rien entendre.

Au bout de quelques minutes, le Dr Zavier m'invita à revenir dans la salle et me pria de m'asseoir sur la chaise qui était placée devant le tableau noir, face à l'assemblée.

J'étais certes un peu nerveux, mais aussi très habitué à me faire observer comme une bête de foire. Après tout, ce n'était pas bien différent de mes promenades dans les rues de Tralee.

— Voilà, Michael, j'ai informé tout le monde de votre cas. Aimeriez-vous ajouter quelque chose ?

— Excusez-moi, docteur, mais j'ignore ce que vous leur avez dit sur moi.

— En effet. Dans ce cas, peut-être allons-nous solliciter des questions dans le public ?

Une voix s'éleva dans le fond de la pièce.

— Michael, pourquoi avez-vous frappé votre mère ?

— Parce qu'elle m'a agressé avec un couteau.

— Mais pourquoi vous agresserait-elle ainsi ?

— Parce qu'elle croit que je suis un drogué.

Une autre voix s'éleva.

— Michael, que ressentez-vous pour votre mère, maintenant ?

— Ce que je ressens ? Je ne vois pas où vous voulez en venir.

— Eh bien, avez-vous envie de lui faire du mal, d'une manière ou d'une autre ?

— Non, je ne veux pas lui faire de mal.

— En êtes-vous sûr ? À en juger par le ton que vous employez, vous m'avez l'air assez en colère.

— C'est votre opinion, qui que vous soyez, mais ce n'est pas ce que je ressens.

À ce stade, je commençais à me sentir plus à l'aise dans l'exercice.

— Puis-je faire un commentaire, docteur ?

— Absolument, Michael, allez-y.

— Pourquoi toutes les questions portent-elles sur ma mère ? Pourquoi personne ne me demande-t-il rien sur les sévices physiques et sexuels que j'ai subis à l'école technique Saint-Joseph, entre les mains des Frères chrétiens ?

Je me levai de ma chaise et commençai à marcher dans la pièce. On aurait entendu une mouche voler. Je croisai le regard embarrassé du Dr Browne. Il connaissait la suite de l'histoire et s'efforçait de passer inaperçu.

— Docteur Browne, vous avez sûrement une question à me poser ?

Pas de réponse.

— Très bien, dans ce cas c'est moi qui vais vous en poser quelques-unes. Qu'éprouveriez-vous si l'on venait vous tirer de votre lit la nuit pour vous emmener dans la chambre d'un Frère et coucher avec lui ? Qu'éprouveriez-vous si vous étiez tabassé par un garçon plus âgé que vous, parce que votre anus était trop petit pour son pénis ? Et si un religieux vous fourrait sa langue tellement loin dans la bouche que vous aviez l'impression d'étouffer?

Je balayai l'assemblée du regard, cherchant un peu de compréhension sur les visages ou au moins le signe qu'on me croyait à moitié. Tous paraissaient très mal à l'aise et commencèrent à remuer leurs papiers.

— Alors, d'autres questions? Je suis sûr que quelqu'un a encore des interrogations.

J'avais du mal à contenir ma colère. Ils ne me croyaient pas. Le Dr Zavier s'adressa à moi.

— Comptez-vous retourner chez votre mère si vous êtes libéré?

— Docteur, je n'ai aucun problème à répondre à cette question, mais pourrions-nous continuer à évoquer les abus dont j'ai été victime, s'il vous plaît. Comment se fait-il que ni vous ni le Dr Noel Browne ne vouliez parler de ce sujet? Après tout, je n'ai vécu avec ma mère que quelques mois, alors que les maltraitances à Saint-Joseph ont duré jusqu'à mes seize ans.

— Eh bien, Michael…

— Je vais vous dire pourquoi: c'est parce qu'aucun de vous ne me croit.

Une voix s'éleva dans l'assemblée.

— Pourquoi est-il si important que nous vous croyions, Michael?

— Parce que tout cela *est arrivé*, et personne ne semble vouloir connaître la vérité. Les gens pensent que je mens, mais ce n'est pas vrai. Tout ce que j'ai dit est absolument exact, et c'est pour cela qu'il est si important pour moi d'être cru.

— Que voulez-vous faire dans la vie?

— Je voulais être prêtre, mais je ne peux pas, car comme me l'a dit le père O'Neill, l'aumônier de l'école, je suis un bâtard.

— Mais vous pourriez devenir autre chose.

— Comme quoi ?

Silence dans la salle.

— C'est facile à dire.

— Avez-vous déjà tenté de vous suicider, Michael ?

— Oui.

— Que s'est-il passé ?

Je ne répondis pas immédiatement. J'avais l'impression qu'ils cherchaient seulement à me détourner du sujet des abus sexuels.

— J'ai essayé de me tuer parce que je pensais que le monde se moquait bien de ce que je sois mort ou vivant.

— Mais vous êtes encore vivant. Pourquoi ?

— Je ne sais pas. Docteur, vous m'avez demandé tout à l'heure si je comptais revenir vivre avec ma mère. Auriez-vous envie de retourner vivre avec votre mère si elle avait tenté de vous poignarder ?

— Je pense que non.

— Soyez sûr que je ne le ferai pas non plus.

La réunion prit fin sur ces mots. Le Dr Zavier m'indiqua ensuite que nous avions dépassé le temps prévu d'une demi-heure, mais j'aurais pu continuer pendant deux heures de plus. Je ressentais une certaine satisfaction à avoir ainsi été au centre de leur attention. J'étais également content de la façon dont je m'étais débrouillé face à une assemblée de ce calibre. En même temps, il était triste qu'ils ne m'aient pas cru au sujet des viols.

— Vous vous êtes bien défendu, aujourd'hui, Michael. Et pour répondre à votre question de l'autre jour : non, je ne crois pas que vous soyez fou, et telle sera ma recommandation.

Toujours aussi sec, il ne fit aucune allusion à mes allégations d'abus physiques et sexuels. Je fus libéré quelques jours plus tard et ne revis jamais ces docteurs.

Quatrième partie

Nouvelle vie

Libération pour nulle part

Les services sociaux me prirent en charge et l'on m'attribua une place dans un centre d'hébergement en plein cœur de Dublin. Quel lieu de désolation, de solitude et de tristesse ! Des centaines d'hommes, pas tout jeunes pour la plupart, étaient agglutinés dans des pièces exiguës. Le bruit était constant : raclements de gorge, toux, crachats, pets et cris de désespoir résonnaient dans les longs couloirs.

Mon box portait le numéro 44. Il ne fallait s'attendre à aucune intimité, et les vols et bagarres étaient monnaie courante pendant la nuit. Ce n'était certainement pas l'endroit adapté pour un jeune homme, susceptible de devenir la proie d'individus plus vieux, plus durs et sans scrupule qui avaient depuis longtemps perdu toute notion du bien et du mal. Tous leurs rêves et leurs espoirs s'étaient évanouis.

Déterminé à ne pas me laisser entraîner dans ce tourbillon malsain, je quittai le foyer pour le parc de Stephen's Green ; je préférais encore dormir à la belle étoile et essayer de m'imaginer que des jours meilleurs m'attendaient – même si cette idée devenait de plus en plus difficile à croire.

Après tout ce qui s'était passé et la conclusion désastreuse de mon emménagement chez ma mère, contre tous les conseils de mon entourage, je ne parvenais pas à m'imaginer retourner vers ma famille ou vers Mme Sheridan. Je mourrais sûrement sans avoir dit à tante Josie et oncle Michael qu'ils avaient entièrement raison. J'étais bien décidé à rester droit dans mes bottes, pour une fois au moins dans ma vie.

Mais les nuits à la belle étoile perdirent vite tout aspect romantique, et c'est avec soulagement que j'acceptai bientôt un lit au foyer de l'Armée du Salut qui se trouvait juste en face du Collège Royal de Chirurgie. Je voyais beaucoup d'étrangers, des hommes noirs en particulier, entrer et sortir de ce bâtiment. Un matin, le « Capitaine » – le responsable du foyer où je dormais – me demanda inopinément si j'aimerais travailler ici : je serais logé gratuitement et nourri à volonté, et j'aurais en outre quelques sous en poche à la fin de la semaine. Comment refuser une telle offre ? J'étais pourtant assez réticent. La plupart des membres du personnel étaient d'anciens sans-abri ravis de posséder désormais une place permanente au foyer. Je redoutais de finir de la même manière et de perdre toute ambition d'une vie meilleure. La femme du Capitaine, une dame très gentille, me persuada d'accepter l'offre, au moins en attendant de trouver autre chose de mieux. Mais ce fut quelque chose de pire qui arriva, sous la forme de ma mère. Elle débarqua un jour et dit au Capitaine que j'étais un drogué et que j'avais essayé de la tuer. Elle vint jusqu'à trois fois par jour faire des scènes de plus en plus mélodramatiques, perturbant le personnel autant que les résidents ; je décidai donc de partir. Je ne voulais plus la voir. Elle ne m'attirait que des ennuis, et pouvait me faire renvoyer en prison si je ne faisais pas preuve de prudence. Dorénavant, je n'avais plus aucun espoir d'entretenir une relation normale avec elle. Quelques jours plus tard, en haut de Grafton Street, je fus approché par deux jeunes personnes.

— Nous vous aimons et nous avons été envoyés par Jésus pour vous aider.

Quelle bande de cinglés, pensai-je.

— Comment pouvez-vous m'aimer alors que vous venez juste de me rencontrer ?

— Jésus nous demande d'aimer tout un chacun, y compris vous. D'ailleurs, comment vous appelez-vous ?

— Michael.

— Nous vous avons remarqué dans le quartier, ces derniers jours, Michael. Nous savons que vous dormez dehors.

— Comment ?

— À l'état de vos vêtements, et... de votre barbe. Vous êtes sur vos gardes, pas vrai ? Pourquoi regardez-vous autour de vous, comme ça ? Nous ne vous voulons aucun mal, nous voulons juste vous aider. Vous ne nous croyez pas, c'est ça ?

— Écoutez, je crois que rien n'est gratuit dans ce monde. Alors, qu'attendez-vous de moi en échange de votre aide ?

— Nous le faisons pour Jésus. C'est Lui qui attend quelque chose de vous. Il vous aime profondément, et souhaite juste que vous L'aimiez autant en retour.

— Pff ! Si Jésus m'aime tellement, Il a une bien drôle façon de le montrer !

— Vous êtes en colère, Michael. Pourquoi ?

— Je ne souhaite pas en parler.

— D'accord. Connaissez-vous Jésus ?

— Bien sûr. Qui ne le connaît pas ?

— C'est là que vous vous trompez. Beaucoup de gens ont entendu parler de Jésus, mais peu Le « connaissent » vraiment. Le « connaissez »-vous, Michael ?

Je les laissai poursuivre leur laïus.

— Pour connaître Jésus, Le connaître réellement, il faut avoir conscience de votre insignifiance, Michael. Jetez-vous au pied de la croix, confessez tous vos péchés avec sincérité et acceptez-Le pleinement comme votre Seigneur et votre sauveur personnel. C'est presque comme une renaissance.

C'en était trop pour moi.

— Eh bien, je crains que le Jésus que je connais n'ait pas été très sympa avec moi au cours de ma vie. J'ai du mal à croire qu'Il m'ait jamais aimé. Sinon, pourquoi m'aurait-Il donné une existence si difficile ?

— Donnez une chance à Jésus, Michael.

Malgré moi, je fus touché par leur sincérité et me sentis même un peu envieux de leur certitude.

— Bon, alors expliquez-moi ce que vous entendez par « aimer ».

La discussion commençait à m'intéresser, et j'avais hâte de voir ce qu'ils allaient me répondre. Leur réponse prit la forme d'une question.

— Vous ne savez donc pas ce qu'est l'amour ? Vos parents ne vous ont-ils pas aimé ?

— Eh bien, c'est justement le problème, voyez-vous. Votre Jésus ne m'a jamais donné de parents dignes de ce nom. Alors, pourquoi ça, d'après vous ?

Ma colère habituelle me rendait sarcastique.

— Est-ce parce que j'ai été une mauvaise personne dans une vie antérieure, et qu'on m'a renvoyé expier mes péchés ? Alors, qu'en dites-vous ?

Ils s'abstinrent de répondre, bien conscients qu'ils m'avaient tout de même harponné puisque j'avais accepté de discuter avec eux.

— Michael, si vous venez avec nous, nous pourrons vous enseigner une autre façon de vivre. Elle vous sortira de la rue et vous aurez trois repas complets par jour. Est-ce que ça vous plairait? Faites confiance à Jésus. Jésus est amour.

— Faire confiance à Jésus? Non, désolé, je ne crois pas.

— Alors venez juste avec nous, Michael, et faites un essai. C'est tout ce que nous demandons.

Ce sont les trois repas complets qui finirent par me convaincre – et non leurs foutaises sur Jésus. Je n'en pouvais plus de ce Jésus. Toute ma vie, j'avais placé ma confiance en Lui, et voilà où cela m'avait mené. En outre, les personnes qui prétendaient œuvrer à Son service, c'est-à-dire les prêtres, les nonnes et les frères, s'étaient rarement révélé être très gentilles, d'après mon expérience personnelle.

Les individus en situation précaire sont toujours des proies faciles pour les « apôtres de Jésus ». Et parfois, il est plus facile de ne pas résister. Quand ils sont convaincus de travailler pour Dieu, ces gens-là peuvent se montrer extrêmement persuasifs. Certains de m'avoir rallié à la cause de Jésus, les deux jeunes m'emmenèrent donc prendre le bus qui menait à Rathmines. Je décidai de les laisser croire qu'ils m'avaient persuadé. Après tout, c'était un jeu facile à jouer; j'étais au plus bas, et ma mère risquait peu de me retrouver dans ce genre de communauté.

L'ironie de ma situation me frappa : j'emménageais dans une communauté religieuse pour fuir la mère que j'avais espéré trouver pendant des années, alors que c'était une communauté religieuse qui nous avait initialement séparés. L'illusion romantique que j'avais entretenue, selon laquelle elle avait essayé de garder son bébé envers et contre tous, avait définitivement été remplacée par la triste réalité. Pourtant, quelque part au fond de moi, probablement grâce aux sous-entendus de frère Price, j'avais déjà soupçonné que mes origines puissent avoir quelque chose de sordide. Le père O'Neill avait raison : j'étais un bâtard, et il n'y avait rien à faire à cela.

En repensant à la découverte de ma famille et à mes difficultés avec ma mère, je m'aperçus que cela me posait encore problème. Non que je regrette de l'avoir trouvée – ce n'était pas le cas – mais j'étais encore abasourdi par le fait qu'elle ait eu deux autres enfants. J'étais heureux pour mes sœurs qu'elles n'aient pas eu à endurer ce que j'avais vécu. J'avais beau ne pas savoir exactement si mes mésaventures avaient fait de moi quelqu'un de fort, j'étais certain, en revanche, de m'en être mieux tiré qu'elles ne l'auraient fait à ma place. Par ailleurs, il m'était encore difficile d'intégrer le fait que je possédais toute une famille, après avoir été élevé en orphelin pendant seize ans. Leur subtil rejet envers moi après mon emménagement chez ma mère me semblait parfaitement compréhensible. En outre, mon arrivée avait chamboulé toute la famille, surtout mes sœurs, qui n'étaient pas plus préparées à m'accueillir que je ne l'étais. Ce n'était la faute de personne. Je revenais simplement à ma situation d'orphelin. Au moins avais-je accompli quelque chose : j'avais voulu voir ma mère, et je l'avais fait. Ce petit exploit me contentait. Désormais, j'avais une idée bien plus claire d'où je venais. Il était temps de me remettre en route.

Les « apôtres de Jésus » me conduisirent dans un grand bâtiment comprenant de multiples chambres. Une cinquantaine de personnes y dormaient déjà. On m'installa dans un dortoir avec quatorze compagnons, dans des lits superposés. Il n'était pas toujours facile de dormir, car régulièrement, l'un des hommes sautait de son lit et tenait absolument à partager la « vision de Jésus » qu'il venait d'avoir. Certains d'entre eux étaient si théâtraux dans leur comportement que frère Murphy ne leur serait pas arrivé à la cheville. Très rapidement après mon arrivée, on me présenta le chef des lieux, le « Vénéré ». Quel arnaqueur, celui-là ! S'il était vraiment l'élu de Dieu pour convertir les pécheurs de Dublin, alors on était dans de beaux draps. C'était un beau salopard, avec des yeux de fouine qui m'inspirèrent une méfiance immédiate. Le traitement recommandé pour les nouveaux arrivants était de nous prendre avec des gants, au cas où nous serions tentés de prendre la fuite devant la quantité de prières et d'incantations – Jésus t'aime. Sorti moi-même de chez les Frères chrétiens, j'étais habitué à tout ce blabla, qui ne m'ennuyait pas plus que ça – même si je ne croyais quasiment plus en Dieu. Mon envie de devenir prêtre m'avait totalement quitté, et je ne m'intéressais plus à la religion.

Le chef faisait toujours son entrée dans le grand hall accompagné de son épouse dévouée. Ils avaient leur propre famille, ce qui me fit d'abord penser qu'il était à peu près normal. Mais il ne l'était pas. En réalité, cet homme était aussi fou que frère Murphy à Saint-Joseph – en plus amusant, fort heureusement.

Il arpentait les lieux avec lenteur, sa femme sur les talons, et faisait soudainement halte pour rentrer dans une transe qui le menait alors à avoir des visions. À ce signal, tout le monde s'agglutinait autour de lui, et lorsque le public était au complet, il commençait à parler très vite dans une langue que je ne connaissais pas. Assurément, il aurait fait un excellent acteur. Sa femme prenait alors en note toutes les perles de sagesse qu'il délivrait, écrivant aussi vite qu'elle le pouvait. Il était difficile de se retenir de rire à ce spectacle.

Après ses visions extatiques, le « Vénéré », comme j'aimais à l'appeler, s'écroulait à terre, le visage constellé de gouttes de sueur, en scandant encore et encore qu'il n'était pas digne d'estime. Je détestais ce moment, car il signifiait généralement que nous allions devoir passer au moins une heure à chanter « Jésus arrive ». Pour ceux qui n'étaient pas convaincus par ce message, les minutes semblaient aussi longues que des heures.

Apparemment, nous vivions sur les revenus d'une trentaine de membres de la communauté, qui avaient des emplois normaux et faisaient don de la totalité de leur salaire à notre chef. Ils étaient heureux de procéder ainsi et ne remettaient aucunement ce système en question. Les soirées étaient les pires moments. La télévision était interdite ; le seul divertissement était un magnétophone qui diffusait une sorte de musique religieuse. Tout visait à nous rappeler en permanence le caractère transitoire de l'existence humaine, et que nous devions nous préparer à une nouvelle ère. Nous passions la plupart de nos soirées assis par terre, pieds nus, à chanter le mantra « Jésus est amour» tout en lisant des passages de la Bible. Je redoutais toujours que quelqu'un tombe en extase et ait des visions, parce que cela signifiait que la nuit à même le sol allait s'éterniser. Les réunions de prières commençaient à huit heures le matin, mais il était rare que je sois au lit avant deux heures, tant les prières et moments d'extase étaient intenses.

Il n'existait pas de rituels catholiques tels que la messe ou la confession. Si nous avions le moindre problème, nous devions demander au chef de nous conseiller. Inutile de dire que je trouvais toujours autre chose à faire plutôt que de solliciter son avis. Si quelqu'un éprouvait une sorte de conflit intérieur avec Dieu, la communauté tout entière se rassemblait afin de prier pour le malheureux.

Une croyance bien ancrée voulait que le diable détestât cette communauté parce que nous étions au service de Jésus. Et le diable dut parvenir à ses fins, car quelques mois après mon arrivée eut lieu «le grand schisme». Ce «schisme», comme le nommait le chef, partit d'un différend sur l'interprétation d'un passage des Saintes Écritures, entre lui et un autre membre confirmé de la communauté. J'avais l'impression que ces deux-là ne s'aimaient guère, et que l'enjeu de la dispute était plutôt de savoir qui serait le prochain chef. J'étais quant à moi ouvert à l'interprétation, mais ma lecture personnelle de la situation tenait en quelques mots: ne t'en mêle pas. En outre, je savais déjà que la moitié des membres comptaient partir pour former leur propre communauté. J'avais donc le choix entre partir et rester.

Les deux hommes étaient déterminés à gagner autant de suffrages que possible. Dans cette optique, un soir, le « chef rebelle » posa ses mains sur ma tête et commença ses incantations. La nouvelle se répandit comme une traînée de poudre et le « Vénéré » se précipita à ma « rescousse ».

— Laisse-le tranquille ! Jésus-Christ est son ami. Satan n'a aucun pouvoir sur lui.

Sur ce, il posa lui aussi ses mains sur ma tête et commença à prier. Tout cela était très comique. Toutes les cinq minutes, le « Vénéré » tombait à terre et me criait ses explications.

— Michael, c'est le diable qui me pousse à terre. Il te réclame, mais à l'instar de Jésus, je vais me lever pour prendre ta défense !

Cette démence se poursuivit pendant trois bons quarts d'heure.

Ce sont des escrocs, pensai-je, *l'un comme l'autre !*

— Sens-tu l'esprit du Seigneur s'immiscer en toi, Michael ? Si oui, laisse-toi basculer en avant, vers moi. Je ne te laisserai pas tomber, je te le promets.

Bon sang, mais que font les Drs Noel Browne et Zavier ? C'est maintenant que j'aurais besoin d'eux, pour me sauver de toute cette folie !

Quand le « chef rebelle » quitta les lieux avec sa petite troupe, je restai à Rathmines. Je préférais le « Vénéré » à ce mutin qui me fichait la frousse. En récompense de ma fidélité, on me confia le poste le plus important dans la communauté. Chaque jour, la maison était assaillie par des parents ou amis des membres, qui cherchaient à leur parler. Le chef déconseillait vivement à chacun de voir sa famille, ce que je n'approuvais pas ; les familles étaient légitimement inquiètes pour les leurs. Il faut savoir qu'au début des années soixante-dix, une quantité considérable de sectes germèrent un peu partout dans Dublin, exploitant la détresse des jeunes. Les chefs de ces sectes n'avaient aucun scrupule à tirer profit de leur vulnérabilité.

Parce que je m'exprimais bien, on me confia la responsabilité de répondre à la porte sans trop en dire. Ce rôle me mettait très mal à l'aise, ayant moi-même été repoussé de nombreuses fois dans mes recherches de réponses. Il m'était impossible d'ignorer la souffrance que je voyais sur le visage des familles. J'étais donc le plus mauvais choix que le « Vénéré » puisse faire pour ce poste. J'avais envie d'aider les personnes qui se présentaient et de leur arranger de secrètes entrevues avec les membres de la communauté. Seulement, si je me faisais prendre, c'était de nouveau la rue pour moi. Et puis, un mardi soir, vers huit heures et quart, on sonna à la porte. Devant moi se tenait une jeune fille séduisante, d'une vingtaine d'années.

— Bonjour, je m'appelle Mary. Je cherche le frère de mon amie, qui habite ici. Pouvez-vous me renseigner?

Normalement, je répondais aux demandes en restant à la porte, ou dans l'entrée. Jamais je n'avais invité des visiteurs à entrer dans le bâtiment, au cas où ils feraient un esclandre et essaieraient de récupérer leur proche. J'ignore pourquoi je ne respectai pas cette règle ce jour-là. Je ne saurais davantage expliquer pourquoi je l'ai invitée à prendre un thé dans la cuisine. Elle ne tarda pas à me poser plus de questions sur moi-même que sur le frère de son amie, et me prit au dépourvu en énonçant la simple vérité :

— Vous n'avez rien à faire ici.

J'en restai sans voix. Elle suggéra ensuite que nous allions nous promener. J'étais tellement à l'aise que nous commençâmes à nous prendre par la main en marchant sur la route. Nous discutâmes pendant des heures, nous découvrant un même amour pour la musique de Bob Dylan et de Leonard Cohen, la même ambition de s'élever dans la vie, le tout suivi d'un débat passionnant sur la religion et le sens de l'existence. Avant que nous nous séparions, je lui avais presque tout dit de moi et commençais déjà à tomber amoureux. Ce sentiment était réciproque.

Elle revint me voir le lendemain matin. Le chef nous suivit dans la rue à bord de sa voiture. Il baissa alors sa vitre et commença à me crier :

— Reviens, Michael, elle est envoyée par le diable ! C'est un piège !

À ma grande surprise, je me sentis immédiatement investi du devoir de protéger Mary. Depuis Jimmy, je n'avais jamais éprouvé autant de spontanéité dans mes sentiments pour autrui.

— Va te faire foutre, espèce de vieil hypocrite !

Nous nous échappâmes en montant à bord d'un bus sur O'Connell Street. Je n'avais aucune idée de là où cette relation me menait, mais cela ne pouvait pas être pire que ce que je vivais alors. Mary avait un emploi d'infirmière et partageait une grande maison avec quatre ou cinq autres filles. J'y emménageai ce jour-là, et quelques semaines plus tard, nous prenions notre premier appartement à nous sur la même rue.

Elle eut l'incroyable audace de croire en moi, et le fait que notre relation ait duré ne cesse de m'émerveiller. Grâce à ses efforts, mes talents enfouis germèrent enfin pour s'épanouir à la lumière du jour.

Elle m'ouvrit à de nouvelles possibilités prometteuses, sans jamais flancher malgré l'opposition de ceux qu'elle aimait. Avec un courage et une force d'âme remarquables, elle me ramassa dans le caniveau et nourrit jour après jour le potentiel qu'elle avait vu dans mes yeux, même lorsque je n'y croyais plus moi-même. Je frémis en songeant à ce que je serais devenu si elle n'avait pas frappé à ma porte ce mardi soir d'avril 1973.

Je lui dois tout ce que j'ai pu accomplir par la suite dans ma vie. Mary me crut immédiatement lorsque je lui fis part des abus que j'avais subis, bien avant que le sujet des sévices sexuels dans les institutions fût porté sur la place publique. Elle me croyait sur parole, tout simplement. En 1975, nous nous rendîmes à Tralee pour qu'elle puisse fouler le sol de Saint-Joseph et s'imprégner de mes terribles souvenirs. C'est la façon dont elle me crut sans réserve qui me fit m'accrocher à elle, les premiers temps. Mais je n'aurais jamais imaginé qu'elle puisse passer le restant de sa vie avec moi, ou qu'elle veuille investir son amour dans une personne aussi fragilisée dans ses capacités à aimer et à faire confiance. Avec le temps, je gagnai cependant peu à peu en confiance et me délestai de nombreux poids qui avaient menacé de me faire couler. Comme Mme Sheridan, Mary croyait en la possibilité de lendemains meilleurs, et comme Jim, elle pensait que tout était possible à partir du moment où on le voulait vraiment.

Je repris si bien confiance en moi que des années plus tard, nombre de nos amis sont sidérés à l'idée que j'aie survécu à une telle enfance sans séquelle apparente. Seule Mary connaît le prix que j'ai payé, et que je paie encore. La tyrannie des souvenirs, elle, n'a pas disparu.

Mieux vaut tard que jamais

Avec le soutien de Mary, je m'engageai donc sur le chemin libérateur de l'instruction. Je m'inscrivis d'abord aux cours qui me permettraient d'obtenir mon baccalauréat, à Crumlin. Mary, elle, travaillait à plein temps comme infirmière. À vingt-trois ans, j'étais évidemment le plus âgé de ma classe, avec cinq bonnes années de plus que les autres, mais cela ne me dérangeait pas. En outre, il fallut quelques années à Mary pour parvenir à m'engraisser quelque peu, et je ne faisais donc pas mon âge. Grâce à de bons enseignants et beaucoup de travail, je décrochai mon diplôme et pus rentrer au Trinity College en 1975-1976. Je rêvais d'intégrer l'enseignement supérieur depuis ma rencontre avec Jim Sheridan. Il m'avait dit que je pouvais accomplir ce que je voulais, et c'était chose faite. Pendant les deux années précédentes, j'avais eu l'occasion d'observer un professeur un peu particulier, M. Gabriel Byrne, qui nous enseignait l'espagnol. J'avais l'impression qu'il n'aimait pas son métier, et qu'il aurait préféré être n'importe où plutôt que dans cette classe. Je suis heureux de savoir qu'il a depuis trouvé sa véritable voie en devenant un acteur de cinéma reconnu.

J'étais en vacances en Allemagne avec Mary lorsque j'appris que j'avais une place au Trinity

College pour la rentrée de 1975, où j'étudierais l'histoire, l'économie et la psychologie. Grâce à une bourse d'études et au fait que Mary travaillait à plein temps, je pourrais maintenant rattraper le temps perdu et me consacrer pleinement à mes études. Mon excitation était telle que je traversai la route sans regarder et faillis me faire renverser par une voiture. Mary eut la peur de sa vie.

— Ce serait bien toi de te faire tuer juste au moment où tu récoltes le fruit de tes efforts, mon chéri !

Trinity College était mon premier choix. L'interdiction faite aux catholiques de fréquenter cette université avait été levée peu de temps auparavant, et je pense que la suspicion de l'Église envers cet endroit fut la raison majeure de mon choix.

Lors de mon premier jour là-bas, je m'assis sur la pelouse et fondis en larmes. Comment était-ce possible ? Pourquoi ne pouvais-je simplement accepter cet état de fait et aller de l'avant ? Mon esprit résonnait de l'écho des voix de mes professeurs à Saint-Joseph, me disant que je n'arriverais jamais à rien. Qu'en était-il des autres garçons qui auraient dû eux aussi se trouver là où j'étais maintenant ? Je me sentis coupable. Pourquoi avais-je survécu ? On m'avait donné la chance de recevoir une éducation supérieure, ma terre promise à moi, ce dont je rêvais sans y croire quand je travaillais chez Lep Travel et que, par la fenêtre, mon regard se perdait sur les toits de Trinity College. J'étais maintenant un véritable étudiant, et pourtant, je me suis rarement senti aussi malheureux que je le fus ce jour-là. Je passai mon premier examen avec succès en 1976, mais ne pris jamais vraiment mes marques à l'université. Il m'importait peu de me faire des amis ; le soir, c'est Mary que j'avais envie de retrouver. J'intégrai cependant un ou deux groupes et participai à quelques débats. Je découvris surtout l'amour des études, et pouvais passer des heures au milieu des livres à la bibliothèque. Toutefois, au cours de l'année, je pris conscience que j'avais envie de faire autre chose, quelque chose dont je n'avais même pas parlé à Mary. Au moment où je passai mes examens de fin d'année, ma décision était prise. Mary fut très surprise lorsque je lui fis part de mon projet : je voulais devenir médecin.

Ce sont les cours de biologie qui me donnèrent le déclic. J'adorais étudier les organes du corps humain, les pathologies qui pouvaient affecter leur fonctionnement, etc. Pendant l'été, j'avais travaillé comme aide-soignant et découvert que j'appréciais énormément de prendre soin des autres. Je voulais être en mesure d'alléger les souffrances. Bien entendu, Mary me soutint immédiatement, comme je m'y attendais.

— Pourquoi pas, si c'est vraiment ton souhait ? Même si tu n'apprécieras peut-être pas de travailler la nuit et le week-end !

Je ne m'inscrivis donc pas en seconde année à Trinity. À la place, je me renseignai sur les conditions d'entrée en médecine. Les sciences constituaient les principaux critères requis – biologie, chimie et physique. Je n'avais jamais fait de chimie ou de physique, mais j'avais étudié la biologie pour mon bac. Le seul endroit proposant cet enseignement préparatoire était l'Institute of Education sur Leeson Street, juste à côté de Stephen's Green. Ils avaient publié une annonce dans *The Irish Times*, selon laquelle toute personne intéressée devait contacter le principal,

Raymond Kearns. Les frais de scolarité étaient très élevés, nous n'étions donc pas certains de pouvoir nous le permettre. En revanche, il ne coûtait rien d'aller se renseigner.

Je décidai donc de me rendre à l'institut et rencontrai un homme en entrant dans le bâtiment.

— Pardon, monsieur, sauriez-vous où je peux trouver M. Raymond Kearns, s'il vous plaît?

Il me sourit.

— C'est moi. Puis-je vous aider?

Il me conduisit jusqu'à son bureau, et nous commençâmes à discuter.

— Vous êtes assez différent des étudiants que nous avons habituellement ici. Parlez-moi donc de vous.

Je lui fis un bref résumé de mon parcours et lui indiquai que j'avais grandi dans une école technique, sans mentionner les abus. Je lui confiai par contre que j'avais fait de la prison, mais que j'avais eu la chance de rencontrer une femme exceptionnelle dont la confiance m'avait aidé à passer mon bac et à obtenir une place à Trinity College. Il admira ma détermination et l'évolution de mon parcours scolaire.

— Vous savez quoi, Michael? Vous pouvez commencer dès début septembre, et qui plus est, je prends sur moi d'annuler vos frais de scolarité. Bon sang, ça ne serait pas formidable si vous pouviez devenir médecin?

Je fis honneur à son geste et décrochai d'excellentes notes à la fin de mon année de prépa, ce qui me rendit éligible à un entretien d'entrée en médecine. Mary et moi ne nous tenions plus de joie à cette idée. Je ne pourrai jamais suffisamment remercier M. Kearns pour la chance qu'il m'a ainsi donnée.

Mariage, 1980

Après sept ans de vie commune, nous décidâmes de nous marier. Craignant de m'engager, je ne m'étais d'abord pas senti emballé par cette idée. Dans un coin de ma tête, j'avais peur que ce fil à la patte ne change quelque chose entre Mary et moi, mais ces craintes se révélèrent injustifiées. Nous prîmes finalement la décision de nous marier au bureau de l'état civil de Kildare Street. Le côté de la famille de Mary serait bien représenté ; mais qu'en serait-il du mien ? Elle suggéra que je me rende à Crumlin pour inviter ma mère. Je n'avais eu aucun contact avec ma famille depuis 1973 et n'étais pas très partant pour rouvrir les vieilles blessures. Mais Mary insista, et je finis par accepter à condition qu'elle m'accompagne.

Un beau jour, nous frappâmes donc à la porte de la maison de Crumlin. C'est tante Josie qui ouvrit, bien surprise de me voir. Je lui présentai Mary, et elle nous invita à entrer. L'oncle Paddy adressa un sourire radieux à ma future femme, visiblement aux anges que j'aie trouvé quelqu'un qui me rende heureux. Toute ma famille était invitée au mariage. Lorsque je parlai d'inviter ma mère, Miriam me dit de ne pas m'inquiéter.

— Catherine et moi nous occuperons d'elle, et tout ira bien.

Maman n'habitait plus au même endroit ; elle avait emménagé dans un trois-pièces sur York Street. Je l'appelai pour savoir si nous pouvions passer la voir, ce qui la ravit. À notre arrivée, je fus soulagé de la trouver en bonne forme : elle avait pris du poids et portait un nouveau dentier et une perruque neuve. L'appartement était impeccable. Elle était très fière de vivre dans un endroit aussi clair et spacieux, et nous montra sa salle de bains ainsi que le lit double où elle dormait. Sa plus grande fierté était cependant le poste de télévision couleur qui trônait dans un angle du salon. Elle nous avait préparé un bon thé et se conduisit en parfaite hôtesse. Je fus surpris de remarquer plusieurs images pieuses dans l'appartement, ainsi qu'un chapelet blanc sur sa table de nuit. Je ne me souvenais pas qu'elle eût été très religieuse. Apparemment, son comportement ingérable s'était arrangé avec le temps. Je perçus toutefois une certaine tristesse sous son bavardage ; celle de la vieillesse, probablement.

Ma famille n'était pas spécialement heureuse que le mariage soit uniquement civil. Ils auraient préféré une cérémonie à l'église, ce dont nous ne voulions pas. Josie, Paddy et ma tante Kate choisirent de ne pas assister à la brève cérémonie en mairie ; ils nous rejoignirent ensuite à la réception organisée au Clarence Hotel, sur les quais.

Nous avions loué un poney et un cabriolet pour emmener Mary au bureau de l'état civil. Comme elle était belle, ce jour-là ! Malgré mon estomac noué, je ne doutai pas un instant du bien-fondé de cet acte. Nous descendîmes Grafton Street dans notre carriole sous les signes amicaux des passants. Ma seule préoccupation était le nombre de fois que le cheval risquait de déféquer pendant le trajet. Mes deux sœurs gardèrent un œil sur ma mère, qui se tint très bien. Nous dansâmes ensemble quelques fois au cours de la soirée, mais je savais que les choses ne seraient plus jamais les mêmes entre nous, et je pense qu'elle le savait aussi. Elle essaya d'évoquer l'incident de mon arrestation, mais je lui murmurai alors à l'oreille que je viendrais la voir après ma lune de miel. Je crois que c'était très important pour elle. Peut-être lui devais-je cela, pensai-je. Je pris soin néanmoins de ne plus jamais lui rendre visite sans être accompagné. Nous prîmes beaucoup de photos ce jour-là ; la préférée de maman était celle prise sur Saint-Stephen's Green, où elle posait avec ses trois enfants et son gendre.

Candidature en médecine

Le moment de mon entretien pour entrer à l'école de médecine était venu. J'attendais avec nervosité devant le bureau qu'on m'avait indiqué, surpris de constater que j'étais le seul candidat de la matinée. On m'appela enfin. Un homme était assis derrière son bureau, seul, et ne se donna pas la peine de me serrer la main. Je sentis immédiatement que c'était mauvais signe. Il resta assis sur son fauteuil et évita autant que possible de croiser mon regard tout en jouant avec les papiers qu'il tenait dans sa main.

— Alors, M. Clemenger, je découvre juste votre candidature. Apparemment, vous avez obtenu de très bonnes notes pendant votre prépa, avec notamment un A en chimie.

Je me doutais qu'un « mais » n'allait pas tarder à venir.

— Mais vous n'avez pas fourni beaucoup d'informations sur vous, je ne me trompe pas ?

Sans me laisser le temps de répondre, il en vint à ce qui le préoccupait réellement.

— Dites-moi, M. Clemenger, qui est votre père ?

La question me désarçonna totalement.

Dois-je lui dire la vérité ou mentir ? Après tout, mon père pourrait être mort. Non, pourquoi mentir ? Je n'ai pas à avoir honte.

— Eh bien, monsieur, je ne connais pas la réponse à cette question.

— Pardon ? Elle est pourtant extrêmement simple.

— Peut-être, monsieur, mais pas en ce qui me concerne. Je ne peux dire qui est mon père car je ne l'ai jamais rencontré.

Il poussa un profond soupir.

— Donc, vous n'avez pas de père ?

— Non, monsieur.

— Mmh. Dites-moi, M. Clemenger, pourquoi voulez-vous devenir médecin ?

— Parce que j'aimerais aider les gens.

— Vous pourriez tout aussi bien aider les gens en étant chauffeur de bus.

Je compris alors que c'en était fini pour moi.

— Vous savez, M. Clemenger, la majorité de nos étudiants ont un membre de leur famille – par exemple leur père, ou un oncle – qui est déjà dans la médecine. Possédez-vous ce genre de relation ?

— Non, monsieur. Pourquoi le devrais-je ? Cela signifie-t-il que seuls les fils de médecin peuvent devenir docteurs à leur tour ?

— Pas nécessairement, mais cela aide beaucoup.

Il était inutile de m'aveugler : je pouvais faire une croix sur mon rêve. Luttant pour maîtriser mon désarroi, je me demandai si je ne ferais pas mieux de partir tout de suite. Je ne voyais plus guère l'intérêt de rester. Percevant mon intention, l'homme se pencha alors vers moi et prononça ces mots, qui me hantent encore aujourd'hui :

— Jeune homme, vous êtes né du mauvais côté de la barrière, ne nourrissez donc pas d'ambitions démesurées pour votre vie.

Mon ancienne colère resurgit alors brusquement, jaillissant de nulle part. Sans réfléchir, je me dressai par-dessus son bureau et le giflai en pleine face. Il retomba dans son fauteuil alors que je lui déversai un chapelet d'injures de la pire espèce.

Sa secrétaire accourut, alertée par tout ce raffut.

— Dois-je appeler la police ?

C'est moi qui lui répondis.

— Oui, s'il vous plaît, je serais ravi de leur répéter ce que cet homme vient de me dire. Alors, allez-y, appelez-les tout de suite.

— Non, non ! Ne les appelez pas !

Il était toujours cloué à son fauteuil. Ma rage assouvie, je repris mes esprits et me levai.

— Je suis sûr que ce n'est pas la première fois que vous dites ce genre de choses à un candidat. Vous devriez avoir honte !

Je partis sur ces mots. Il me fallut un certain temps avant d'avouer à Mary que j'avais frappé cet homme. Après quoi, je suivis le cursus de science à Trinity College, mais ne terminai pas mon année. Le cœur n'y était plus, et j'étais dévasté par tout ce qui se cachait derrière les mots de cet homme. Ils faisaient écho à ceux du père O'Neill. Cela remontait à 1966, mais je les entendais encore comme si c'était hier. Mes origines continuaient de me poursuivre.

Me faire rejeter du milieu médical dans les années 80 se révéla aussi destructeur pour moi que d'être jugé indigne du clergé dans les années 60. Ces deux décisions étaient fondées sur un préjugé. Être un « bâtard » et être « né du mauvais côté de la barrière » me semblaient être les deux faces de la même pièce, celle du préjugé. Visiblement, j'attirais des étiquettes dont le poids me vidait régulièrement de toute mon énergie. Peut-être même me les collait-on à cet effet. Ces étiquettes incluaient les termes de « orphelin », « moniot », « bâtard », et le tout nouveau « être né du mauvais côté de la barrière ». On les utilisait pour me dénigrer et pour m'empêcher de « nourrir des ambitions démesurées ».

Seulement, j'étais un battant, et je résolus de trouver un moyen d'échapper à cette oppression et à ma déception. Je refusais de me considérer comme une victime ou de m'apitoyer sur mon sort.

Au début, je me renfermai sur moi et cherchai du réconfort auprès de mes meilleurs amis – les livres. Mary m'aida aussi à garder le moral. Elle pensait que les vacances constituaient une bonne façon de digérer les déceptions et s'arrangeait toujours pour que nous puissions voyager ; aux États-Unis, en Allemagne, en France ou en Espagne par exemple. Elle aimait dire que les voyages ouvrent l'esprit et élèvent l'âme.

Ma bibliothèque personnelle commençait à s'étoffer. Les biographies de leaders internationaux tels que Richard Nixon, Mao, Gandhi, Hitler ou Staline me fascinaient – celles de ces deux derniers tout particulièrement. Je lus et relus de nombreuses études sur ces infâmes meurtriers et sur la façon dont ils procédèrent à l'élimination de millions de gens. Je retins notamment le fait que Hitler était de naissance catholique et que Staline avait voulu être prêtre durant sa jeunesse. Sigmund Freud devint l'un de mes héros, et je me demandai à quoi auraient pu ressembler des séances de psychanalyse avec ces deux tristes sires.

Entre-temps, je travaillais comme aide-soignant à l'hôpital de Dublin. J'effectuais mon travail sans plus de conviction, tout en continuant d'observer mes « supérieurs ».

Enfin une carrière

Au début des années 80, je pris conscience que si je voulais survivre nous devrions émigrer pour l'Angleterre, ce qui ne posa pas de problème à Mary.

Lors d'une soirée à Grangegorman, des amis furent les premiers à suggérer que je ferais un bon infirmier en psychiatrie. J'avais la réputation de savoir écouter, et les gens me sollicitaient facilement pour discuter de leurs problèmes. Cette idée m'interpella. Après un entretien concluant, je fus accepté dans une formation d'infirmier psychiatrique dans le Surrey. L'Angleterre me fit du bien, et je lui en serai toujours reconnaissant. Avec ses cinquante-six millions d'habitants, je n'étais pas confronté aux préjugés auxquels je m'étais heurté chez moi. Ici, les origines comptaient beaucoup moins ; la contribution que vous pouviez apporter au pays était bien plus importante. J'appréciais la liberté de penser et de réussir qui régnaient sur cette terre. Si vous en étiez capable, vous pouviez aller aussi loin que vous le désiriez. La prévalence de la perspective catholique sur la vie et sa rigidité en termes de codes moraux et sexuels n'y avait pas sa place. On avait le droit d'être agnostique, et j'étais libre de m'adonner à quelque activité intellectuelle que ce soit.

Pendant les trois années suivantes, je passai mes examens, et décrochai enfin mon diplôme d'infirmier en novembre 1989. Lors de la cérémonie de remise des diplômes, je ne pus m'empêcher de penser que cela n'aurait jamais été possible dans l'Irlande de l'époque.

J'avais toujours à cœur de traiter les patients comme moi-même. Comment aimerais-je être traité ? Telle était ma devise. J'étais un farouche défenseur du droit des patients, et il arrivait souvent que mon opinion se heurte à la véhémence des psychiatres auxquels j'avais affaire. Je découvris cependant qu'une dispute bien argumentée était susceptible d'atténuer les souffrances des personnes avec qui j'étais en contact.

De temps à autre, il m'arrivait également de travailler sur des cas d'abus sexuel ou de tentative de suicide. Je mettais alors subtilement à profit mes propres expériences pour essayer d'alléger la souffrance psychique des patients. Cette capacité à cloisonner ma propre souffrance me permit bientôt d'intégrer une équipe de spécialistes gérant principalement ce genre de patients. Certains venaient d'Irlande, mais la majorité d'entre eux étaient anglais. Quelle tristesse de découvrir que la maltraitance des enfants était un phénomène universel !

L'un des psychiatres avec lesquels je travaillais s'était spécialisé dans ce domaine et appréciait ma présence à certaines de ses consultations. Je ne lui dis jamais rien qui puisse lui faire comprendre que j'avais moi-même connu ces abus, et je ne sus jamais s'il l'avait deviné. Cependant, il me faisait parfois remarquer que j'avais une façon aussi pertinente qu'inhabituelle de poser les bonnes questions ou de fournir la réponse appropriée aux patients en grande détresse psychologique. Ces consultations me firent aussi découvrir le cadre de l'entretien de psychothérapie. Les patients arrivaient avec un sac noir imaginaire sur les épaules ; assis confortablement, ils fouillaient dans ce sac et en sortaient le dossier « abus sexuel ». Pendant les trois quarts d'heure suivants, ils pouvaient donner libre cours à leurs émotions – souvent la colère, l'impuissance, la rage, ainsi que le désespoir de ne pas avoir été crus. J'avais parfois du mal à supporter leurs récits tant leurs histoires ressemblaient à la mienne.

Le fait de pouvoir raconter leur expérience dans un cadre thérapeutique rassurant soulageait les patients ; la confiance et la sécurité fournies par l'équipe les rendaient également plus forts. Mais selon moi, on ne leur donnait pas de réels moyens de tourner la page. Une fois la consultation terminée, le patient rangeait le dossier « abus sexuel » dans son sac et repartait avec. Toutes les séances commençaient et finissaient de la même manière. Le patient n'était pas guéri, et ne pouvait donc pas se libérer des manifestations psychiatriques qui avaient nécessité son hospitalisation, parfois pendant des années.

Cette incapacité à se délester de leurs souvenirs était le principal problème. Car pour se débarrasser de quelque chose, il faut qu'autre chose vienne remplacer le vide alors laissé dans la vie. Il me semble que cette tyrannie du souvenir était la cause des pires dépressions. Comment contrôler les pensées intrusives, le retour constant des scènes traumatisantes de viol ? C'est la raison pour laquelle je n'ai jamais eu recours à cette méthode moi-même. Je dus trouver ma propre voie vers la sérénité, et inventer tout seul un moyen de surmonter mes traumatismes.

Pour commencer à gérer mes émotions, je me suis imposé ces quelques règles :

Je refuse de me considérer comme une victime ;
J'évite trop d'introspection et d'analyse ;
Je refuse de croire qu'à l'origine, c'est moi qui ai fait quelque chose ayant ensuite entraîné les abus sexuels ;
Je refuse de m'apitoyer sur moi-même ;
Je refuse de me laisser entraver par l'opinion des autres à mon sujet ;
Je refuse de me cacher derrière le masque de la dépression ou autre dénomination ;
Je refuse de laisser le passé dominer mon horizon ;
Je refuse d'entretenir des idées de vengeance ou de m'excuser d'être né ;
Je refuse de laisser les autres poser des limites à mes rêves.

Au lieu de quoi :

Je me considère comme un survivant ;
Je développe mes loisirs et centres d'intérêts, ce qui me laissera moins de temps pour me regarder le nombril ;
Je lâche prise sur les événements qui échappent à mon contrôle et me concentre sur les choses susceptibles d'améliorer ma vie ;
J'accepte qu'il y ait de mauvais jours ;
Je cultive ma liberté grâce à l'instruction ;
Je n'oublie pas la générosité de ceux qui ont toujours voulu m'aider ;

Je m'investis dans ma vie de couple et passe moins de temps à spéculer avec des « si… » ;

Je fais de mon mieux pour être optimiste ;

J'essaierai toujours, *toujours*, de réaliser mes rêves.

Cela dit, je reconnais que les séances de psychothérapie ont été bénéfiques à de nombreuses personnes. Chacun possède une expérience singulière de ses blessures. En ce qui me concerne, je pense que les plaies que l'on gratte trop souvent ne cicatrisent jamais. La cicatrisation ne peut venir que du pardon. Malheureusement, de nombreuses victimes de maltraitance n'ont pas la capacité de pardonner à leurs agresseurs, et leurs larmes continuent de couler.

Dernières nouvelles de maman

En 1992, je quittai le service psychiatrique pour me consacrer à une formation de quatre ans en physiologie humaine appliquée, c'est-à-dire l'étude du fonctionnement du corps humain. Mon intérêt pour la médecine n'avait pas décru pendant toutes ces années. Je décrochai le diplôme en 1996, époque à laquelle Mary et moi rêvions de revenir en Irlande. À l'origine, nous avions prévu de ne passer que cinq ans en Angleterre, mais ma licence en physiologie nous avait retardés. Mon diplôme en poche, nous nous empressâmes donc de retourner en Irlande, où nous trouvâmes rapidement du travail et un toit pour profiter de notre nouvelle situation. N'ayant pas d'enfants à nous, nous étions ravis de partager la vie de famille des sœurs de Mary, puis de son frère quand sa famille s'agrandit à son tour.

Quelques années plus tard, un soir de novembre, je reçus un coup de fil. Un parent de ma belle-sœur me demanda si je connaissais une certaine Mary Clemenger, décédée le 1er novembre 2001 – jour de mon anniversaire – et si elle était de ma famille. Elle avait lu l'avis de décès dans le journal du soir. Le choc de cette annonce est encore vif.

Heureusement, Mary était là pour me soutenir. Elle prit immédiatement les choses en main et rassembla sa propre famille pour m'aider à affronter l'enterrement, qui devait avoir lieu le lendemain matin. Pendant le trajet vers Crumlin, je ressassai le fait que maman était morte le jour de mon anniversaire. Accrochés l'un à l'autre, Mary et moi gagnâmes l'église Saint-Bernard, où nous rencontrâmes tante Kate, visiblement surprise de nous voir.

— Mon Dieu, Michael, je ne savais pas que tu étais revenu en Irlande.

Les yeux pleins de larmes, elle me dit alors que tante Josie, les oncles Michael, John et Paddy étaient tous morts durant ces dernières années. Oncle Tim nous serra tous deux dans ses bras et m'exprima sa tristesse quant à la disparition de maman, ce qui me toucha beaucoup.

Je rassemblai mon courage et entrai dans l'église, la main de Mary dans la mienne. La situation me paraissait quelque peu irréelle. Un superbe cercueil était installé devant l'autel, avec une photo de ma mère. Quelques personnes étaient assises sur les bancs ; certaines me sourirent tandis que j'avançais vers les places proches du cercueil, du côté gauche de l'église. Il me fallut quelques minutes pour réaliser que mes deux sœurs étaient assises sur les bancs du côté opposé. Toutes deux pleuraient et se faisaient consoler par mes deux neveux, qui devaient ignorer qui j'étais. *Dois-je aller les voir ?* me demandai-je. Je décidai de m'abstenir, car elles semblaient bien trop bouleversées pour pouvoir parler.

Puis la cloche retentit, annonçant le début de la messe. Le prêtre adressa des prières pour la défunte, implorant Dieu de donner aux deux filles de Mme Clemenger la force de surmonter cette perte cruelle.

Mary me serra la main un peu plus fort. Il était sans doute compréhensible que j'aie été oublié. Tante Kate m'invita à rejoindre mes sœurs, mais je craignis qu'il ne fût trop tard, maintenant que la messe avait commencé. En outre, je réalisai que j'étais déjà auprès de ma véritable famille. Mary avait été à mes côtés pendant les longues années où tous les autres étaient absents, et ce n'était pas un enterrement qui allait y changer quoi que ce soit.

Le prêtre prononça une homélie très émouvante sur maman. Je ne pus m'empêcher de penser au curé qui m'avait évincé de Crumlin en 1950. Serait-il consterné par les douces paroles prononcées en ce jour sur la dépouille de ma mère ? Aujourd'hui encore, je suis toujours aussi étonné par la façon dont les gens regagnent toute respectabilité dès qu'ils se trouvent dans un cercueil, quoi qu'ils aient pu faire de mal durant leur vie.

Le regard de Miriam croisa le mien un instant pendant la communion. Elle semblait terriblement triste, et je perçus son envie de venir vers moi. Ma sœur Catherine, quant à elle, était trop éprouvée pour savoir où elle se trouvait et s'appuyait sur ses fils pour tenir debout. J'attendis mon tour avant de me diriger vers le prêtre, sous le regard attentionné de Mary. Me voyant vaciller, Mary posa sa main sur mon épaule, ce qui me redonna la force dont j'avais besoin. Au moment où je reçus la sainte communion, les larmes inondèrent mes joues, ce qui sembla surprendre le prêtre.

À la fin de la messe, des pleurs sonores éclatèrent du côté de mes sœurs. Elles pleuraient leur mère, ignorant que je l'avais, moi, pleurée toute ma vie. Je partageais leur douleur, mais je ne crois pas qu'elles aient jamais voulu ou pu se rendre compte de la mienne. Dans leur malheur, elles étaient incapables de partager leur mère avec moi. Lorsque le cercueil fut sorti de l'église, elles étaient dans un tel état qu'il fallut les aider à marcher dans l'allée. Me sentant une fois de plus exclu, je demeurai à ma place jusqu'à ce que l'église se vide.

Instinctivement, je m'approchai alors du prêtre et le remerciai pour sa merveilleuse homélie.

— Oh, mais je ne savais pas que Mary avait un fils. Je ne lui connaissais que deux filles. Pourquoi n'étais-je pas au courant ?

Il était désolé et embarrassé.

— Ne vous inquiétez pas, mon père, peut-être était-ce plus simple comme ça.

— Vous avez sûrement raison.

Lorsque Mary et moi sortîmes de l'église, des inconnus vinrent nous adresser leurs condoléances. Je trouvai très gratifiant que des gens me reconnaissent comme le fils de Mary Clemenger.

À la dernière minute, je décidai de ne pas aller au cimetière pour l'enterrement. J'avais l'impression que mes sœurs préféreraient que je ne sois pas là – ce qui pouvait probablement se comprendre, au vu des circonstances. Je marchai seul vers le corbillard, alors que la pluie commençait à tomber lourdement. Je vis alors mes sœurs dans une voiture sur ma droite, et me demandai une fois encore si je devais aller à leur rencontre. Au lieu de quoi, j'avançai vers l'arrière du corbillard pour dire une petite prière et envoyer un dernier baiser symbolique à maman. Il y avait eu tant de tristesse dans sa vie, et tout ça pour quoi ? Pour finir de cette façon.

Comme j'aurais aimé avoir l'occasion de toucher son visage une dernière fois, de lui montrer que j'étais là pour elle jusque dans la mort ! Si le Ciel existait, peut-être le savait-elle déjà. Je me sentis apaisé par le simple fait de rester ainsi appuyé contre la vitre, avec le bruit de la pluie résonnant autour de nous. En cet instant, je ressentis le besoin pressant de croire en un dieu, ne serait-ce que pour justifier la misère que ma mère avait dû endurer sans que nul ne le sache.

Bonne nuit, chère mère, prends soin de toi. Ton fils qui t'aime, Michael.

La main de ma femme sur mon bras me ramena à la réalité. Elle tenait un parapluie au-dessus de ma tête.

— Viens mon chéri, tu vas être trempé.

Alors que nous nous dirigions vers la voiture, nous croisâmes tante Kate qui demanda si nous venions au cimetière.

— Non, je ne pense pas. Je lui ai fait mes adieux. Je ne crois pas que ce serait une bonne chose d'y aller.

— Oui, tu as peut-être raison. Bon, eh bien voilà…

— Eh oui…

— Au moins, tu as pu lui dire au revoir. C'est déjà ça. Dieu te protège, Michael. À bientôt.

Une fois dans la voiture, je laissai libre cours à mon chagrin. Nous dépassâmes le corbillard en sortant du parking de l'église. Je n'osai pas me retourner.

Les images de mes oncles Paddy et John défilaient dans ma tête, et je leur adressai une prière intérieurement. Leur soutien, leur chaleur et leur façon de m'accepter sans réserve m'avaient touché plus qu'ils ne pouvaient l'imaginer.

Nous traversâmes les rues qui auraient dû être celles de mon enfance sous le martèlement croissant des gouttes de pluie s'écrasant sur le toit de la voiture.

Le regard perdu par la fenêtre, je me rappelai les nuits froides et humides que j'avais dû passer dehors, dans un parc ou sous un porche. J'étais alors seul, mais maintenant je ne l'étais plus. Soudain, une conscience nouvelle du rôle que Mary jouait dans ma vie me submergea. Je ne m'en serais jamais sorti sans elle. C'est elle, la véritable héroïne de ce livre. Elle m'a toujours aidé à remonter la pente quand j'en avais besoin, valorisant mes réussites avec un enthousiasme indéfectible. Elle m'a permis de rester concentré sur l'instant présent, refusant de me laisser sombrer dans le passé. Jim Sheridan avait donc raison : on peut aller loin avec une attitude positive. La nouvelle du décès de mes oncles et de tante Josie me rappela aussi que je vieillissais. Plus que jamais, je comptais donc profiter en pleine conscience de mon lien unique avec Mary. Alors que le feu passa au vert, j'adressai un petit mot de remerciement pour la vie qui était désormais la mienne. Contre toute attente.

Postface

Je ne comptais pas écrire ce livre. Mais tout changea en 1996, lorsque ma femme et moi revînmes d'Angleterre pour vivre en Irlande.

Je remarquai alors que peu à peu, de courts articles paraissaient dans la presse irlandaise au sujet des nombreux abus sexuels commis par des prêtres et des Frères chrétiens sur des enfants. Je m'efforçai d'abord de faire la sourde oreille, préférant les ignorer. Puis, en avril 1999, en ouvrant le journal, je vis une photo de l'école technique Saint-Joseph à Tralee, à côté d'une autre, plus petite, qui me semblait bien être le portrait de celui que nous appelions « le meurtrier », frère Lane. Le choc fut immense. Ça ne pouvait pas être lui ! Étais-je en train de rêver ? Non, je ne rêvais pas. J'examinai longuement ce visage, et, ce faisant, les souvenirs que j'avais enfouis je ne sais où commencèrent lentement à resurgir. Les mains tremblantes, je continuai de lire l'article. Frère Z était dans le box des accusés avec Lane, tous deux inculpés d'abus sexuels et physiques.

Mais ce sont les huées de la foule rassemblée devant le tribunal qui me bouleversèrent le plus. Où étaient tous ces braves gens dans les années 50 et 60, quand leurs voix auraient pu servir à quelque chose ? Combien d'entre eux étaient d'anciens élèves, à supposer qu'il y en ait seulement un ?

En mai 1999, le Premier ministre de l'époque, Bertie Ahern, prononça des excuses publiques aux victimes de ces abus, y compris aux élèves de toutes les écoles techniques d'Irlande gérées par le clergé. Je revécus alors douloureusement les souvenirs depuis longtemps dissimulés sous un masque de respectabilité et de normalité. Ils ne me laissaient plus en paix, me rendant prisonnier de mon passé.

Le trouble atteignit son apogée lorsque je lus une série de livres écrits par d'autres hommes relatant les sévices qu'ils avaient subis. Leurs histoires comportaient de nombreuses similitudes avec la mienne. Je citerai entre autres : *Fear of the Collar* de Patrick Touher, *Founded on Fear* de Peter Tyrrell, *In Harm's Way* de Sean Hogan.

Ces trois livres me marquèrent profondément et je faillis retomber dans une profonde mélancolie. Les souvenirs que j'avais passé quarante-cinq ans à enterrer au plus profond de mon esprit jaillirent avec une force inouïe et commencèrent à me torturer jour et nuit. Après avoir regardé le documentaire télévisé de Mary Raftery sur les écoles techniques (*States of Fear*, 2003), je devins accro aux antidépresseurs. Moi qui étais une personne heureuse et optimiste, je redevins ce volcan bouillonnant qui avait explosé pour la première fois dans la chambre du père O'Neill le 1er novembre 1966. Cette perte de contrôle m'était insupportable. Je pris conscience que je m'étais menti pendant des années en taisant une douleur que j'avais trop intériorisée. Seulement, cloisonner des souvenirs douloureux ne marche qu'un temps ;

et cela signifie que vous êtes toujours à la merci des événements. De fait, j'étais maintenant ébranlé par le nombre de nouveaux cas de pédophilie rapportés chaque jour. J'avais peur de dormir, redoutant que mes rêves nocturnes ne me fassent revivre ces peurs et ces souffrances.

J'avais beaucoup de mal à écouter les gens bien intentionnés qui exprimaient à la radio *leur* choc, *leur* dégoût, *leur* opinion sur le sujet. Pour tout dire, cela me rendait malade et ne soulageait en rien les terribles flash-back que j'avais tant de mal à refouler. La goutte d'eau qui fit déborder le vase fut d'entendre une collègue s'écrier que toutes ces histoires d'abus sur des enfants n'étaient qu'une manœuvre des agitateurs communistes et des agnostiques pour faire tomber l'Église catholique. Je fus profondément choqué.

— As-tu déjà rencontré des victimes ?

— Non, bien sûr que non, et je suis sûre qu'il n'y en a pas autant qu'on voudrait nous le faire croire.

— Eh bien, c'est ton jour de chance, parce que tu en as une en face de toi.

Elle se décomposa.

— Quoi ? Mais Michael, comment... ? Tu as l'air si normal.

Je commençai à faire part de mon histoire à un ou deux amis. Les gens réagissent étrangement : ils ont toujours l'impression qu'une victime de pédophilie doit être très différente du reste du genre humain.

Peu à peu, j'en vins à la conviction qu'il me fallait écrire ce livre non seulement en tant que processus cathartique, mais aussi pour honorer la mémoire de tous les jeunes garçons qui avaient vécu entre les murs de l'école technique Saint-Joseph à Tralee.

Nombre d'entre eux, j'en suis certain, en sortirent inaptes à la vie civile et glissèrent silencieusement dans une vie triste et solitaire sans jamais faire parler d'eux. Beaucoup sont morts pleins de rage, incapables de nouer des relations d'intimité avec le sexe opposé, d'avoir une famille à eux ou de s'épanouir socialement.

En commençant à coucher tout cela sur le papier, je me suis aperçu que Saint-Joseph ne constituait que la moitié de mon histoire. J'avais également besoin de relater la recherche puis la découverte de ma mère, et ses conséquences inattendues. Cette idée avait toujours trotté dans un coin de ma tête. Et même si cela se révéla être une relation des plus chaotiques, je ne regrette pas ma démarche. Elle m'a permis de me débarrasser de l'étiquette d'« orphelin » qui me collait tristement à la peau et me donnait l'impression d'être mauvais, un fruit du péché. Depuis lors, je suis redevenu « quelqu'un », avec des origines, ce qui m'a apporté beaucoup de réconfort.

Le fait d'être né « du mauvais côté de la barrière » n'aurait jamais dû m'empêcher de m'élever socialement. Je faisais partie de ce monde. J'avais le droit de rêver et de poursuivre mes rêves. L'étroitesse d'esprit de certains m'a barré la route. Laissons l'histoire les juger. Je suis malgré tout parvenu à faire des études supérieures, à travailler comme infirmier psychiatrique et plus tard comme maître de conférences en biologie. Je suis maintenant retraité et profite de mon temps libre pour jouer au golf, lire et voyager avec ma femme Mary.

Pour finir, je tiens à dire que je prends l'entière responsabilité des opinions énoncées dans ce livre. Il est le reflet des événements tels que je les ai vécus. Je suis certain qu'il existe de nombreux points de vue différents sur ces événements et sur les personnes que j'ai décrites. À elles de faire connaître leur version des faits.

Vieillir, ça n'était pas pour toi
par Michael Clemenger

Ton image sur le mur me montre
Des yeux pleins de promesses
Une mâchoire pleine de détermination
Mais ton éclosion a été fauchée par
une mauvaise herbe
Dont la brutalité t'a emporté
Et m'a instillé la peur du noir

Tu n'as pas eu le temps de dire au revoir
Je n'ai pas eu le temps de pleurer
Jeune à tout jamais, tu reposes dans la terre froide
Et je m'assieds près de ta tombe
Étourdi par tous ces possibles perdus

Cinquante ans se sont écoulés
Et je revois encore ton image sur le mur
Où ta jeunesse est pour toujours emprisonnée
Cela doit t'être égal
Que tourne la roue du temps
Dors bien, l'ami
Loin de la couronne d'épines

Si je n'ai jamais pu te dire bonjour
Je veux t'honorer d'un au revoir
La vieillesse n'était pas faite pour toi
Avec son lot de douleurs et de déceptions
Dors bien, camarade sur le mur
Tu étais une trop belle fleur
Fauchée par une mauvaise herbe.

À la mémoire de Joseph Pyke, 1941-1958, qui a trouvé la mort à l'école technique Saint-Joseph de Tralee, Kerry, en 1958.

Appendices

Mon avis sur la commission d'indemnisation

D'après moi, la commission d'indemnisation en Irlande a été l'une des plus grandes déceptions pour les victimes de pédophilie. Suite aux excuses présentées en mai 1999 par le Premier ministre de l'époque, M. Bertie Ahern, la commission d'indemnisation fut mise en place par le gouvernement afin de réparer les injustices subies par les milliers de victimes d'abus sexuels pendant leur enfance. On avait alors reconnu que des sévices sexuels et physiques avaient été infligés à des enfants confiés aux soins de divers ordres religieux financés par l'État.

On voulut nous donner l'impression qu'enfin, les victimes pourraient se présenter devant cette commission, raconter leur histoire et être crues sur parole. Il n'y aurait pas de partie adverse comme dans un jugement classique, et après l'examen attentif des souffrances endurées, les victimes recevraient une indemnité compensatoire. Mais pour la plupart d'entre elles, l'argent n'était pas l'enjeu principal. C'est l'énoncé détaillé des abus subis qui constituerait leur meilleure consolation.

Les victimes comprirent rapidement qu'on les avait trompées. La réalité n'avait en effet rien à voir avec les vœux pieux annoncés au lancement de la commission d'indemnisation. Certaines victimes eurent même l'impression que la commission elle-même était un nouvel agresseur, vu le manque d'empathie que ses membres témoignaient aux hommes et aux femmes dévastés qui passaient devant eux. Ils étaient en effet considérés comme de simples pourcentages. Le style impersonnel des entretiens leur causa une nouvelle souffrance, leur donnant le sentiment d'une ultime trahison. Les membres de la commission tentèrent de justifier leur attitude en disant que c'était la seule façon pour eux de faire face à un tel océan de malheur ; ils devaient maintenir de la distance et penser d'abord en termes statistiques pour pouvoir gérer l'afflux des cas à traiter.

Les sommes d'argent parfois considérables engagées pour rémunérer les avocats des victimes furent ignorées. Les politiciens de tous bords gardèrent le silence pendant toute cette procédure de sape et préservèrent leur conscience en se disant que la commission d'indemnisation serait de toute façon bénéfique pour les victimes. Ils préférèrent se laisser soi-disant duper en ignorant les manifestations des victimes qui protestaient devant le Parlement. Ils ignorèrent tout particulièrement le viol répété de l'âme des victimes forcées de se rappeler, de revivre et de prouver les détails scabreux qu'ils avaient tenté d'enfouir en eux après tout ce temps. Si elles avaient effectivement besoin et envie de raconter leur histoire, la façon dont on leur demanda de le faire se révéla bien souvent difficile et traumatisante. C'est sur ce terrain miné que je hasardai un pas hésitant en m'inscrivant moi aussi sur les listes de cette commission, en 2002.

Dès les premiers contacts avec les Frères chrétiens par l'intermédiaire de M. Harry Hunt, mon avocat – lequel m'aida sans relâche à me préparer à cette épreuve –, je pris toute la mesure de leur hostilité. Mes allégations de viol et de violences physiques furent qualifiées d'inventions tordues ne méritant aucun crédit. Ils nièrent en bloc toutes les accusations portées à l'encontre des Frères chrétiens, en arguant que les agresseurs que je nommais étaient morts dans un respect unanime, ou bien avaient quitté les ordres avec les plus hautes recommandations. Dans sa réponse écrite à la commission, l'un des Frères alla jusqu'à m'accuser d'être moi-même un pédophile.

Un soir, quelques jours avant ma comparution devant la commission d'indemnisation, je découvris dans le journal qu'un homme qui avait grandi à l'école technique Artane dans les années 50 était actuellement en grève de la faim devant le Parlement. Un frisson me parcourut quand j'appris que sa démarche n'était pas due à son expérience malheureuse dans cette école, mais à la façon dont la commission le traitait. J'allai le rencontrer devant le Parlement, et fus très ému par sa détermination à mourir devant ses portes afin d'alerter l'opinion sur ce qui se passait. Infirmier et scientifique, je craignais fort que cet homme, qui n'avait pas mangé depuis la semaine précédente, n'endommage irrémédiablement sa santé. Je lui dis que j'allais moi-même me présenter devant la commission le vendredi suivant.

— Faites attention, ils vous boufferont tout cru, me dit-il. Ils n'en ont rien à foutre, des gens comme vous et moi. Tout ça, c'est de la publicité organisée par le gouvernement pour qu'on leur lâche la grappe. Une belle bande de salauds, tous autant qu'ils sont.

Je commençai à prendre peur, car je sentais que je rejoindrais bientôt le gréviste de la faim si les choses se passaient mal. Le vendredi venu, je rencontrai mon deuxième avocat une heure avant la comparution devant la commission d'indemnisation. Il me fit remarquer que j'avais l'air nerveux. Il m'indiqua aussi clairement que j'allais passer un très mauvais moment si je me présentais à la barre. L'interrogatoire serait hostile, et il ne pourrait rien faire pour me protéger. En guise d'illustration, il passa la demi-heure suivante à me questionner sans ménagement sur les détails de mon expérience, en faisant comme s'il ne croyait pas un mot de mes accusations.

— Je vous préviens, M. Clemenger, cela n'est qu'un avant-goût de ce qui vous attend. Il existe une alternative : la commission détenant déjà votre dossier avec tous vos rapports détaillés, vous n'êtes pas obligé de les affronter en personne pour leur permettre de décider de votre indemnisation.

Craignant que ce face-à-face ne me perturbe trop, Mary me conseilla de renoncer. Je ne discutais jamais les décisions de Mary ; malgré une certaine réticence, j'acceptai donc de ne pas y aller.

Un rapport à l'attention du ministère de l'Éducation et des Sciences fut établi en janvier 2002, sous le nom « Vers l'indemnisation et le rétablissement ». À la page 63 de ce rapport, on pouvait lire la déclaration suivante :

Tout d'abord, les « blessures » subies par nombre de victimes comptent parmi les plus graves atteintes à la personne reconnues par la loi : de nombreux survivants n'y ont pas seulement « perdu » leur enfance, mais également une grande part de leur vie d'adulte.

Pour résumer ce long rapport, après avoir passé en revue de nombreuses études internationales sur ce sujet, lesdites blessures furent classées en catégories. Ces catégories comprenaient l'abus sexuel, les violences physiques, les violences émotionnelles et la négligence. On accorda un score de gravité à chaque blessure, assorti d'une certaine somme d'argent, pour un montant maximal de 300 000 €.

Chacune à leur tour, les différentes parties tergiversèrent donc sans moi sur ces pourcentages dans la salle du tribunal. L'échange fut mené de façon clinique et l'on estima le préjudice de mes années de souffrance au taux de 40 à 43 %. Ce triste marchandage ressemblait à une foire aux bestiaux. L'idée de solder mon enfance à quelques chiffres était des plus désagréables, mais c'était la seule option réaliste qui s'offrait ce jour-là.

Je dus aussi renoncer à mon droit d'entreprendre toute action en justice contre les institutions liées à la commission d'indemnisation, ou contre toute personne y ayant contribué. C'est donc avec un sentiment mitigé que Mary et moi quittâmes le tribunal. Elle m'assura que j'avais fait le bon choix en renonçant à me présenter physiquement, alors que j'avais l'impression d'avoir été privé de l'occasion de raconter mon histoire. Mary agit avec la tête, et moi avec le cœur ; en l'occurrence, elle avait sûrement raison.

Je revins rendre visite au gréviste de la faim quelques jours plus tard. Sa santé s'étant encore dégradée, un arrangement venait d'être trouvé avec la commission d'indemnisation – au grand soulagement des hommes politiques, j'en suis certain. Après quoi, il accepta de cesser sa grève. Ce brave homme avait atteint son but en faisant savoir que sa démarche n'avait rien à voir avec l'argent, mais que la somme dérisoire qui lui avait été allouée confirmait simplement sa conviction que la commission n'avait pas voulu prendre la mesure de ses souffrances.

Le rapport Ryan

L'insurrection de Pâques 1916 ouvrit la voie au renversement de la présence britannique en Irlande, laquelle fut bientôt remplacée par un régime local, secret et répressif appelé l'Église catholique d'Irlande. En 1937, sous le gouvernement d'Eamon de Valera, la position privilégiée de l'Église catholique fut gravée dans le marbre de la loi. Pendant le demi-siècle qui suivit, la hiérarchie catholique régna sur le chapitre le plus honteux de notre histoire, avec la connivence passive des gouvernements successifs.

Le rapport Ryan de mai 2009 a exposé au grand jour le côté obscur et impitoyable de l'Église catholique. Sa corruption débridée découla de l'exercice du pouvoir absolu par une institution si arrogante qu'elle croyait n'avoir de comptes à rendre à personne, si ce n'est à Dieu lui-même. La polémique qui eut lieu en 1951 autour du « Projet mère-enfant » entre le ministre de la Santé de l'époque, le Dr Noel Browne, et le redouté archevêque de Dublin, Mgr John Charles McQuaid, illustre parfaitement le niveau de vanité du clergé. Le Dr Noel Browne avait alors tenté d'améliorer les services sociaux pour tous, mais, doutant des motivations du ministre, McQuaid était intervenu. Cette interférence de points de vue, ajoutée à la pression exercée sur les partis politiques Fianna Fàil et

Fine Gael, envoya la réforme au panier. Ainsi prit fin la carrière politique d'un des hommes les plus talentueux de sa génération.

Par conséquent, le développement social de l'Irlande resta à la traîne du reste de l'Europe pendant de nombreuses années. Entre 1920 et les années 1970, ce pays fut l'un des plus conservateurs de l'Europe de l'Ouest, prenant ses instructions à Rome par l'intermédiaire des évêques irlandais.

Lorsque nous parlons d'éducation aujourd'hui, un profond sentiment de gratitude demeure ancré dans beaucoup d'esprits quant au travail qui a été effectué par les institutions religieuses. Les Frères chrétiens, en particulier, jouissent d'un grand respect dans de nombreux milieux. L'insuffisance d'un système d'éducation laïque a conduit l'Église à prendre la responsabilité de l'instruction des pupilles de la nation, voire de leur survie. Si ces enfants étaient nés dans différents contextes, il est cependant peu probable que ceux des classes moyenne ou supérieure aient jamais mis un pied dans les tristement célèbres écoles techniques ou les orphelinats.

Nombre de pensionnaires de ces institutions se sont retrouvés emprisonnés sans en être responsables. Certains étaient de naissance illégitime, d'autres exclus de foyers chaotiques. Il y avait aussi les enfants à problèmes, ceux qui faisaient l'école buissonnière ou étaient obligés d'avoir recours au crime pour survivre et nourrir leur famille après la mort de leurs parents. Quoi qu'il en soit, tous avaient en commun d'incarner l'aspect sordide de la vie, et le fait de les laisser en liberté aurait pu nuire à la tranquillité des quartiers bourgeois. Les classes moyennes et supérieures étaient donc plus que satisfaites de voir ces gamins arrachés à la rue pour être placés dans des institutions d'une relative sécurité. Les religieux prendraient soin d'eux, et, le moment venu, les rendraient à la société transformés en de bons petits citoyens productifs.

Au lieu de quoi, ces enfants furent perdus à jamais. Loin des regards, ils devinrent les proies potentielles d'hommes et de femmes sans scrupule. Avec l'approbation tacite de l'Église et de l'État commença alors le règne de la terreur pour des milliers de ces malheureux enfants. Pendant ce temps, par-delà les murs de ces institutions, le reste de l'Irlande faisait la sourde oreille face aux informations qui filtraient. Tel Ponce Pilate, on se lavait les mains de toute responsabilité, préférant ignorer les rumeurs de pédophilie et de maltraitance. Et personne ne vint sauver les enfants des sadiques qui se dissimulaient sous l'habit respectable du religieux.

La plus grande contribution du rapport Ryan envers ces enfants perdus a été de valider leurs récits sur ces années de sévices, de faim, de froid et de manque d'instruction, qu'ils avaient dû endurer en silence. De plus, le rapport Ryan décrit les humiliations rituelles et la destruction psychologique infligées à des enfants déjà fragilisés par leur statut social. Le rapport expose et souligne aussi clairement ce que la société savait mais faisait semblant d'ignorer : le lent, secret et systématique travail de sape consistant à détruire l'humanité même de l'individu, à une échelle difficilement imaginable. Toutes les branches de la société ont été condamnées pour avoir fermé les yeux devant les preuves qu'on leur mettait sous le nez – le gouvernement, la police, les juges, les médecins et les enseignants. S'ils avaient écouté, s'ils s'en étaient un peu préoccupés, beaucoup de malheurs auraient pu être évités. Notre plus grand péché, en Irlande, a peut-être été le niveau absurde de considération que nous avons accordé à l'Église catholique. Les classes laborieuses de notre société sont toutes passées entre les mains de divers ordres religieux pour se former.

Une des principales questions posées par le rapport Ryan concerne l'inaction totale du ministère de l'Éducation pendant toutes ces années. On pourrait croire que les inspecteurs scolaires missionnés par le ministère ne se sont jamais aventurés plus loin que le salon bien chauffé des établissements religieux, où on leur servait le thé avec des petits gâteaux. Il n'existe que peu de preuves de contact entre les inspecteurs et les enfants. Qui plus est, les nonnes, les frères et les prêtres étaient toujours informés longtemps à l'avance d'une inspection, ce qui leur laissait tout loisir de s'y préparer. Il est extrêmement fâcheux que peu d'inspecteurs aient posé les bonnes questions ou exprimé le souhait de parler individuellement aux enfants.

D'après le rapport Ryan, l'ordre des Frères chrétiens a reçu davantage de plaintes que n'importe quelle autre institution religieuse. Il rapporte que les Frères se sont montrés particulièrement peu coopératifs et qu'ils ont constamment fait obstruction aux enquêtes de la commission pour protéger leurs membres – qu'il s'agisse d'anciens, de membres encore actifs ou décédés –, et ce malgré le volume croissant d'accusations à leur encontre. Ils ont tenté de retarder le travail de la commission en jouant des procédures judiciaires, arguant notamment que certains accusés devaient bénéficier de prescription.

Les allégations de violence à l'école technique Artane étaient connues au ministère de l'Éducation et au sein de la hiérarchie catholique dès le début des années 50. Le cas Micky Martin est un bon exemple. En 1953, alors qu'il résidait à Artane, M. Martin, maintenant décédé, se fit casser le bras par un Frère chrétien. Son père rapporta l'incident au ministère de l'Éducation, et le cas fut abordé au Parlement. Malgré le bruit de l'affaire et les demandes d'enquête publique, aucune action ne fut entreprise. En 1961, l'archevêque de Dublin, Mgr John Charles McQuaid, demanda à l'aumônier de l'école technique Artane, le père Henry Moore, de lui fournir un rapport sur les conditions de vie à Artane. Mais les découvertes furent si compromettantes que le rapport fut tenu secret. Son contenu ne fut divulgué qu'en août 1997, par l'actuel archevêque de Dublin Mgr Diarmuid Martin, à la grande consternation des Frères chrétiens, qui firent part de leur indignation à sa publication.

Un an plus tôt, en 1996, l'Église et l'État avaient été dûment représentés au Vatican, lors des cérémonies de béatification d'Edmond Ignace Rice, fondateur de l'ordre des Frères chrétiens. Pendant son homélie, Mgr Cathal B. Daly ne tarit pas d'éloges sur les Frères et leurs efforts héroïques pour l'éducation de plusieurs générations d'enfants en Irlande. Mgr Daly critiqua ensuite la façon dont les médias portaient atteinte à l'image des Frères chrétiens. Les journalistes, soutint-il, essayaient de salir un ordre religieux tout à fait honorable en ignorant scrupuleusement leur vaillante contribution au système éducatif irlandais. Bien entendu, il ne fut fait allusion à aucun acte inconvenant qui aurait pu être commis par cette auguste corporation sur de jeunes enfants.

Suite aux échanges avec la commission afin d'enquêter sur les actes de pédophilie, le rapport Ryan se montre catégorique sur le fait que les Frères chrétiens se sont livrés à de fausses déclarations et ont vivement rejeté toute accusation de maltraitance, aggravant ainsi la souffrance de leurs victimes. Le plus grand regret de celles-ci a été la victoire des religieux quand ils ont obtenu que les tribunaux empêchent la divulgation des noms des coupables, morts ou vivants, ainsi que d'une éventuelle précédente condamnation en justice pour pédophilie. Après avoir pris toutes ces précautions, les excuses prononcées par les Frères chrétiens ne valent à mes yeux pas plus cher que le papier sur lequel elles ont été imprimées.

Le rapport Ryan de 2009 a fragilisé l'Église catholique d'Irlande. À la lumière de ces révélations, je me demande maintenant si un million de personnes se rendraient encore au parc de Phoenix si le pape venait demain en Irlande.

Le nombre de religieux a beau diminuer et les séminaires fermer un à un, le sommet de la hiérarchie catholique n'a toujours pas regardé en face l'inévitable vérité. Ils profèrent bien quelques excuses, les dents serrées, mais les survivants comme moi estiment que tout cela est arrivé trop tard. Apparemment, l'étendue des dégâts occasionnés dans la vie de nombreux enfants reste incomprise. Manquant d'éducation, souvent inaptes à se conformer aux normes de la société, beaucoup de ces victimes ont succombé. Beaucoup ont perdu l'envie de vivre, et beaucoup d'autres encore ont quitté l'Irlande pour ne jamais y revenir. Des milliers de crimes ont été commis dans les ordres religieux sans que les responsables catholiques ne s'en soucient ; ils savaient, et ils n'ont rien dit. Le rapport Ryan les condamne. Les survivants des crimes pédophiles les condamnent. S'ils étaient des êtres honorables, ils auraient le courage de dissoudre leur ordre.

Remerciements

Je tiens à remercier les personnes suivantes pour leur aide et leurs conseils lors de la rédaction de ce livre.

En premier lieu, Mary Clemenger, ma femme, qui m'a encouragé à l'écrire et a tapé le manuscrit. J'adresse également toute ma reconnaissance à Sean Conaty, mon beau-frère, pour les nombreuses heures passées à exhumer et faire revivre de vieilles photographies ; à Michael O'Brien de The O'Brien Press, pour m'avoir motivé à achever mon récit ; à Nicola Pierce, pour avoir patiemment revu mon texte ; à Emma Byrne, pour la conception de la couverture du livre original ; à Ivan O'Brien et Helen Carr, pour leur soutien ; à Danny O'Brien, pour les photos récentes ; aux familles Clemenger, Conaty et Sheridan, pour avoir partagé avec moi certains aspects de ma vie pendant des années ; à Raymond Kearns, pour m'avoir donné l'opportunité de reprendre mes études ; au directeur de l'institution Saint-Patrick (1969), pour l'incroyable gentillesse qu'il m'a témoignée pendant mon séjour là-bas ; et enfin au Dr T. Ryle Dwyer, journaliste et historien, pour toute son aide.

Achevé d'imprimer
à Noyelles sous Lens
pour le compte de France Loisirs,
123, bd de Grenelle
75015 PARIS

Imprimé en France
Dépôt légal : décembre 2013
N° d'édition : 76250